WORK

업

'일'의 관점을 바꾼 순간,
나만의 '업'이 시작됐다

자신만의 '업'을 만들어낸
15인의 기록

필름

Remember

"지금 내가 하는 일은 앞으로도 가치가 있을까?"
"나는 무엇으로 살아남을 수 있을까?"
"나의 향후 커리어는 무엇을 지향해야 할까?"

이 질문들이 우리가 프로페셔널들을 인터뷰하기 시작한 출발점이었습니다. 2023년 가을부터 리멤버는 각 분야에서 의미 있는 성취를 이룬 15명의 프로페셔널을 만났습니다. 이들을 찾아간 이유는 단순했습니다. 그들 역시 본질적으로 비슷한 고민에 처했을 것이고, 숱한 시행착오를 거쳐 지금의 자리에 이르렀으리라 생각했기 때문입니다. 우린 그 과정을 알고자 했습니다.

한 사람의 커리어를 단숨에 이해할 수는 없었습니다. 시작한 대화는 서너 시간을 훌쩍 넘기기 일쑤였고, 점심에 시작한 인터뷰가 밤이 깊도록 끝나지 않는 일도 적지 않았습니다. 그 긴 대화 곳곳에는 겉으로 드러난 이력만으로는 짐작하기 힘든 뜻밖의 이야기들이 숨어 있었습니다.

현재 구글 본사에서 글로벌 정책을 총괄하는 한 리더의 커리어는 호텔 식당 웨이터에서 시작됐고, 국내 최고의 경제 해설가로 손꼽히는 이는 광고 회사 인턴을 거쳐 보험사에서 첫발을 뗐습니다. 홈쇼핑 MD, 경영 컨설턴트, 라이브 바 사장을 거쳐 초대형 와인 매장을 만든 기획자도 있었고, 세계 톱 클래스 저널들의 주목을 받는 행정학자는 돌연 바둑 AI 개발에 뛰어들기도 했습니다.

일견 좌충우돌로 보이기도 하는 저마다의 커리어 서사를 이해하면서 우리는 두 가지 사실을 발견하게 되었습니다. 한 가지는 그들 역시 매 순간 '정답'을 알고 움직인 것은 아니었다는 점입니다. 중요한 갈림길마다 망설였고, 돌아가기도 했으며, 때로는 치열하게 방황했습니다. 그리고 그 과정을 엿보며 깨닫게 된 것이 있습니다. 그분들을 성공으로 이끈 것은 순간마다의 선택들이 아닌, 그 여정을 관통하는 자신만의 관점이었다는 것입니다. 일에 대한 소신이자, 본인만의 기준이자, 결국엔 철학으로 자리 잡은 바로 그것이었습니다.

이 책의 제목을 《업》이라 붙인 이유도 여기에 있습니다. 우리는 '업'을 흔히 산업이나 직업의 의미로 이해합니다. 그러나 15명의 이야기를 따라가며, 업은 개인의 삶에도 붙일 수 있는 단어라는 걸 알게 됐습니다. 세상이 정해준 대로 일하던 관성에서 벗어나, 일을 바라보는 관점을 새롭게 바꾼 순간, 그때부터 비로소 '나만의 업'의 정의가 시작됩니다. 그리고 그 정의는 한 번에 만들어지는 것이 아니라, 일을 겪고 선택을 반복하는 과정에서 조금씩 다듬어지며 결국 자신만의 업으로 완성돼 갑니다.

고백하건대, 이 책은 서두에서 언급한 질문들에 바로 '정답'을 보여드리지는 못할 것입니다. 다만 지금 커리어로 고민하시는 분들께, 그래서 일의 방향과 기준을 다시 세우고 싶은 분들께 동반자가 되었으면 합니다. 이 책에 담긴 이야기들이 '단순한 성공담'이 아닌, 오늘도 일하며 고민하는 사람들이 오랜 시간 참고할 울림 있는 '과정의 기록'이 되길 바랍니다. 그래서 언젠가 여러분만의 흔들리지 않는 '업'을 찾는 데 보탬이 된다면, 그것이 우리가 이 책을 만든 이유로 충분할 것입니다.

"삶은 성공이 아닌 성장의 이야기여야 합니다." 삶의 궁극적인 목적은 외적 성공이 아니라 내적 성장에 있습니다. 평생에 걸친 노력으로 끊임없이 스스로를 단련하고 개선시켜 나가는 것입니다. 《대학(大學)》의 근본정신인 수기치인(修己治人)의 정신으로 자신의 길을 개척해 나가고 있는 열다섯 분의 이야기가 재미를 넘어 일하는 사람들에게 새로운 자극과 성장 스토리에 대한 지침이 되기를 기대합니다.

허인철 / 오리온그룹 부회장

우리는 지금까지 "어떤 직업을 가질 것인가"를 고민해 왔습니다. 하지만 앞으로는 "어떤 업을 만들 것인가"를 스스로 묻고 답해야 합니다. 《업》은 일과 삶을 바라보는 관점을 깊이 탐구한 15인의 이야기를 담았습니다. 이들은 자신의 일을 새롭게 정의하며 성과를 만들고, 자기 삶의 경영자로 성장했습니다. 변화와 불확실성이 큰 시대일수록 비즈니스의 성패는 '관점의 깊이'에서 갈립니다. 이 책은 독자가 '나만의 업'을 발견하고 정의하도록 돕는 든든한 길잡이가 되어줄 것입니다.

최원표 / 베인앤드컴퍼니 서울오피스 대표

AI의 등장으로 일하는 방식과 직업의 변화가 예상되는 가운데, 커리어를 어떻게 설계하고 가꾸어 나가야 할지에 대해 많은 직장인들이 불안감을 느끼고 있습니다. 이 책에 담긴 좌충우돌의 경험과 고민, 업무에 대한 몰입과 프로의 시선, 책임감과 열정의 이야기들은 변화의 시대 속에서 커리어의 방향을 잃지 않고 관리해 나가는 데 의미 있는 타산지석의 교훈을 전해줍니다. 좋아하는 일에 열정을 쏟고 성취와 보람을 만들어가고자 하는 모든 프로에게 깊이 있는 생각의 단초를 제공할 것입니다.

김기원 / 한국맥도날드 대표

커리어는 종종 선택의 문제로 보이지만, 실제로는 관점의 문제입니다. 같은 환경에서도 어떤 사람은 기회를 만들고, 어떤 사람은 방향을 잃습니다. 《업》은 성공한 사람들의 결과가 아니라, 그들이 자신의 기준을 세우고 일의 정의를 만들어가는 과정을 담담하게 기록합니다. 빠르게 변하는 시대일수록 커리어를 지키는 힘은 스펙이 아니라 자신만의 업을 정의하는 능력이라는 사실을 이 책은 조용하지만 분명하게 보여줍니다. 일의 방향을 다시 세우고 싶은 모든 분께 추천합니다.

홍종성 / 한국 딜로이트그룹 총괄대표

《업》은 흔한 성공담이 아니라 실패를 성공의 자산으로 삼은 분들의 진솔한 이야기라 더욱 흥미와 감동을 주는 책입니다. 성공은 누구에게든 잘 포장된 고속도로가 아닙니다. 수많은 시행착오와 우여곡절로 이루어진 자갈밭 비탈길이라고 보는 것이 더 정확합니다. 자신의 영역에서 성공을 꿈꾸는 많은 프로페셔널들에게 이 책에 소개된 열다섯 분의 스토리는 묵직한 감동과 성찰의 기회를 안겨줄 것입니다.

이병남 / IMM인베스트먼트 인터내셔널 대표
(전 보스턴컨설팅그룹 서울사무소 대표)

Contents

1장

이상현 / 구글 글로벌 정책 디렉터

강혜원 / 보틀벙커 기획자

이진우 / 경제 해설가

좌충우돌이
유니크함을
만든다

프로란 혼자
빛나려 하지 않아요

구글 글로벌 정책 디렉터

이상현

現 구글 플랫폼 · 디바이스 정책 부문 글로벌 디렉터, 前 에어비앤비 정책 총괄.
세계적 빅테크에서 활약해 온 공공 정책 전략가. IT 벤처, 공무원, 글로벌 자산 운용사 등
다양한 산업 · 직무를 경험한 뒤, 구글코리아에서부터 대관 업무를 시작했다.
이후 에어비앤비 정책 총괄을 거쳐, 현재 구글 본사에서 플랫폼 · 디바이스 정책 부문
글로벌 디렉터를 맡아 세계 각국의 정책 이슈를 관장하고 있다.

©리엠버

—

2000년 어느 날 미국 애틀랜타의 고급 호텔 식당. 젊은 웨이터 한 명이 테이블 사이를 분주히 오가며 주문을 받습니다. 갓 스물을 넘긴 한국인 유학생이자 유일한 동양인 웨이터인 그. "어디서 온 녀석이냐" 묻는 무례한 질문도 능숙히 맞받아칩니다. "지구라는 행성에 언제 왔냐 물어보시는 겁니까?"

능청맞고 당돌한 이 웨이터는 20여 년이 흘러 세계적 빅테크의 정책 이슈를 총괄하는 글로벌 리더로 성장합니다. 대관對官 분야 국내외 최고 전문가로 손꼽히는, 구글 글로벌 정책 디렉터 이상현 님의 이야기입니다.

"매사에 진심을 담아 일할 줄 아는 사람이 진짜 프로예요.
거래를 넘어 협력을, 혼자가 아닌 모두를 이루는 건
결국 진심이거든요."

25년 전, 그의 오늘을 상상한 이는 아무도 없었습니다. 웨이터, IT맨, 공무원, 펀드매니저, 그리고 마침내 빅테크 대관 직무자로 변신하기까지, 자신에게조차 예측 불허, 좌충우돌의 연속이었죠.

하지만, 동시에 그 모두는 필연으로도 기억됩니다. 패기 넘친 초년 시절부터 오늘날 각국 정부와의 진지한 협의 테이블에 이르기까지, 매 순간이 그에겐 혼자가 아닌 모두를 빛낼 '진심'의 저력을 일깨워 준 과정이었기 때문입니다.

2024년 12월, 크리스마스를 앞둔 서울 양재동의 한 스튜디오. '세계 최고 빅테크의 글로벌 정책을 관장하는 리더라니.' 인터뷰를 앞두고 바짝 긴장이 올라왔다. 잠시 뒤 문이 열리고, 그는 과하다 싶을 만큼 허리를 숙여 정중히 인사했다. "이런 인터뷰 기회를 주신다니 너무나 영광입니다." 예상과는 전혀 다른 첫인상과 겸허한 태도에 잠시 의구심이 스쳤다. '이 사람이 정말 그가 맞을까?'

첫 직업이 호텔 식당 웨이터였다면서요. 현재 직무는 물론 대학 전공(경제학)과도 동떨어져 보이는데, 특별한 배경이나 이유가 있으셨나요?

중학교 3학년 때 홀로 미국 유학을 떠났어요. 그러다 대학교 3학년 때쯤 영주권이 생겨 경제적으로 독립합니다. 당장 학비부터 벌어야 하니 휴학하고 일자리를 알아봤는데 막막하더군요. 한국이면 과외라도 뛸 텐데 여긴 마땅히 할 게 없었죠. 그나마 가장 잘하리라 본 게 웨이터였어요. 신체 건강하고 빠릿빠릿한 편이니까요. 그래서 무작정 도전했는데, 연달아 식당 두 곳에서 일주일 만에 잘립니다.

고작 일주일 만이라니, 대체 왜요?

워낙 못해서요. (웃음) 고급 식당 웨이터한텐 엄격한 룰이 있거든요. 가령 서빙하면서 절대 멈춰선 안 되고 뒤돌아봐서도 안 됩니다. 접시도 한 번에 여섯 개까진 들 수 있어야 하죠. 무척 까다로워요. 저 같은 초짜는 발도 못 붙일 만큼요. 그래도 삼세번은 해봐야죠. 다행히 세 번째인 그랜드 하얏트엔 안착했고, 이곳이 2년을 동고동락한 인생 첫 직장이에요. 다행히 실력도 그때부터 나아졌어요. 다만 여전히 학생인 탓에 다른 쪽으로 애로가 여전했죠. 웨이터에겐 저녁 타임이 압도적으로 인기가 많아요. 팁이 식사비에 비례하거든요. 그래서 강제로 며칠씩 점심 타임을 뛰게 됐는데 저로선 무척 난감했어요. 틈틈이 복학해 학업 진도를 빼야 하는데 그러면 학교를 아예 못 다니잖아요.

그래도 늦지 않게 학업을 마치신 걸로 아는데요?

나중에 동료 웨이터들이 제 사정을 알고선, 감사하게도 하루씩 더 점심 타임을 뛰어줬어요. 다들 형편이 좋지 못한 이들이었는데, 기꺼이 손해를 감수해 준 거죠. 저는 언제나 그랜드 하얏트를 '인생 직장'이라 자부하는데, 이처럼 사회를 살아가는 미덕이나 지혜, 그리고 눈치까지 전부 생생히 가르쳐줬기 때문이에요.

웨이터 시절이야말로 일과 사람을 제대로 배운 시간이었겠네요. 특히 기억에 남는 게 더 있으실까요?

웨이터는 수없이 많은 사람을 살피고 상대하는 직업이잖아요. 덕분에 작은 행동만 봐도 무엇을 원하고 싫어할지 바로 캐치할 수 있어요. 예를 들어, 손님한테 제일 먼저 받는 게 음료 주문인데 이때 "물 주세요"가 바로 튀어나오는 분들은 서빙도 빨라야 뒤탈이 없어요. 십중팔구 성격이 급하거든요. 반면 와인 하나하나까지 살피는 분들은 늦어도 괜찮아요. 세상 느긋하거든요. 임기응변에도 능해집니다. 대뜸 "넌 어디서 왔냐"라고 물어보는 손님들이 계셨어요. 만약 초짜면 "한국 사람" 정도로 답했을 거예요. 하지만 베테랑은 이렇게 답하죠. "지구라는 행성에 언제 왔냐 물어보시는 겁니까?" 순진하게 답하면 인종 차별로 흐르기 십상입니다. 그렇다고 성을 내면 무조건 잘려요. 최선은 손님을 피식 웃게 만드는 거예요. 일단 웃기기만 하면 대화는 무조건 유쾌하게 풀리니까요.

"웨이터의 삶은 서바이벌이에요. 하루 종일 신경을 곤두세워 온갖 군상을 상대하죠. 그 나름의 결과라 어설프지만은 않을 거예요." 웨이터 때의 배움을 혹시 과장하는 건 아니냐는 짓궂은 질문에 그가 여유롭게 내놓은 답이었다. 그의 세련된 여유와 노련함도 바로 이 웨이터 시절에 길러졌으리라. 훗날의 커리어를 놓고 보면 다소 엉뚱하지만, 이 무렵에 단련된 일과 사람을 이해하는 감각은 대관 직무자로서 더없이 소중한 자산이 됐을 것이다. 다양한 배경을 지닌 사람들 간의 미묘한 차이를 읽는 눈, 건조한 분위기를 부드럽게 바꾸는 유연함은, 모두 현장에서 온갖 군상과 부딪혀야만 얻어질 수 있는 귀한 감각이기 때문이다.

유학을 마치고 현지 취업 대신 국내 IT 벤처 기업을 택하셨어요.

고등학생 때부터 인터넷 마니아였어요. 온종일 웹 서핑만 하는 건 예사고, 자체 홈페이지까지 만들 정도로 푹 빠져 살았죠. 그때 즐겨 쓰던 웹 페이지 제작 툴이 국산이었는데, 대학 졸업 무렵이 되니 그 개발사에서 한번 일해보고 싶더라고요. 다짜고짜 연락해 인턴을 시켜 달라 졸랐습니다. 그 패기가 통해 나중엔 정직원까지 됐어요.

꽂히면 곧장 직진이시군요. 근데 거기서 끝이 아니네요. 그다음 느닷없이 중앙인사위원회(현 인사혁신처)에 입직해 공무원이 되셨어요. 어찌 된 사연인가요?

벤처에서 일하는 거, 진짜 재밌었어요. 온갖 일을 다 해도 전부 주도적으로 할 수 있었으니까요. 그럼에도 4년 차쯤 되니 슬슬 고민이 되더라고요. '계속 이 업계에 남아야 하나? 다른 분야에도 도전해 볼까?' 하지만 딱히 무엇을 해야 할진 모르겠더군요. 그래서 공부부터 다시 시작했어요. 유학 준비도 해보고 야간 경영학 석사 수업도 들었죠. 그러던 어느 날 캠퍼스에서 중앙인사위원회 채용 공고를 발견해요. 당시 제도 개혁 붐이라 민간 경력직도 공직에 활발히 채용했거든요. 왠지 끌렸습니다. 뭐라도 해답을 찾겠지, 하는 심정으로 문을 두드렸어요.

적응이 쉽진 않으셨겠어요. 자유분방하신 스타일인 듯한데, 공조직은 보수적이고 절차 중심적이잖아요.

처음엔 무지 애먹었어요. 정책 보고서나 연설문 작성이 주 업무였거든요. 피드백대로 이미 여러 번 고쳤는데도, 전혀 예상 못 한 안으로 결재가 떨어지더군요. 도무지 종잡기 힘들었는데 차츰 깨닫습니다. 관료 사회에서의 일이란 자료를 논리에 맞게 정리하고 가다듬는 것만으론 부족하단 걸요. 가벼운 정책 문서 한 장에도 부처마다 너무 다른 이해관계가 얽혀 있더라고요.

여기선 거들떠보지도 않는 조항이 저기선 극히 예민한 쟁점일 수 있던 거죠. 하나의 정책을 수립하려면 얼마나 많은 부처 입장을 고려하고 조율해야 하는지 생생히 배운 순간이었어요.

그러나 진로 해답은 여전히 찾지 못하셨었나 봐요. 공무원 역시 3년 만에 관두셨어요.

여전히 고민이 많았죠. 다만 헛된 시간은 아니었습니다. 이때야말로 업을 대하는 태도를 아주 분명히 깨친 시기였거든요. 여기서 가장 기억에 남는 일 중 하나가 장관(위원장)님을 모시고 다닌 해외 출장들이에요. 장관님은 수십 년간 행정학을 연구한 대학자이자 숱한 정책 개발 경험을 쌓은 대가셨어요. 부담은 컸지만 가까이서 이 거인을 보고 배우는 게 참 많았죠. 빈말이 아니라 매사에 통찰이 남다르셨습니다. 하루는 제 꿈이 뭐냐 물으시길래 "해외 대학원 유학을 고민 중"이라 말씀드렸어요. 고시 출신이 아니다 보니 공직에선 한계가 있지 않을까 걱정하고 있었거든요. 그런데 장관님 반응에 깜짝 놀랐습니다.

어떤 반응이셨길래요?

그 자리에서 대충 답하실 법한데, 시간을 두고 충분히 고민해 보시겠다는 거예요. "자네 인생에 큰 영향을 줄지 모르는데 성심을 다해야 할 것 아니냐" 하시면서요. 그 순간 깊은 울림을 느꼈어요. 큰 나랏일을 맡고 계신 어른이 말단 풋내기 고민도 허투루 대하지 않으신 거잖아요? 뛰어난 사람이 정말 뛰어날 수 있는 건 매사에 진심이기 때문 아닐까, 지금 제 업에서도 늘 되묻고 되새기는 태도예요. 그 얼마 뒤 장관님께 긍정적이고 진심 어린 조언을 듣게 됐어요. 그게 유학 결심을 굳히는 데 큰 영향을 미쳤죠. 물론 좀 더 '내밀한 계기'는 따로 있었지만요.

'내밀한 계기'요?

모교인 에모리대 총장단이 한국에 출장을 온 적이 있어요. 부탁을 받아 공식 일정에 동행했는데 그중 하나가 김대중 전 대통령 예방이었죠. 대통령께서 에모리대 명예 법학 박사셨거든요. 사저에서 대통령을 뵙고 잔뜩 긴장해 환담을 지켜보는데 어느 순간부터 문득, 대통령보다 곁의 통역사가 더 눈에 들어오더군요. 감탄이 나올 정도로 통역을 잘했거든요. 뇌리에서 지워지지 않을 만큼요. 그러다 며칠 뒤 이 통역사를 다시 마주쳤는데 글쎄, 그 장소가 어디였는지 아세요? 바로 같은 아파트 엘리베이터 안이었어요. 알고 보니 한 아파트에 살고 있던 거죠. 그게 인연이 됐습니다. 그 통역사가 지금 제 아내예요. 한창 아내랑 연애하던 중 유학을 결심했어요. 딱히 기반을 못 잡은 상황에선 차라리 유학 가 사는 게 형편이 낫겠더라고요. 아내를 꾀어 함께 유학을 갔습니다.

정말 영화 같은 우연이네요. 인연이든 커리어든 우연이 중대한 전환점이 되기도 한다는 걸 새삼 느낍니다. 그렇게 다시 유학길에 올라 MIT에선 MBA(경영학 석사), 하버드 케네디스쿨에선 MPA(공공정책학 석사)를 동시에 하셨어요.

두 대학원에 연합 프로그램이 있더라고요. 따로 2년씩, 총 4년은 걸릴 과정인데 3년으로 한 번에 끝낼 수 있어 덥석 응시했죠. 물론 그 이유만으로 지원한 건 아니에요. 그땐 막연히 정부나 기업 조직 경영을 꿈꿨어요. 그래서 MBA로는 무언가 뚝딱 일궈내는 법을, MPA로는 넓게 보고 깊이 사고하는 법을 배우고자 했습니다.

그런데 대학원 졸업 후 관료나 경영자가 아니라, 펀드매니저가 되셨잖아요. 또 예측 불허의 선택인데, 왜 이번엔 금융맨이었나요?

애당초 펀드매니저가 될 생각은 없었어요. 먼저 끌리는 대로 이것저것 탐색해 봤죠. 창업 경진 대회도 나가보고, 국제기구 로망이 생겨 OECD 연구 인턴도 했고요. 경영 컨설팅도 맛보기로 해봤어요. 그러나 저랑 다 안 맞더군요. 딱히 진로를 못 정한 채 졸업 무렵이 됐어요. 서둘러 취업하려고 닥치는 대로 원서를 넣었죠. 지원한 곳이 100군데는 넘을 거예요. 근데 전부 다 떨어졌습니다.

전부 다요? 다양한 분야에서 일했다는 게 오히려 발목을 잡은 걸까요?

당시 글로벌 금융 위기라 취업 시장이 얼어붙긴 했었어요. 근데 애초부터 잘될 턱이 없었죠. 말씀대로 IT 회사원이 갑자기 공무원을 하다 어느새 국제기구 인턴을 하고, 황당한 커리어잖아요? 한참을 헤매다 가까스로 기회를 얻은 곳이 SSGA(State Street Global Advisors)라는 세계 3대 자산 운용사였어요. 2년 가까이 굴러 겨우 정식 펀드매니저가 됐습니다. 그리 어렵사리 얻은 직장이었는데, 이곳 역시 3년 만에 관둡니다. 너무 재미없었거든요, 금융맨으로 산다는 게. 매일 쳇바퀴 돌리듯 지긋지긋했죠. 하는 거라곤 주가가 오르든 내리든 변명하는 일뿐이란 자괴감도 컸고요. 그럼에도 어느새 타성에 젖어 단세포처럼 살아가고 있더라고요. 사실 전부터도 아내는 귀국을 바랐는데 제가 망설였어요. '나는 MBA를 졸업한 펀드매니저'라는 인식에만 갇혀 있던 거죠. 이 바닥이 제가 경험할 세상의 전부일 줄 알았던 겁니다. 그런데 그렇게 관성대로 살아가던 어느 날, 제 인생 흐름을 뒤집어 버릴 일이 하나 닥친 거예요.

| Re:cap |

스펙이 화려하다고 커리어의 불안이 모두 사라지는 건 아니다. 아무리 경력이 빼곡해도 방향이 또렷하지 않으면, 자칫 '물경력'처럼 비칠

까 두려움은 더 커진다. 분야를 넘나들며 자기 길을 개척해 온 듯 보이는 그도, 한때 "타성에 젖어 단세포처럼 살아가는" 공포를 마주했다. 이력과 타이틀 뒤에 숨은 이 불안은 생각보다 많은 직장인의 현실일지 모른다. 하지만 누구나 그 불안을 정면으로 마주하고 관성을 깨려는 용기를 내지 않고서는, 결코 가슴 뛰는 천직을 만날 수 없다.

인생의 흐름을 뒤집어 버릴 일이라니, 그 정도로 마음을 움직인 게 무엇이었나요?

갑자기 아내의 할머니가 돌아가셨어요. 아내 먼저 급히 귀국했지만 결국 임종도 못 지킵니다. 아내한테 각별한 존재였거든요. 장례를 마치고 오니 선언하더라고요. "이제 가족들 곁에 있겠다. 한국으로 돌아가겠다." 군말 없이 따르기로 하고 그날부터 이직처를 알아봅니다. 다행히 오퍼들을 받긴 받았는데 하필 다 금융권이었죠. '결국 또 금융맨인가' 하던 찰나에 구글에 다니는 한 친구한테 갑자기 연락이 와요. "한국 지사에서 공공 정책 담당자를 찾는다. 네가 적격이다." 처음엔 웬 뚱딴지같은 소린가 했는데 따져보니 맞는 말이더군요. 테크 업계 출신인 데다 정부 부처 경험도 있고 미국 본사 근무도 해봤잖아요. 잘 해낼 거란 확신이 들었고, 가슴에 불이 붙기 시작했어요. 덜컥 지원해 구글코리아 공공 정책 담당자로 합류했습니다.

이때부터 현업에 임하게 되셨군요. 공공 정책 업무, 흔히들 대관이라 하죠. 이 직무가 낯선 분들을 위해 간단히 소개해 주실 수 있을까요?

여태껏 한국에선 '관청을 상대한다'는 소극적 의미로 통해 왔어요. 산업이 국가 주도로 발전해 왔다 보니, 규제를 피하고 정부와 호의적 관계를 맺는 일만 대관 업무로 이해된 거죠. 하지만 이젠 반쪽짜리 설명이에요. 우리도 민간이 리드하는 산업이 많아졌잖아요. 관청이 산업 현장을 속속들이 알고 대응하긴 어려운 만큼, 대관 업무자들이 규범을 선제 구상하고 적극적으로 이슈 제기하는 게 중요해졌죠. 그래서 이쪽 업무는 공직과 민간이 크게 다르지 않다고도 봐요. 저희도 정부 못잖게, 그 이상으로 공익을 창출해야 하니까요. 새로운 서비스를 기존 사회에 도입한다는 게 결코 쉽지 않거든요. 정책 환경을 빠삭히 이해하고 사회에 기여하도록 나름의 묘안을 짜 끊임없이 설득해야 하는데, 이게 바로 현대적 의미의 대관이에요.

대관 직무자로서 처음 내디딘 성과 중 단연 '구글 스타트업 캠퍼스 서울 유치'*가 눈에 띄어요. 기존 스타트업 허브로 꼽힌

■ 2015년 아시아 유일 '구글 스타트업 캠퍼스'가 서울에 문을 열었다. 국내 스타트업을 대상으로 협업 공간과 전문 멘토링, 글로벌 네트워킹 기회를 제공하는 구글의 글로벌 창업 지원 거점으로, 2020년 말 코로나 사태의 여파로 문 닫을 때까지 130개 이상의 스타트업이 선발돼, 총 7,050억 원이 넘는 투자를 유치했다. 토스·하이퍼커넥트 등 한국 대표 유니콘 기업들이 이곳에서 초창기 성장 발판을 마련했다.

홍콩이나 도쿄, 싱가포르도 있는데, 서울이 아시아 유일 캠퍼스로 선정됐죠.

당시 한국에서도 스타트업 붐이 일었죠. 대단한 청년 사업가들이 너도나도 창업 생태계에 뛰어들었어요. 근데 현장 목소리를 들어보면 "체계적 지원이 턱없이 부족하다"라는 거예요. 다른 건 몰라도 구글은 이걸 도울 충분한 역량이 있잖아요. 새 협력 모델을 잘 구축하면 구글-정부-스타트업 간 굉장한 윈윈이 될 거라 봤어요.

당시는 지금처럼 전 세계가 한국을 주목하던 때도 아니고 스타트업 신도 걸음마 단계였잖아요. 어떻게 유치에 성공하셨는지 그 이야기가 궁금합니다.

"왜 서울이어야 하느냐"라는 질문부터 수없이 받았어요. 본사랑 매일 끝장 토론을 벌일 만큼 설득이 어려웠죠. 결정적 한 방을 고민하던 중 문득 깨닫습니다. '말로만 설득하는 건 한계가 있겠다. 현장을 보여주자.' 곧바로 내부 협의를 거쳐 본사 프로젝트 팀을 한국에 초청하기로 했어요. 어렵사리 얻은 기회인데 단순 업무 출장으로 연출되면 안 되잖아요? 이들의 마음을 움직일 '스토리가 있는 여정'이 되도록 일정을 하나하나 정성스레 기획했습니다. 그 결과 스타트업 창업자, 액셀러레이터, 정부 관계자, 공익 재단, 대학 교수 등 다양한 주체가 참여해 이틀간 스무 개가 넘는 미팅이 성사됐어요. 각자 국내 스타트업 생태계의 에너지와 잠재력을 여실히 보여주셨죠. 그 진심들이 통해 "서울, 생각보다 훨씬 뜨겁다"라는 평가가 쏟아졌고 마침내 서울 유치가 결정됐습니다. 당시 출범식에 대통령까지 참석해 직접 축하 인사를 전해주셨고, 구글 내부에서도 대단히 모범적인 글로벌 협력 사례로 기록됐어요. 저 같은 특정 개인이 주도한 결과가 아닌, 한국 스타트업 커뮤니티 공동의 성과이기에 언급이 조심스럽기도 합니다. 저는 그저 여러 팀과 협력해 그 판을 연결하고 조율한 사람 중 하나일 뿐이거든요. 물론 그것만으로도 자부심을 느끼지만요. (웃음)

그렇게 큰 성과를 거두시곤 같은 해 글로벌 숙박 공유 플랫폼 '에어비앤비' 한국 지사에 정책 총괄로 이직하셨어요. 그 계기가 무엇이었나요?

지인을 통해 스카웃 제의를 받았어요. 이전까진 이미 자리 잡은 대기업에만 몸담아 왔잖아요. 좀 더 진취적 도전을 할 때인 듯해 끌렸습니다. 다만 주위에선 우려가 컸어요. 당시만 해도 '공유 숙박'이란 개념도 생소할뿐더러, 아예 불법으로 보는 시각도 강했으니까요. 하지만 이 모델이 한국에서도 충분히 안착할 거란 제 나름의 확신이 있었어요. 한국 여행 시장은 미국 못잖게 역동적이거든요. 오해만 잘 풀면 이런 트렌드도 너끈히 수용되리라 봤죠. 더구나 우리에겐 민박·하숙 같은 익숙한 공유 숙박 문화가 있잖아요. 그런 문화 기반 위에서 친근하게 접근하고 농어촌 등 소외 지역과의 상생 모델도 만들어간다면, 기존 숙박업과는 또 다른 가치를 창출하는 사업이라는 공감대를 형성할 수 있겠더라고요.

국내에선 그토록 생소하고 논란도 적지 않던 에어비앤비가 '2018 평창 동계 올림픽' 공식 후원사로 선정됐어요. 신뢰도를 높이고 여론을 반전시킨 결정적 계기로 평가되는데, 이 프로젝트를 주도하셨다고요?

초대형 국제 행사를 치르기엔, 평창은 대규모 숙박 인프라가 턱없이 모자랐어요. 정부로서도 숙박 수요를 최대한 분산해야 했고 협업 사유도 충분했습니다. 그럼에도 과정은 험난했어요. 공식 후원사는 산업별로 단 한 곳만 선정되거든요. 저희를 채택하려면 기존 업계 반발을 무릅써야 하니, 조직위원회 입장에선 부담이 컸죠. 그래서 '온라인 숙박 예약 서비스'라는 별도의 카테고리를 만들자는 안을 내봤는데, 그마저도 설왕설래가 끊이지 않았습니다. 달리 더 뾰족한 수가 없겠더라고요. 죽어라 설득하는 수밖에요. "잠깐 얘기 좀 하자"라는 전화라도 오면 언제고 무조건 평창으로 달려갔습니다. 통화보단 직접 만나야 얘기가 수월히 풀리니까요. 그 정성이 보탬이 됐는지 천신만고 끝에 후원사에 선정됐습니다. 나중에 조직위 분들이 말하길, 가장 기분 좋게 협업한 후원사 중 하나가 바로 에어비앤비였대요. 역대 동계 올림픽 중 후원사가 가장 많았는데 말이죠. 그만큼 선정 과정부터 이후 운영에 이르기까지 모든 면에 걸쳐 성심을 다한 프로젝트였어요.

실제 과정은 훨씬 더 만만찮았을 것 같네요. 이 같은 고비를 지나 에어비앤비가 국내에 자리 잡은 지금, 그 여정을 함께했던 동료로서 소회가 남다르실 듯해요.

2020년 말 에어비앤비가 나스닥에 상장합니다. 그때 학자금 대출 수억 원을 한꺼번에 갚고, 돌아가신 아버지 명의로 에모리대에 장학 기금도 만들었어요. 제가 여기까지 올 수 있었던 건, 전적으로 부모님과 학교란 울타리 덕분이잖아요. 그 작은 보답이 '이훈 스칼라십'이었습니다. 이걸 가능케 한, 고마운 회사가 바로 에어비앤비였고요. 그리고 이때야 깨달은 감사한 사실이 있습니다. 바로 저 같은 천둥벌거숭이도 진심과 사력을 다하면 결국 길이 열린다는 거예요. 좌충우돌의 연속이었지만 헤매고 부딪히며 얻은 것들이 결코 헛된 게 아니었구나 싶었고 그래서 더 뿌듯했습니다.

| Re:cap |

가장 험난한 순간, 길을 여는 건 누군가의 화려한 전략이나 기발한 묘

수가 아니다. 난제는 보통 혼자만의 역량으로는 풀리지 않는다. 그래서 그보다 훨씬 중요한 게 단순하지만 우직한, 모두를 움직일 수 있는 '진심'이다. 전화 한 통이면 곧바로 먼 곳까지 찾아가 설득하는 정성, 사소한 공조차 기꺼이 모두의 공으로 돌리는 겸허함. 그런 순도 높은 진심만이 거래를 협력으로 바꾸고, 혼자선 해낼 수 없는 일을 모두가 함께 해내게 하며, 끝내 어렵게만 보이던 성취를 이뤄낸다. 그렇게 길은 열린다.

돌고 돌아 다시 구글로 돌아오셨어요. 그 이유는요?

2019년, 아버지가 돌아가신 이듬해였어요. 무척 힘들 때라 새로운 곳에서 새롭게 도전해 보자는 생각이 강했죠. 에어비앤비는 단일한 비즈니스 모델에 집중했기에, 아무래도 제 역할의 폭이 좁지 않을까 싶었거든요. 그러던 차에 예전 구글 상관한테 다시 스카웃 제의를 받아요. 이번엔 한국을 넘어 아시아 · 태평양 전역의 플랫폼 · 디바이스 정책 이슈를 아우르는 자리였죠. 다시 가슴에 불이 붙더라고요.

부임 직후부터 어려움이 산적해 있으셨죠. 인앱 결제 규제, 조세 회피 논란 등 민감한 정책 이슈가 잇따랐습니다.

플랫폼 산업 생태계는 여전히 많은 이들에게 생소하죠. 그 복잡한 구조가 제대로 전달되지 않을 때 크고 작은 오해가 생기고 거기서 갈등도 싹트기 마련이고요. 이 오해를 이해로 바꾸는 것, 이게 제 전략적 역할이라 봤습니다. 일단 수많은 이해관계자를 만나 대화했어요. 적극적으로 방어하고 공세적으로 반박하기보단, 지적을 경청하고 오해가 있다면 진심으로 다가가 풀어내려 노력했죠. 민감한 사안은 제도로 해결되도록 다방면에서 힘썼고요.

대표적 사례로 한국웹툰산업협회와의 협력을 꼽습니다. 국산 웹툰이 대단하잖아요. 구글플레이가 해외 진출 교두보가 된다면, 큰 윈윈이 될 거라 봤어요. 처음엔 쉽지 않았습니다. 플랫폼 기업을 향한 기본적 불신이 있더군요. 하지만 그럴수록 더 열심히 찾아뵙고 협력점을 찾으려 했습니다. 그 일환으로 협회 관계자들을 인도로 초청해, 유망한 AI 기반 웹툰 제작 툴 개발사와의 미팅을 주선해 드리기도 했죠. 결과는 성공적이었습니다. 기술 협업과 현지 진출 협약이 일사천리로 체결됐고, '웹툰 산업의 날'도 함께 제정해 실효적인 중장기 협력 로드맵을 수립했어요. 일회성 협력에 그치지 않게 온 힘을 다했는데, 그 마음을 알아주신 듯해요. 얼마 전 협회한테 감사패를 받았거든요. 이렇듯 이슈가 터질 때마다 '위기는 대립이 아닌 대화의 기회'라는 마음으로 임하고 있습니다.

2023년 가을 지금의 글로벌 정책 디렉터로 승진하면서, 이제 아시아를 넘어 전 세계를 아우르는 공공 정책 리더로 활약하고 계십니다. 그 소회가 어떠세요?

매일 전투 치르듯 살아요. 여기저기 돌아가는 상황을 제대로 파악하고 있어야 하는데 살필 나라만 십여 곳이 넘다 보니 무지 정신없어요. 하지만 그만큼 흥미도 보람도 훨씬 커요. 직무 시야도 넓어지고, 보다 전략적으로 판단하고 움직일 수 있으니까요.

현업에 늦게 발을 들였음에도, 누구보다 빠르게 자리 잡고 탁월한 성취를 이뤄내고 계세요. 비결을 꼽으신다면요?

미국의 조직심리학자 애덤 그랜트가 저서 《기브앤테이크 Give and Take》에서 강조했죠. '진심으로 기꺼이 도울 수 있는 자가 결국 더 폭넓은 협력과 성장을 이끈다.' 제가 잘하고 있는 거라면 결국 이 태도를 뼛속 깊이 새겼기 때문일 거예요. 나라마다 환경이 다르고 정부·민간의 과제도 제각각이에요. 그럼에도 끊임없이 협력을 이끌어 산업과 사회의 혁신 동력을 빚어야 하는 게 제 소명이죠. 그래서 대결이 아닌 조화의 시선으로 문제를 바라봐야만 해요. 정책이란 건 절대 하루아침에 만들어지거나 바뀌지 않거든요. 진심 어린 신뢰로 협력과 성장의 선순환을 꾸준히 빚어내는 일이 무엇보다 중요합니다.

진심으로 기꺼이 도울 줄 아는 사람이 결국 프로가 되는 걸까요? 본인이 생각하시는 프로란 어떤 존재인지 말씀해 주세요.

프로란 혼자가 아닌 모두를 빛나게 하는 사람이에요. 우린 늘 어딘가 부족하잖아요. 완벽해 보이는 사람도 빈구석이 있기 마련이고요. 이 때문에 진짜 프로는 혼자 빛나려 하지 않아요. 부족함을 인정하고 더 많은 이에 귀 기울이며 자신을 확장해 나가죠. 그러면서 동료들과 끝끝내 더 나은 답을 찾고요. 그렇게 모두와 함께 빛납니다, 혼자일 때보다 훨씬 밝게요. 일이란 게 그런 것 같아요. 차선은 몰라도 최선의 결과는 혼자 힘만으로 안 되더라고요. 그래서 '혼자'를 '모두'로 바꿔낼 힘이 중요합니다. 물론 아무에게나 주어진 능력은 아니에요. 사람과 사람 사이 믿음을 쌓고 거래를 넘어 협력의 다리를 놓을 줄 아는 사람, 매 순간 겸허히 진심을 담아 일하면서 모두를 감동시킬 줄 아는 사람만이 해낼 수 있죠. 저는 그런 사람이 우리 모두에게 필요한 프로라 믿습니다. 결국, 지구라는 행성은 혼자서만 밝히기엔 너무 크고 복잡한 곳이니까요.

| Re:cap |

인터뷰가 끝나고서도 그의 한마디가 오래도록 머릿속을 맴돌았다. "지구라는 행성에 언제 왔냐 물어보시는 겁니까?" 초년병의 능청스러운 농담이었지만, 그 말엔 일과 사람을 제법 겪어본 좌충우돌 베테

랑의 감각이 배어 있었다. 어쩌면 이 장면은 그가 걷게 될 커리어 여정의 예고편이었는지 모른다. 웨이터를 거쳐 IT맨, 공무원, 금융인, 마침내 대관 직무자에 이르기까지, 그는 전혀 다른 세계를 오가며 실로 갖은 시행착오를 겪어야 했다. 그러나 그 과정이 그에게 남긴 건 단순한 좌충우돌만은 아니었다. 변곡점마다 그는 눈앞의 일에 언제나 성심을 다하는 존재들을 만났고, 스스럼없이 베푼 동료들의 은혜를 마음에 새겼으며, 어느덧 타성에 젖어버린 자신을 마주했다. 그러면서 차츰 혼자가 아닌 모두가 함께 빛나는 법을 배웠고, 가슴 뛰는 과업을 진심으로 섬기는 태도를 익혔다. 천둥벌거숭이였던 그가 오늘날 빅테크의 정책 이슈를 총괄하는 글로벌 리더로 성장할 수 있던 원천도 여기에 있다. 언제 어디서 누구와 함께든 모두를 빛나게 하는, 변치 않는 프로의 본질이란 그가 커리어 내내 발견하고 가치를 깨달아온, 바로 그 진심일 것이다.

프로는 타이틀이 아닌
꿈으로 이야기해요

보틀벙커 기획자

강혜원

現 롯데쇼핑 마트사업부 상무.
롯데마트 와인 전문 매장 '보틀벙커'를 탄생시킨 외식 사업 전문가.
경영 컨설턴트 출신으로 CJ푸드빌 · 와인주막차차 등에서 외식 사업 경험을 쌓았다.
현재 롯데마트 · 슈퍼의 마케팅을 총괄하고 있다.

©리멤버

—

2021년 말 등장과 동시에 국내 와인 유통 업계의 판도를 뒤바꾼 와인 매장 브랜드가 있습니다. 4,000종 이상의 와인을 갖춘 당시 최대 규모의 와인 매장으로, 불과 1년 만에 연 매출 200억 원을 달성했죠.
뒤따라 신세계·현대백화점 등에서도 초대형 와인 매장을 내놨고, 중소형 와인숍들은 줄줄이 이 매장 브랜드 특유의 큐레이션을 도입하고 있습니다. 롯데마트의 와인 전문 매장 '보틀벙커'의 이야기입니다.

> "삶을 특별하게 만드는 건 사실 일상의 작은 변화들이에요.
> 평범한 밥상에 올려진 와인 한 잔처럼요.
> 그 변화를 모두에게 선사하는 것,
> 그게 제가 이루고 싶은 꿈입니다."

보틀벙커의 성취엔 시음 코너, 푸드 페어링 등 '와인을 쉽게' 만든 전략이 주효했습니다. 그리고 그 중심엔 홈쇼핑 MD, 경영 컨설턴트, 라이브 바 사장까지. 팔색조처럼 다채로운 커리어를 쌓아온 한 외식 사업 전문가가 있었죠.

전혀 다른 세계를 오가며 흩어져 있던 그만의 빛깔들, 이를 한데 모아 빛나게 한 건, 그를 '와인 대중화에 미친 자'로 만들어낸 바로 저 꿈의 마력이었습니다.

2024년 늦은 1월의 주말, 서울역 롯데마트 보틀벙커. 겨울비가 추적이는 바깥 날씨와 달리, 매장 안은 빼곡히 진열된 와인들과 보드라운 조명으로 제법 근사했다. 잠시 둘러보고 있을 즈음, 그가 싱긋 웃으며 다가왔다. "와인 한잔하면서 시작하실까요?" 장난기 섞인 첫마디에 분위기가 스르르 풀렸다.

홈쇼핑 회사가 첫 직장이셨어요. 지금의 커리어를 생각하면 뜻밖입니다.

'정장에 근사한 백을 메고 출근하는 뉴욕 길거리의 커리어 우먼.' 어릴 적 로망이었어요. 일찍부터 만화를 좋아했는데 주인공들이 전부 이런 커리어 우먼이었거든요. 이들처럼 에지 있게 일하는 사람이 되고 싶었어요. 그리고 홈쇼핑은 90년대 후반만 해도 나름 첨단 비즈니스라, 매일 에지 넘치게 일할 거란 기대로 LG홈쇼핑에 들어갔습니다. 직무는 MD, 즉 상품 기획이었는데 입점 기획부터 재고 관리, 유통까지 다양한 일을 했어요. 재미는 있었지만 하나하나 쉽진 않더라고요. 제가 어리니까 업체들은 무시하기 일쑤였고, 한번은 아예 대놓고 납품까지 어겨 십년감수한 적도 있어요. 동경해 온 직장 생활이란 치열한 발버둥의 결과더군요.

　　악착같이 수습하며 버티긴 했는데, MD라는 직업은 끝까지 하고 싶은 일은 아니겠더라고요. 힘든 건 전혀 문제가 아니었어요. 제가 파워 J(계획형)인지라, 체계 없이 일한다는 게 가장 큰 불만이었죠. MD는 '무엇이 잘 팔릴까' 판단하는 사람인데, 그땐 이걸 감이나 노하우에만 의존했거든요. 그래서 입사 2년이 채 안됐을 무렵, 못 참고 담당 상무님한테 이메일 한 통을 보냅니다.

어떤 이메일을요?

　　전략기획팀이란 부서가 새로 생긴다는 거예요. 이름부터 '전략기획'이니 왠지 업무가 체계적이고 논리적으로 처리될 듯했죠. 새내기들은 지원 대상이 아니었지만, 저도 너무 끼고 싶어 뽑아 달란 이메일을 보냈어요. 지금 보면 어설픈 이유를 막 갖다 붙였는데, 그걸 귀엽게 봐주셨나 봐요. 덜컥 신생팀에 뽑혔고, 이때부터 직무가 바뀌어 일종의 사내 경영 컨설턴트로 근무합니다.

각종 업무를 체계화하거나 효율화하는 작업을 주로 했는데, 기대대로 너무 잘 맞았어요. 오죽하면 "여기 있지 말고 컨설팅 펌으로 가라"는 말까지 들었죠. 나중에 IBM 컨설턴트들과 협업할 일이 있었는데, 그때 제안을 받아 IBM으로 이직합니다.

J 맞으시죠? 행보가 꽤 과감한데요. (웃음) 이후 전문 경영 컨설턴트로서의 삶은 어떠셨나요? 홈쇼핑 회사에서와는 사뭇 달랐을 것 같아요.

이전까진 맛보기였고 이때부턴 당황의 연속이었습니다. 입사 직후부터 생전 처음 겪는 현장에 보내더라고요. 고객 앞에선 다 알아듣는 척했지만, 뒤에선 땀이 삐질삐질 나 죽는 줄 알았습니다. 결국 죽어라 공부하는 수밖에 없겠더군요. 프로젝트마다 각종 데이터를 연구하느라 밤샘은 기본이었고, 주말에도 서점에 처박혀 관련 서적을 열댓 권씩 읽었어요. 몸은 부서질 듯 힘들었지만, 프로젝트를 끝내고 나면 희열이 컸습니다. 아무리 어렵고 복잡해도 해결책을 찾아 의뢰를 마무리했을 때의 쾌감은 이루 말할 수 없었어요. 하면 할수록 더 잘하고 싶었고요.

이직 3년 만에 프랑스 인시아드 경영대학원으로 MBA(경영학 석사) 유학을 떠나셨습니다. 그리 적성에 잘 맞는 직장이었는데, 갑자기 왜 유학을 결심하셨나요?

일은 너무 재밌었지만 어느 순간 체력적 한계에 다다랐어요. 재충전이 필요했고, 그래서 MBA를 하러 간 거예요. 마냥 쉴 순 없으니 겸사겸사 이론적 베이스도 쌓아두자는 생각이었죠. 유학을 계기로 컨설팅을 계속할지도 고민하고 싶었고요. 열심히 해서 1년 후 학위도 잘 땄어요. 그땐 그게 참 기뻤는데, 지금 돌이켜 보면 유학 생활에서 가장 값진 건 학위가 아니더군요. 제가 다닌 학교는 유난히 국제적이었어요. 보통 해외 경영대학원은 자국민이 60~70%는 되는데, 여긴 특정 국가 출신이 10%를 넘지 않게 교칙으로 못 박아놨거든요.

유럽은 나라도 다양하고 역사·산업·가치관이 모두 다르잖아요. 그만큼 친구들 저마다의 이야기가 다채로웠고 삶의 태도도 한국에선 보기 힘들 정도로 독특했죠. 단적으로 시험 기간에 도서관에서 공부하는 건 아시아 애들뿐이었어요. 유럽 애들은 "대화로 배우는 게 더 크다"라며 파티를 벌였죠. 이들은 성공을 바라보는 시선도 굉장히 다양하면서도 느긋했어요. 한국이나 일본, 미국은 개인이 높은 위치로 올라가는 걸 성공으로 보잖아요. 기업도 빠른 매출 신장만 성장으로 보고요. 반면 유럽은 그런 관점으로만 성공을 평가하지 않아요. 자기 비전에 맞는 비즈니스 모델을 구현해 봤는지, 조직에 새로운 문화를 심어 성장에 기여해 봤는지 등이 모두 성공의 척도가 되죠. 이런 기풍이 제게도 스며 훗날 저만의 가치나 비전을 정립하는 데 영향을 준 듯해요. 지금 생각해도 너무 값진 배움이었습니다.

확실히 눈으로 보고 몸으로 직접 부딪쳐야만 얻는 배움이 있는 것 같아요. 그런데, 유학을 마치고서도 또다시 컨설팅 업계로 돌아가셨어요. 왜 다시 컨설턴트였나요?

더 잘할 거란 자신감이 있었어요. '컨설턴트 강혜원 2.0'으로 다시 태어날 듯한 느낌이었달까요? (웃음) 마침 새로 합류한 BCG(Boston Consulting Group)에선 효율화·체계화 말고도 매출 상승, 고객 유치 등 사업 전략 프로젝트를 많이 맡았어요. 의뢰 산업도 제가 선호하는 유통·소비재 쪽이 많았고요. 그렇게 더 신나게 컨설팅 판에서 5년을 더 달립니다. 근데 중간 3년 차쯤, 운명의 변곡점이 찾아와요. 대기업에 다니던 남편이 갑자기 폭탄선언을 한 거예요.

어떤 선언을요?

글쎄, 할리우드로 음악 공부를 하러 가겠다는 거예요. 미친 거죠, 나이 마흔에! 막판까지 정말 망설였는데, 저도 결국 함께 떠나기로 해요. 미국에서 놀긴 쉬워도 직장에 다니는 경험은 흔치 않을 거잖아요? 그 경험에 베팅한 거죠. 그래서 BCG 마지막 2년은 LA 오피스에서 근무해요. 그 뒤 한국에 오니 더는 컨설팅을 못 하겠더군요. 해외에서 사귄 친구들이 자꾸 머릿속에 떠오르면서, '강혜원만의 성공은 대체 뭘까?'라는 고민이 절 자꾸 괴롭혔거든요. 컨설팅은 누군가의 꿈을 돕는다는 점에서 값진 일이지만, 정작 제 꿈은 따로 있을 거란 생각이 강하게 들었죠. 한참 고민한 끝에 답을 내렸습니다. '컨설팅은 할 만큼 했다. 이제 다른 길에서 나만의 성공을 찾자.'

| Re:cap |

모두가 자기다운 성공을 꿈꾼다지만, 흔해 빠진 각오나 다짐만으로는 부족하다. 실은 무엇을 꿈꾸는지조차 그리지 못하는 경우가 허다하기 때문이다. 이때 우리에게 가장 필요한 건 무엇일까? 바로 '시선'이다. 시험 기간에도 배짱 있게 파티를 즐기던 유럽 친구들, 마흔에 돌연 할리우드로 음악 공부를 떠나겠다고 한 남편, 그리고 그 곁에서 함께 부딪치며 겪은 수많은 순간이, 그에게 예전엔 미처 보지 못한 마음의 구석을 비추는 시선을 남겼다. 그 시선에서 비롯된 고민은 오래도록 남아 우릴 고민하게 하고, 나아갈 방향과 선택을 조금씩, 괴롭지만 분명하게 '나만의 꿈'으로 바꿔놓는다.

고민의 방향이 외식업으로 이어졌나 봅니다. 뚜레쥬르·빕스로 유명한 'CJ푸드빌'에 합류하면서 이쪽 업계에 본격적으로 뛰어드셨죠.

컨설턴트 시절 CJ 쪽 프로젝트를 맡은 적이 있었는데, 그 인연으로 스카웃 제안을 받았습니다. 그때가 2013년인데 이 무렵 CJ가 내건 '한식 세계화'라는 비전이 무척 매력적으로 보였어요. 그래서 합류했고, 입사 3개월 만에 CJ푸드빌 전략 담당 상무로 발령이 납니다. 당시 여기 실적이 정말 안 좋았어요. 특히 비비고 레스토랑이 큰 손실을 내고 있었죠. 그때만 해도 비비고는 가공식품 브랜드가 아니라 비빔밥을 파는 한식당이었는데, 해외에서도 손해가 컸고 미국이 가장 심각했어요. 그런데 마침 미국 매장이 모두 LA에 있는 거예요. 제가 살아본 데다 일까지 해본 곳이잖아요? 현지 사업을 되살릴 이만한 적임자가 없다면서 절 미국에 보내더군요. 정말 얼떨결에 레스토랑 경영을 맡게 된 셈인데, 부딪혀 보니 쉽지 않더라고요. 기본 운영부터 벅찼습니다. 문화 코드가 다르니 직원들과 합을 맞추는 것 자체가 어려웠죠. 게다가 미국은 식품 관련 법제는 물론, 외식 패턴이나 자잘한 행동 양식까지 전부 한국과 다르거든요. 이 모든 어려움을 딛고 LA 한복판에서 비빔밥을 팔아야 했어요. 처음엔 엄청 골머리를 앓았습니다.

LA 시절 경험이 외식 사업의 첫걸음이자 큰 시험대였군요. 그 난관은 어떻게 풀어가셨나요?

일단 제 모드를 바꿔봤어요. 유학생이나 주재원의 관점은 버리고, 온종일 현지인의 시야로 바라보려 했죠. 그러던 어느 날

식당을 둘러보는데, 매장에 온통 주재원만 들어차 있더라고요. 현지 주민들은 어쩌다 한번 들어와도 금세 나가버렸고요. 이유를 물으니 하나같이 "뭘 시켜야 할지 모르겠다. 메뉴가 너무 어렵다"라고 답하더군요. 다시 매장 운영을 깊이 들여다봤어요. 그리고 문득 통찰을 얻었습니다. 애초에 비비고의 지향점은 '비빔밥계의 서브웨이'였어요. 밥이면 밥, 토핑이면 토핑. 주문부터 서빙까지 최대한 빠르고 간결하게 끝낼 수 있는 것, 이게 핵심이었죠. 근데 이 방향성에서 완전히 어긋나 있던 거예요. 당장 주재원 손님이 많다 보니 메뉴는 한국인 입맛에 맞춰 복잡한 '한국식 반상'으로 변질됐고, 간편함을 기대한 현지인한텐 전혀 어필이 안 된 거죠. 곧바로 전면적 콘셉트 개편에 들어가 메뉴를 철저히 간소화했습니다. 대신 돌솥 플레이팅으로 제법 근사하게 대접하며 비빔밥만의 에지는 살렸어요. 그 결과 리뉴얼 직후 시범 매장 매출이 한두 달 만에 세 배로 뛰었습니다.

확실한 성공 조짐이 보였네요. 근데 의아합니다. 그로부터 얼마 지나지 않아 회사를 관두셨더군요.

재미가 붙어 이 프로젝트를 계속하고 싶었어요. 리뉴얼 방식을 다른 매장들로도 확산시키면 승산이 컸을 거라고 지금도 믿어요. 다만 회사에선 상무씩이나 되는 사람이 고작 몇몇 레스토랑 실적에만 매달리는 게 탐탁지 않았던 모양이에요. 한국에 돌아와 다른 사업을 맡길 원했는데, 제게 주어진 선택지 중 그다지 끌리는 게 없었습니다. 나만의 성공을 찾겠다고 나선 길이었는데, 억지로 타협하며 남을 순 없었죠. 그래서 회사를 나왔습니다.

그러곤 돌연 와인바의 공동 사장이 되셨어요. 이건 또 어찌 된 사연인가요?

쉬는 기간 '와인주막차차'라는 한식 와인바에 들르게 됐어요. 카피가 '와인에 떡볶이가 어때서?'였는데, 정말로 떡볶이나 차돌구이 같은 게 안주로 나오더군요. 카피에 딱 맞게 너무 잘 어울리고 맛도 있었어요. 와인 추천은 얼마나 센스 있던지요. '와인을 이렇게 쉽게 풀어낸다고?' 하며 감탄했어요. 그러다 대표님과 대화할 기회가 생겨, 제 소개를 드리며 "이 사업에 반했다. 도울 게 있다면 뭐라도 알려 달라" 말씀드렸는데, 선뜻 공동 대표직을 제안하시더군요. 어엿한 프랜차이즈로 기업화하는 게 회사 목표였고, CJ 때 일과 비슷해 잘 해낼 거라 보고 합류했어요. 하지만 동행은 그리 오래가지 못했습니다. 창업자와 큰 방향성엔 공감했지만, 사업 속도를 두고 견해차가 있었거든요. 저로선 동의하기 힘든 의사 결정이 쌓이면서 결국 7개월 만에 스스로 물러났습니다. 일이란 게 마음처럼만 되는 건 아니더라고요. 그때부터 자의 반 타의 반, 꽤 긴 웅크림의 시간이 시작됐어요.

그 웅크림의 시간, 무엇에 집중하셨는지요?

가장 먼저 남편과 80일간 북유럽 배낭여행을 떠났어요. 그리고 그간의 저라면 상상도 못 할 놀라운 변화가 생깁니다. 앞서 제가 파워 J라고 말씀드렸잖아요? 오죽하면 신혼여행도 30분 단위로 계획표를 짜서 다닐 정도였는데, 이 여행 땐 아무 계획을 안 세웁니다. 첫날 숙소 예약만 빼면 그때그때 끌리는 대로 다녔어요. 파워 P(즉흥형)로 거듭난 거죠. (웃음) 신기하게도 이런 변화가 여행에서만 그치지 않더군요. 스물다섯 무렵 아버지 조언을 듣고 향후 20년 미래 이력서를 써본 적이 있었어요. 끝부분에 '유통·소비재 기업 전문 경영인'이라 적었는데 얼추 맞아떨어진 거잖아요? 이래저래 목표에 필요한 경험을 계획적으로 잘 쌓아왔던 거예요. 하지만 이때부턴 미래 이력서란 게 더는 필요치 않겠더라고요. 억지로 목표를 세워 좇기보단, 진짜 '나다운 성공'이 무엇인지부터 찾아야겠다 싶었죠. 아무리 거창해도 남들도 떠올릴 법한 뻔한 목표라면, 그건 저만의 성공이라 부를 수 없는 거잖아요? 목표 자체에 얽매이기보단 순간순간 마음이 뾰족이 끌리는 데 더 집중해 보기로 했습니다. 아무렴 마흔 넘은 사람이 계획 좀 없이 산다고 그간 쌓은 커리어가 다 사라지는 건 아닐 거잖아요. 그때부터 장장 5년간의 프리랜서 생활이 시작됩니다.

막상 프리랜서로 지낸다는 게 쉽지만은 않았을 것 같아요.

다행히 여기저기 불러주는 곳들이 있었어요. 한 군데 적을 두기보다 여러 집단에서 프로젝트 단위로 일했습니다. 그러면서 IT, 스타트업, 요식업, 투자…. 온갖 업계 사람들과 교류했어요. 이전엔 같은 컨설턴트나 대기업 임직원 등 비슷한 부류의 사람들만 만났는데, 이때는 전혀 다른 색깔의 비전과 꿈을 지닌 이들을 접한 거죠. 남편과 홍대 근처에 라이브 바를 연 것도 이 무렵이에요. 전 와인을 좋아하고 남편은 맘껏 음악을 할 수 있으니 더할 나위 없었죠. 사실 돈이 목표였다면 '실패'라 봐도 돼요. 진작 문도 닫았을 거고요. 하지만 저희랑 친한 뮤지션들이 편히 드나들 아지트 같은 공간을 만드는 게 저희 꿈이었거든요. 그런 면에서 저희는 완벽히 '성공'했습니다. 코로나 때 뮤지션들이 정말 힘들었는데, 그 시기를 함께 꿋꿋이 버텨 지금까지도 영업을 이어오고 있으니까요. 그렇게 5년을 원 없이 끌리는 대로 사람을 만나고, 다양한 일을 하며 지냈습니다. 덕분에 저만의 성공을 발견하기 위해 무언가에 홀린 듯, 자석처럼 이끌릴 준비가 됐던 것 같아요. 그리고 마침내 그 자석을 찾아냈고요.

| Re:cap |

무엇이 꿈인지조차 알 수 없는 모호함 속에서 그는 오래 흔들렸고, 여러 번 부침도 겪었다. 그럼에도 그가 꿋꿋이 붙들고 놓지 않은 건, 나

만의 성공이 무엇인지 찾겠다는 단순하고도 어려운 꿈이었다. 일이란 게 원래 그렇다며, 삶이 원래 그렇다며 타협하는 대신, 오히려 순간순간 마음이 가리키는 방향에 더욱 귀 기울였다. 북유럽 여행에서 계획을 내려놓고 즉흥에 몸을 맡긴 순간들, 프리랜서로 전혀 다른 세계의 사람들을 만나며 과감히 쌓아 올린 낯선 경험들. 그렇게 불확실하지만 순간에 충실한 선택들이 모여, 마침내 용기를 낸 사람만이 자석처럼 이끌려 마주할 수 있는, 설레는 다음 장을 열어주었다.

그 자석이 무엇이었나요?

와인을 소재로 한 《신의 물방울》이라는 일본 만화가 있어요. 총 40권이 넘는데 열 번은 넘게 본 듯해요. 자연스레 거기 나온 와인들까지 궁금해져 이것저것 찾아 마셔봤고, 그러면서 와인에 점차 매료됐어요. 외국에 있을 땐 저녁마다 친구들이랑 와인을 즐기고, 각종 산지로 함께 관광을 다녔죠. 와인마다 저만의 이야기가 얽히다 보니 더더욱 빠져들더라고요. 프리랜서가 되니 맨먼저 생각난 것도 와인이었어요. 아예 와인 스터디를 해 산지나 품종별 특징을 죄다 공부하기 시작했죠. 배울수록 재밌어 5년을 넘게 했어요. 나중엔 스터디 친구랑 작게나마 와인 클래스도 열고, 클럽하우스에서 와인 토크도 진행해 봤죠. 취해가듯 와인에 이끌려 가고 있더라고요.

그렇게 '언젠가 와인으로 사고 한번 쳐야겠다' 마음먹던 찰나, 롯데마트 주류 부문장 자리로 스카웃 제안이 들어와요. 대표님이 BCG 선배셨는데, 후배 중 와인에 홀린 녀석이 있음을 알게 되신 거예요. 마침 와인이 메인인 신사업을 구상 중이라 절 적임으로 보셨나 봐요. 경영에 밝고 외식 사업 경험도 있는데, 와인도 이만큼 잘 알고 사랑하는 사람은 많지 않을 거잖아요? 이건 어쩌면 강혜원만이 할 수 있는 일 아닐까 싶었어요. 망설임 없이 수락했습니다. 그리고 곧바로 보틀벙커 프로젝트에 착수했어요.

흩어져 있던 점들이 결국 하나의 방향, 와인을 가리키고 있었네요. 다만 곧장 그런 초대형 와인 매장을 만든다는 기획이 쉽진 않았을 듯해요.

'멘붕'이었죠. 합류 직후부터 세 가지 미션이 떨어져요. 첫째, 압도적으로 큰 와인 매장을 만들 것. 둘째, 그 매장 덕에 고객을 롯데마트로 불러 모아 점포 매출을 견인할 것. 셋째, 이 모든 걸 연내에 완수할 것. 5월 입사였으니 남은 시간은 고작 반년 남짓이었어요. 급히 팀부터 꾸리고 곧바로 기획에 들어갔습니다. 일단 출발점은 단순했어요. '왜 와인이어야 하는가'에 답하는 것. 판매자인 우리부터 납득해야 소비자도 설득할 수 있을 테니까요. 그러나 막상 답 찾기가 쉽지 않더라고요. 단순히 시장 상황이나 통계를 분석한다고 답이 나오는 문제가 아니었으니까요.

결국 '내가 왜 와인을 좋아했을까'까지 거슬러 올라갔습니다. 한참을 골몰하며 와인에 얽힌 삶의 순간들을 찬찬히 되짚어 보는데, 바로 여기서부터 실마리가 잡혔어요. 사실 식탁이라는 게 그래요. 매일 하루 두세 번씩 마주하는데 지루하려면 한없이 지루하죠. 근데 와인 한 잔만 올려놓으면 그저 그런 밥상도 분위기가 확 달라집니다. 바꿔 말해, 평범한 한 번의 끼니를 근사한 저녁 식사로, 평범한 일상을 아주 특별한 것으로 변화시켜 주는 게 와인의 힘이자 제가 와인을 사랑한 이유였던 거예요. 이를 깨닫고 나니 비전도 명확해졌습니다. 높은 진입 장벽에 가려진 와인의 매력을 누구나 일상적으로 체감하도록 와인을 쉽게 대중화하는 것이었어요.

와인이라는 음식의 본질을 짚어낸 통찰이 무척 인상적이에요. 그렇다면 '와인의 대중화'라는 비전은 구체적으로 어떻게 풀어내셨나요?

무엇이 와인을 어렵게 만드는지부터 낱낱이 알고자 했어요. 200명가량의 고객을 인터뷰해 와인은 언제 어디서 사는지, 쇼핑할 때 불편함은 무엇인지 등을 물었습니다. 에세이 시험 보듯 줄글로 아주 세세한 답변을 받아냈어요. 결과를 분석하니 단계별로 공통 고민이 있더군요. 맞춤식 솔루션을 하나씩 개발했습니다. 먼저 와인 초심자들은 푸드 페어링 관점에서 접근하기로 했어요. 와인을 왜 마셔야 하는지도 막막해하시기에, "삼겹살 먹을 땐 묻지도 따지지도 말고 이 와인을 드셔 보세요" 같은 쉽고 명쾌한 추천이 최적이라 본 거죠. 그래서 누구나 계절별 음식에 맞춰 한눈에 어울리는 와인을 고를 수 있는 추천 코너를 구성했습니다.

어느 정도 와인을 아시는 분들을 위해선 큐레이션에 힘을 쏟았어요. 이분들은 지역·품종별로 와인을 보고 싶어 하세요. 그런데 그때만 해도 대부분의 와인숍이 그런 정리를 해두지 않았죠. 이 때문에 저희는 모든 와인을 카테고리에 맞게 진열하고 전부 인덱싱까지 하기로 했어요. 매장은 물론 앱에서도 편하게 수량과 위치를 파악해 찾아올 수 있게끔요. 마지막으로 주력한 고민은 '맛'이었습니다. 지역이 어떻든 품종이 어떻든 맛없으면 낭패니까, 미리 친절히 알려드리기로 했어요. 모든 와인의 가격표에 모바일 QR 코드를 달아 놔, 인식시키면 맛 설명서가 나타나도록 했죠. 그래도 잘 모르겠다는 분들을 위해선, 아예 조금씩 드셔보라고 시음 코너도 도입했어요. 이런 준비 끝에 딱 반년만인 2021년 12월 보틀벙커를 내놨습니다.

애호가로서의 경험과 감각, 치열한 정성이 녹아든 프로젝트였네요. 성과는 대단했습니다. 경쟁사들이 초대형 와인숍을 앞

다퉈 내놨고, '보틀벙커가 와인 유통 업계의 판도를 바꿨다'라는 평까지 받으셨죠. 이 프로젝트를 이끈 주역으로서 소회가 어떠신가요?

개인으로선 와인을 모두의 일상에 한 걸음 가까이 다가오게 해 뿌듯해요. 이제 대형마트는 물론 작은 와인숍들도 보틀벙커식 큐레이션을 도입한 데가 많아졌거든요. 국내 와인 유통의 구조를 혁신했다고 자부해요. 임원으로선 보틀벙커로 점포 전체 매출을 끌어올렸단 게 가장 기뻐요. 개장 1년 만에 연 매출 200억 원을 넘겼고, 입점 점포의 주류 매출이 여섯 배 넘게 증가했거든요. 고객 절반 이상이 보틀벙커 때문에 롯데마트에 오고, 나머지 매장에서 장을 보다 가시고요. 온라인 쇼핑이 일상인 시대에도 여전히 오프라인 대형마트가 존재할 이유를 보틀벙커가 제대로 증명한 셈이죠.

2024년 초 마트사업부 상무로 영전하셨어요. 롯데마트·슈퍼의 마케팅을 총괄하고 계신다고요.

보틀벙커의 성취를 다른 영역으로도 확대하라는 임무를 받았다고 생각해요. 보틀벙커는 특히 MZ세대 팀원들이 주축이 돼 아주 신나고 에너지 넘치게 일으켜 세운 브랜드예요. 이 동력을 롯데마트 · 슈퍼의 기존 브랜드들에도 발휘해 보자는 거죠.

와인에서 시작된 꿈이 이제는 음식 전반으로 확장됐군요.

살면서 가장 즐거웠던 때가 프랑스랑 미국에서 살던 시절이에요. 일상이 전혀 진부하지 않았거든요. 곰곰이 생각해 보니, 그 이유 중 하나가 바로 '장보기'더라고요. 장을 보러 갈 때마다 매일 놀이터 가는 기분이었어요. 특히 LA에선 종종 농부들이 자기가 기른 작물을 직접 파는 장이 열렸는데, 같은 야채나 채소도 누가 파느냐에 따라 신기하게 맛이나 식감이 묘하게 다르더라고요. 누군가에겐 사소한 순간일지 몰라도, 제겐 평범한 장보기도 취향이 깃든 하나의 문화생활로 탈바꿈될 수 있음을 깨닫는 순간이었어요. 마치 와인 한 잔에 밥상이 확 달라진 것처럼요. 반면 한국에선 여전히 장보기가 빈 냉장고나 채우러 가는, 귀찮은 일상으로만 여겨지죠. 대형마트들의 책임이 큽니다. 간판만 가리면 어느 마트에 와 있는지조차 분간하기 어렵잖아요. 이 반성에서부터 시작해야 합니다. "마트 갈까?"라는 평범한 한마디가 "놀이공원 가자!"라는 특별한 데이트 신청처럼 들리게 하는 것, 이게 제 비전입니다. 그런 장보기 문화를 만들어가는 게 제 사명이고요.

파워 J라 하셨는데, 혹시 다음 커리어 스텝도 계획돼 있으실까요?

아니요. 스티브 잡스가 내놓은 '커넥팅 더 닷츠Connecting the Dots'라는 유명한 개념이 있잖아요. 과거에 본인이 성취한 일들을 선으로 잘 연결해 앞으로 더 멋지게 살아가란, 뭐 그런 의미인데요. 제 커리어 여정과도 맞닿는 말 같아요. 언젠가 이런 생각을 해본 적 있어요. '만약 남편을 따라 LA에 가지 않았다면? 아니, 그 전에 음악을 하는 남자와 결혼하지 않았다면?' 아마 제가 외식 사업을 하러 미국에 가는 일은 없었겠죠. 그뿐일까요? 프리랜서로 살아보는 경험도 없었을 거고, 그러면 이만큼 와인 애호가가 돼 있지도 않았을 거예요. 결과적으로 보틀벙커는 시도조차 해볼 수 없었을 거고요. 한 분야에서 어느 정도 경험과 역량을 충분히 쌓은 이후라면, 그때부턴 자기가 온 마음을 다해 빠져들 일을 순간순간 찾아나가는 게 중요한 듯해요.

매 순간 흠뻑 빠져들 일을 찾아야 한다는 말씀이 인상적이네요. 그러면 그 순간은 어떻게 이어 붙여야 프로로 성장해 나갈 수 있을까요? 본인이 생각하시는 프로란 어떤 존재인지 들려주세요.

프로란 죽어 있는 경력이 아닌 살아 있는 경험, 과거의 타이틀이 아닌 현재의 비전으로 이야기하는 사람이에요. 회사 실적이 아무리 좋아도 자기 기여가 없으면 껍데기일 뿐이죠. 반대로 사정이 나빠도 자포자기하지 않고 어떻게든 성과를 내거나, 개선할 구조라도 만들어낼 수 있다면 아주 생생한 경험이 되고요. 물론 모든 경험이 앉아만 있는다고 전부 의미를 갖는 건 아닙니다.

그 경험의 점들을 이어 붙일, 치열함이란 아교가 필요해요. 그리고 이 치열함을 가능케 하는 게, 바로 '꿈'입니다. 어린 날의 순진한 동경이 아니라, 내 발자취와 역량이 이끄는 비전 말입니다. "사랑이란 찾는 것이 아니다. 단지 거기에 있는 것이다."《신의 물방울》속 이 대사처럼, 매 순간 온 마음을 다해 치열하게 살아가다 보면, 우리가 간절히 꿈꿔온 삶도 어느새 거기 놓여 있지 않을까요?

| Re:cap |

그의 커리어 패스는 한 편의 만화를 읽는 듯 짜릿했다. 홈쇼핑 MD, 경영 컨설턴트, 외식업 경영인, 라이브 바 사장, 마침내 초대형 와인 매장의 기획자에 이르기까지. 끌리는 대로 내딛고 치열하게 부딪혀 쓴, 청춘 만화의 서사를 닮았기 때문이리라. 이런 그의 이야기는 '꿈'이란 무엇인지 다시 생각하게 한다. 그의 말대로 꿈은 단순한 동경이나 하고 싶은 것의 나열이 아니다. 꿈은 우리가 치열해질 수 있는 그 무언가이고, 그 치열함이 매 순간을 '살아 있는 경험'으로 바꾼다. 그 경험들은 겉보기엔 닿아 있지 않아 처음엔 흩어진 조각처럼도, 때로는 당장의 타이틀보다 보잘것없어 보이기도 한다. 그러나 '기회'와 만났을 때 폭발력을 발휘하는 건, 쭉정이 같은 이력이 아니라 언제나 그 살아 있는 경험들뿐이다. 와인, 그리고 보틀벙커라는 구심점에 닿기까지 그에게 오랜 시간이 걸렸지만, 불과 1년 만에 시장 판도를 뒤흔

1장. 좌충우돌이 유니크함을 만든다

든 큰 성과를 만든 것처럼 말이다. 어쩌면 그의 삶이 만화 같다고 느껴지는 건, 그의 커리어에 이러한 프로의 낭만(기회 앞에서 맘껏 설렐 수 있고, 자기만의 꿈을 따라 한 장 한 장 써 내려간 그 낭만)이 오롯이 담겨 있기 때문일 것이다.

끝까지 제멋대로일 수 있다면
그것도 프로죠

경제 해설가

이진우

現 유튜브 채널 〈삼프로TV〉 진행자, 現 MBC 라디오 〈손에 잡히는 경제〉 DJ.
1999년 경제지 기자로 시작해 라디오 · 팟캐스트 · 유튜브에 이르기까지,
다양한 영역에서 경제 이슈를 쉽게 전달해 온 독보적 경제 해설가.

©리얼버

〈삼프로TV〉■, 〈손에 잡히는 경제〉. 경제에 관심 있다면 누구나 한 번쯤 들어 봤을 이름들이죠. 두 간판 프로그램 진행자로서 복잡한 경제를 누구보다 쉽게 풀어 전달해 온 경제 평론가가 있습니다.

신문·라디오·방송·유튜브 등 레거시와 뉴미디어를 넘나들며 30년 가까이 '경제' 외길로 대중과 호흡해 온 미디어 전문가이기도 하죠. 국내 최고의 경제 해설가, 이진우 님의 이야기입니다.

**"우연으로 점철된 아슬아슬한 인생이지만,
세상 열 명 중 한두 명은 저 같은 괴짜여도 좋겠죠."**

지금은 대표적 '경제 N잡러'로 꼽히지만, 뜻밖에도 그는 공대 출신 이과생이었습니다. 첫 직장도 경제와는 거리가 멀었죠. 광고 회사 인턴을 거쳐 보험사에서야 커리어를 시작했으니까요.

그뿐만 아닙니다. 잘 다니던 신문사를 금세 박차고 나와 돌연 신생 인터넷 언론에 뛰어들더니, 아예 마이크를 잡고 라디오 DJ로까지 나섭니다. 급기야 2018년 뉴미디어 사업가로 변신, 구독자 280만 명이 넘는 대형 경제 유튜브 채널을 탄생시키죠.

도무지 개연성 없는 커리어, 엉뚱한 선택만 고집하던 '괴짜.' 그를 오늘날 독보적 경제 커뮤니케이터로 만든 건 단지 '우연'만은 아니었습니다. 그 좌충우돌의 이면엔 마이너로서의 생존 본능이 기른 치열한 내공과, 그 속에서 쌓아 올린 질문의 힘이 단단히 자리하고 있었기 때문입니다.

■ 2018년 출범한 유튜브 기반 경제 전문 채널. 금융인 김동환, 경제 해설가 이진우, 방송인 정영진 등 세 명의 '프로'가 진행한다는 뜻에서 이름 붙였다. 주식·부동산·거시경제는 물론 관련 정치 이슈까지 폭넓게 다루며, 복잡한 현안을 쉽게 풀어내는 진행으로 인기를 얻어, 현재 구독자 280만 명이 넘는 국내 최대 규모의 경제 채널 중 하나로 성장했다.

2023년 가을, 여의도 〈삼프로TV〉 스튜디오. 화면으로만 보던 공간은 생각보다 특별한 것이 없었다. 하지만 그곳엔 인터뷰만 5,000번을 넘게 한, 대통령 후보들마저 긴장시킨 '질문의 대가'가 앉아 있었다. 내 긴장을 간파한 듯 그가 가볍게 말을 건넸다. "전부 따라 하면 안 될 이야기일 텐데 쓰실 게 있을까요? 아니 반면교사는 되려나." 방송에서 접하던 특유의 시니컬함, 반가우면서도 당혹스러웠다.

줄곧 경제만 파셨을 줄 알았는데, 의외로 공학도 출신에 첫 경력은 광고사 인턴이세요.

인생이란 좌충우돌 우당탕탕의 연속이죠. 지방에서 살기 싫다 맘먹은 게 시작이었어요. 흔한 공대생 커리어대로면 엔지니어로 평생을 지방에서 보낼 텐데, 무지 답답할 듯했죠. 남들 하는 대로 끌려가듯 진로를 정하긴 싫었어요. 하지만 딱히 끌리는 것도 없긴 했어요. 아는 게 있어야 고민도 할 텐데, 일개 공돌이가 그때 뭘 알았겠어요. 어느 날 과 선배가 비장하게 "난 광고사에 들어간다"라고 하길래, 오죽 잘 알아보고 결정한 걸까 싶어 저도 덥석 따른 겁니다. 끌려가듯 살지 않겠다고 했는데 말이에요. (웃음) 다행히 광고사 일은 기대 이상으로 재밌었어요. 그래서 광고인이 되기로 결심했고, 누군가 "제일기획이 제일 크다"라고 하길래 그 순간 제일기획 입사를 목표로 삼았습니다. 문제는 구체적인 전략이나 방법을 따져보지 않았다는 거죠. 그 대가로 완전히 엉뚱한 길에 들어서게 돼요.

그 '엉뚱한 길'이란 게, 전혀 다른 회사로 들어가셨단 말씀인가요?

맞습니다. 제일기획이 삼성 계열사잖아요? 전 삼성에 입사만 하면, 원하는 계열사로 무조건 보내주는 줄 알았어요. 근데 신입 연수가 끝나니 제 지망과 무관한 삼성생명으로 발령을 내더군요. 참 대책 없이 순진했던 거죠. 엉뚱한 보험 일을 하게 된 건데, 어라? 의외로 무지 재밌더군요. 이때 확실히 느낍니다. '재미만으로 진로를 꾸려가선 안 되겠구나.' 저란 사람은 무엇이든 새로 배우면 다 재밌어하니까, 재미가 기준이 되면 아무 일이나 괜찮은 일이 돼버리는 거예요. 하지만 재미만 중요한가요?

20~30년 후의 내 모습이 마음에 들 것인가도 중요하잖아요. 후자로 치면 여긴 아니라는 생각이 들더군요. 그래서 삼성생명을 관두고 서울경제신문에 입사하게 된 겁니다.

듣고 보니 정말 좌충우돌 우당탕탕이 맞으시네요. (웃음) 그럼 경제지 기자가 되겠단 결심은 어떻게 하셨던 거예요?

그것도 우당탕탕이었죠. 삼성생명 때 일과 중 하나가 신문 스크랩이었어요. 여느 날처럼 신문을 정리하는데, 서울경제신문에 견습기자 모집 공고가 실려 있더군요. '이거다!' 싶어 홀린 듯 지원했고, 운 좋게 합격했어요. 죽기 살기로 수습 6개월을 마치고 기자로 살다 보니, 직장이든 직업이든 도저히 바꿀 여유가 없더군요. 그래서 쭉 기자를 하게 된 거예요. 대학 졸업 후 이 시점까지 고작 1년 반 남짓인데, 참 후회막급한 나날이었네요.

왜 그리 후회스러워하세요?

너무 아슬아슬했으니까요. 운이 따라 줘 망정이지 자칫 망가질 커리어였고, 불필요한 시행착오도 많았죠. 서울경제신문도 신문사 달랑 한 곳만 지원해 들어간 케이스였어요. 언론사마다 전문성도 잘나가는 출입처도 업계 서열도 다른데, 그걸 하나도 따져보지 않은 거죠. 이름을 들어본 언론사끼리는 죄다 고만고만한 줄 알았거든요. (웃음) 물론 서울경제신문은 참 괜찮은 직장이에요. 그러나 당시 업계에선 마이너 취급을 받았어요. 예를 들어, 경제기관의 한 국장급 인사가 특정 정보를 흘리고 싶어 기자들을 저녁 식사에 부른다고 해봐요. 테이블당 여섯 명이 자리한다 치면, 국장과 대변인 정도를 제외한 달랑 네 명 안에 들어야만 그 정보를 들을 수 있어요. 더 엄밀히 따지면 네 명이 아니라 한 명이고요. 메이저 둘에 출입처가 특별 관리하는 까칠한 기자 하나를 빼면, 남은 한 자리를 놓고 경쟁하는 거예요. 그러니 이도 저도 아닌 저 같은 기자는 얼마나 힘들었겠어요.

마이너의 설움을 그렇게 강조하시는데, 정작 2년 뒤 더 마이너한 길을 가셨더군요. 당시 신생 인터넷 언론사였던 이데일리에 합류하셨잖아요.

그게 네 번째 한심한 진로 선택이에요. 친한 선배들이 새 언론사를 만든다길래 저도 휩쓸리듯 따라갔죠. 그 뒤 더 힘들어졌습니다. 이젠 이름 한번 못 들어본 회사의 기자가 된 거니까요. 오죽하면 취재원과의 대화 9할이 회사 소개였어요. 매번 반복되니 너무 짜증 났지만, "네가 우리 회사 공부 좀 하고 와라" 이럴 수도 없잖아요? 내가 더 죽어라 공부하고, 내가 더 기사 잘 쓰는 수밖에요. 실제로 좋은 기사를 몇 차례 쓰고 나니, 슬슬 그 바닥 사람들이 절 알아가기 시작하더군요. 덕분에 그때부턴 점차 취재도 수월해졌어요.

돌이켜 보면, 마이너라는 이유로 폄하되는 게 유독 싫어 그리 발버둥 쳤던 것 같아요. 사실 바쁘다 보면 준비 부족으로 취재원한테 엉뚱한 질문을 하거나, 말귀를 못 알아들을 때도 있는 거잖아요. 이때 메이저 소속 기자라면 충분히 이해해 주고 넘어갈 텐데, 마이너 언론사 기자는 마이너라 뭣도 모른다고 무시할 거라 지레 겁먹은 거예요. 원래 태생이 부지런한 사람이 아닌데, 그땐 이런 이유로 악착같이 했습니다.

| Re:cap |

초반 커리어를 회고하며 그는 "나처럼 살면 안 돼요"라는 말을 자주 꺼냈다. 언뜻 농담인가 싶었지만, 그 말엔 분명 진심이 담겨 있었다. 취업도 커리어도 불확실이 일상이 된 요즘이기에 더욱 그랬을 것이다. 그러나 아이러니하게도, 그가 부정하면 부정할수록 그 서사는 오히려 더 의미 있게 다가왔다. 스스로 손사래 친 바로 그 마이너한 좌충우돌 속에서 그만의 생존 본능과 비딱한 승부 근성 또한 길러졌기 때문이다. 굳이 악조건을 미화하려는 이야기는 아니다. 다만 불리함도 불확실함도 어떻게든 피하려는 시대이기에, 그의 이야기가 더욱 귀하게 느껴질 뿐이다.

2011년부터 MBC 라디오 〈손에 잡히는 경제〉 DJ를 맡고 계세요. 갑자기 방송 진행자로 나선 계기는 무엇이었나요?

그전부터도 라디오 경제 방송에 용돈벌이 삼아 몇 차례 게스트로 출연해 왔어요. 예나 지금이나 방송계에서 경제는 계륵인 아이템이에요. 중요해서 안 다룰 순 없는데, 다룰수록 지루하고 청취율도 떨어지죠. 근데 이진우란 녀석은 어려운 사안도 조금 쉽고 재밌게 설명하니까, 퍽 괜찮은 대안으로 보였나 봐요. '손경제' 진행도 그 덕에 찾아온 기회였어요.

방송 모토가 '어머니도 이해 가능하게'였다고 들었어요. 왜 유독 더 쉬운 설명에 집중하신 거예요?

어느 날 어머니 친구한테 전화가 왔는데, 제가 출연한 라디오 프로를 어머니랑 동네 친구들이 다 같이 즐겨 듣고 계신다는 거예요. 그땐 작은 프로 몇몇에 출연할 뿐이라, '어머니는 이걸 왜 그리 자랑하셨지' 하는 의문이 들었어요. 근데 한참 지나 깨닫습니다. 제가 신생 언론사로 이직한 게 어머니한테도 적잖이 난처한 일이었으리란 걸요. 그런 제가 어엿한 라디오 방송에 출연한다는 사실이 큰 안심이 되셨던 모양이에요. 아들 기사엔 일절 관심도 없던 분이, 라디오는 매번 챙겨 들으시곤 1호 애청자가 되셨죠. 바로 이 '애청자'께서 가장 많이 주신 피드백이 '훨씬 더 쉽게 설명하라'는 거였어요. 고작 용돈벌이인데 효도라도 하자는 마음에 쉬운 설명에 더욱 주력했습니다.

어려운 개념을 쉽게 설명한다는 게 절대 쉽지 않잖아요. 본인만의 노하우를 꼽아보신다면요?

하나만 꼽으라면 '비유'예요. 무언가를 가장 쉽게 설명하는 방법은 주저리 길게 풀어놓는 건데 대신 무지 지루하죠. 짧게 설명하면서도 여전히 쉽게 전달할 수 있는 거의 유일한 대안이 바로 비유입니다. 가령 정부가 물가 지수 품목에 무엇은 넣고 무엇은 뺐다는 뉴스를 설명한다고 해보죠. 그럼 이런 비유를 들 수 있어요. "어머니가 김밥을 쌀 때 그 속 재료를 고르시죠. 그때 단무지 대신 오이를 넣은 격이라 이해하시면 됩니다. 요즘 단무지보다 오이가 훨씬 인기가 좋잖아요? 정부가 그걸 반영한 거예요."

사실 비유는 무언가를 정확히 이해시키는 방법이 아니에요. 이해한 듯한 '착각'을 주는 방법이죠. '아까 김밥 얘기 알아들었지? 그러면 당신은 물가 지수 품목의 변동을 이해한 거야'라는 인식을 심어주는 거죠. 그렇다면 그게 나쁘냐? 아닙니다. 착각은 무언가를 배울 때 대단히 중요해요. 특히 어려운 걸 배울 땐 더욱 그렇습니다. 기타 교습을 예로 들어볼게요. 다들 처음엔 신나게 배우다가, 좌절하고 포기하는 구간이 F코드예요. 그럴 때 선생은 어떻게 해야 할까요? "F코드 하나도 안 어렵습니다"라고 타이르는 게 우선이에요. 그러면서 편법으로라도 비슷한 소리를 내게 해, "어때요, 엄청 쉽죠?" 하며 넘어가 버려야죠. 그 고비를 한

참 지나 수준이 높아졌을 때 돌아오면 됩니다. 그땐 배운 게 아까워서라도 포기 못 해요. 어려움에 부딪혔을 땐 정면으로 마주하다 부러지기보단, 쉽다고 착각하고 얼렁뚱땅 넘길 줄 아는 게 훨씬 나은 거예요.

그렇게 청취자들을 착각하게 한 지 십수 년이 훌쩍 지났네요. (웃음) 자신에겐 그 시간이 어떤 의미였고, 커리어엔 무슨 자산이 됐다고 보세요?

일반적인 경제지 기자가 마트 유통 분야를 출입처로 맡았다고 해봐요. 최소 6개월 정도는 그것만 파고, 어느새 준전문가가 돼 그 분야 이슈를 수준급으로 브리핑할 수 있게 됩니다. 그런데 그 기자한테 반도체를 물어본다? 아무것도 모릅니다. 자기 출입처 공부만 해왔으니까요. 반면 경제 방송 진행자라면 얘기가 다르죠. 당장 내일 아침 다룰 경제 이슈에 대형마트 얘기는 물론, 한국은행이 기준 금리를 올린 일, 기획재정부가 새 정책을 내놓은 것 등이 다 있을 테니까요. 영역에 제약이 없는 거죠. 그래서 매일 꼼짝없이 밤잠 못 자고 공부해야 했어요.

덕분에 결국 모든 경제 영역이 제 나름의 '출입처'가 되더군요. 덩달아 자신감도 올라갔고요. '난 반도체도 좀 알고, 디스플레이도 좀 알고, 임대차 보호법 같은 법률도 좀 알아.' 지금 돌아보면 과한 자신감이긴 했는데, 그래도 사람이 그 정도 자신감이 붙잖아요? 그럼 어떤 이슈가 터질 때마다 더 깊이 알고 싶은 호기심이 생겨요. 모르면 접근조차 못 할 일일 텐데 말이죠. 이 차이는 결정적이에요. 언론사에선 30년 차쯤 되는 선임이 편집국장을 맡거든요. 그 정도 되면 대략 열 군데 남짓한 굵직한 출입처를 두루 거쳐, 사회 전반이 어찌 돌아가는지 대충 다 알아요. 제겐 방송 경험이 그 기간을 10년쯤으로 압축해 준 셈이에요. 그러니 얼마나 고마운 경험입니까?

| Re:cap |

경제든 기타든 문외한인 나조차 그의 비유를 듣고 있으면, 금세 실력자라도 된 듯한 착각에 빠졌다. 바로 그 착각이야말로 어려운 주제에도 겁 없이 발을 들이게 만드는 힘이라는 그의 통찰은 유난히 인상적이다. 생각해 보면 우리는 수많은 분야에서 시작도 전에 겁부터 먹고 물러선다. 이미 익숙하고 아는 것이 많은 영역에만 머무르려 한다. 반면 그는 그 착각을 자신에게 마음껏 적용했다. 그렇게 어떤 분야든 진입 장벽을 낮춰 일단 발을 걸쳐 놓고, 태연하게 그러나 치열하게 파고들었다. 유독 우당탕했던 그의 커리어 패스는 그 덕에 '넓고 얇게'가 아닌 '넓고 깊게'로 이어지며 유니크해질 수 있었다.

그 결실이 어쩌면 〈삼프로TV〉의 출발로도 이어진 듯합니다. 그 시작을 들려주실 수 있을까요?

1장. 좌충우돌이 유니크함을 만든다

경제를 이해하려면 이모저모 다 따지고 볼 줄 알아야 해요. 겉핥기로만 접근하면 경제만큼 해석이 얄팍해지는 게 없거든요. 근데 방송에서 일반적으로 주어지는 5~10분으론 턱없이 부족합니다. 그 짧은 시간에 지표 몇 개 읊고 끝내면, 듣는 사람은 '뭐 어쩌라는 거냐' 싶을 수밖에 없죠. 여기에 저희 모두 문제의식이 있었고, 그래서 〈삼프로TV〉 취지는 '도중에 인터뷰를 끊지 않고 질문을 모조리 털어내 끝까지 풀어보자'라는 것이었어요. 사실 대다수가 지루해하겠거니 했는데, 의외로 수요가 크더군요. 처음엔 홍대의 작은 녹음실에서 일주일에 한 번 정도 모여 떠드는 수준이었는데, 그게 이어지고 쌓여 지금까지 오게 됐네요.

이젠 구독자 300만 명을 바라보는 대형 경제 채널이자, 연간 수백억 원대 매출을 내는 뉴미디어 기업으로도 발돋움했죠. 그 인기의 핵심은 무엇이었다고 보세요?

보통 인터뷰에서 가장 중요한 사람을 답변자라고들 생각하지만, 실은 그렇지 않아요. 진짜 전문가라면 누구 앞에서든 답을 내놓을 수 있거든요. 그 질문자가 유치원생이냐 대학원생이냐에 따라 그 답이 달라질 뿐인 거죠. 때문에 인터뷰에서 제일 중요한 건 언제나 '질문'입니다. 〈삼프로TV〉는 기본적으로 답변자 하나에 질문자를 셋이나 두는 구성이에요. 한 명이 질문할 때 다음 사람은 새 질문을 고민하고, 남은 한 사람은 앞선 두 질문의 답을 여유롭게 곱씹으며 또 다른 질문을 준비할 수 있죠. 이런 구조에서 나오는 풍성한 이야기가 제대로 된 질문을 향한 니즈를 풀어준 게 아닐까 싶어요.

요즘은 쇼츠의 전성시대라 할 만큼 짧은 영상이 대세죠. 하지만 충분히 질문을 나누며 깊이 들어가는 건 결국 롱폼의 영역일 텐데요. 혹시 고민되는 지점은 없으신가요?

쇼츠의 인기에 왈가왈부하고 싶은 마음은 없어요. 다만 '어떤 영상 소비 방식이 고민의 깊이를 느낄 수 있는가' 하면 당연히 롱폼일 겁니다. 한 사회의 수준은 얼마나 치열하게 고민할 수 있느냐에 달렸어요. 대부분의 사회 이슈는 정답이 딱 떨어지는 옳고 그름의 문제가 아니거든요. 서울의 쓰레기 매립장을 어느 지역에 두어야 할지 정한다고 해봐요. 정답이 있겠습니까, 그저 다양한 안을 놓고 치열하게 따져보는 수밖에요. 근데 고민이 얕고 짧다? "친환경적으로 적절히 처리해야죠" 같은 공허한 말만 반복되다 말 겁니다. 물론 오래 깊이 고민해도 완벽한 답은 못 구하겠지만, 최선의 답만큼은 추려낼 수 있어요. 그런 담론의 장을 〈삼프로TV〉를 통해 마련하고 싶습니다. 앞으로도 그럴 생각이고요.

그렇게 깊이 고민하고 따져보자는 철학이 빛났던 순간이 있어요. 제20대 대통령 선거를 앞두고 진행한 대선 후보 인터뷰 시

리즈▪▪**인데요. <삼프로TV>의 결정적 순간으로 꼽히는 이 특집, 어떻게 기획된 건가요?**

저희 머리에서 나온 건 아니었어요. 특정 후보가 인터뷰를 하자고 먼저 제안했습니다. 재밌긴 하겠는데 한 후보만 인터뷰하면 편파성 시비가 들어올 듯해, 주요 후보를 전부 섭외했습니다. 아무래도 콘셉트가 생소해 처음부터 다들 수락하진 않았는데, 우리가 언론사가 아닌 게 주효했던 것 같아요. 특정 언론사랑만 인터뷰하면 여기저기 아쉬운 소리를 들으니까, 가려면 다 가고 안 가려면 다 안 가거든요. 근데 우린 유튜브 채널이니까 딱히 그런 소리는 안 듣겠다 판단했나 봐요. 아무튼 편집 없이 방송 분량을 동일하게 맞추고 주제도 정책으로만 한정했습니다. 오롯이 후보자가 고민을 대하는 역량과 깊이, 가치관만을 따져보자는 콘셉트였으니까요.

물론 특집 자체는 큰 화제였죠. 저희가 주식·금융 이야기만 잘 다루는 채널이 아니란 점도 널리 각인시켜 드렸고요. 하지만 인터뷰 자체만 놓고 보면, 스스로는 그리 높은 평가를 주진 않아요. 대개 인터뷰는 첫 질문이 중요하다고들 하는데, 저는 외려 2차, 3차 질문이 더 중요하다고 보거든요. 재질문을 맘껏 던

▪▪ 2022년 제20대 대통령 선거를 앞두고 <삼프로TV>가 기획한 특별 대담 프로그램. 더불어민주당 이재명, 국민의힘 윤석열, 국민의당 안철수, 정의당 심상정, 새로운물결 김동연 등 5인의 주요 후보가 차례로 출연했다. 각 후보의 경제 정책과 비전을 중심으로 심층 대화를 나누었으며, 총 조회 수는 1,400만 회에 달하며 큰 반향을 불러일으켰다.

져야 바닥까지 같이 내려가 보면서 고민의 깊이를 헤아릴 수 있으니까요. 그때 인터뷰로는 불충분했습니다. 사전 질문지를 미리 나눠줘야 했던 점도 아쉽고요. 예고치 않은 질문을 받아야 평소에 어느 정도로 고민하는지 알 수 있잖아요. 대통령이 하는 고민의 수준에 국가의 미래가 달려 있다는 점에서 더더욱 아쉽습니다.

하지만 몇몇 재질문들만으로도 반향은 상당했어요. '레거시 미디어를 능가했다'라는 평까지 나올 정도였죠.

기존 미디어에선 거의 보이지 않던 질문 방식이니까요. 사실 방송이 굉장히 길다 보니, 사전 질문지의 역할이 좀 줄긴 했어요. 후보들도 질문지에 있고 없고를 떠나 순간에 충실히 몰입해 답하려 했고요. 그 점은 다행이었다고 생각합니다.

| Re:cap |

〈삼프로TV〉의 출발은 가볍고 조촐했다. 그러나 그 성공은 결코 우연히 얼렁뚱땅 만들어진 게 아니다. 치열한 공부의 습관과 절묘한 설명의 기술, 긴 호흡으로 고민을 붙들려는 문제의식이 겹겹이 쌓여 탄생한 결과였다. 누구보다 제멋대로였지만, 그가 쌓은 역량과 문제의식은 그 누구보다 현실의 쟁점과 사람들의 갈증에 맞닿아 있었던 것이다. 이는 우리의 커리어 여정에도 중요한 시사점을 남긴다. 남들과는

조금 다른 길일지라도, 그 속에서 꾸준하고 일관되게 길러온 실력은 끝내 흔들리지 않는 나만의 무기가 된다. 그리고 그 과정이 조금은 좌충우돌에 가까워도 괜찮다. 그럴수록 오히려 더 대체 불가한, 자신만의 내공이 되어줄 테니 말이다.

기자·DJ·유튜버 등 직업이 여럿인 'N잡러'세요. 문득 출입국 신고서 직업란엔 뭐라 적으시는지 궁금하네요.

그냥 빨리 통과될 만한 거로 적어요. (웃음) 근데 질문의 의도는 그게 아니겠죠. 직업이 꼭 하나여야 한다는 사고방식 자체를 거부하지만, 굳이 하나 꼽자면 '넓은 의미에서의 저널리스트'예요. 세상을 보여주는 창을 디자인하고, 깨끗하게 닦고, 효율적으로 다양한 일을 이해할 수 있게 도와줘서, 사람들이 자신의 생업에 더 많은 시간을 쏟게 해주는 존재를 뜻하죠. 그걸 기사로 풀면 기자인 거고, 영상으로 풀면 PD인 거고, 말로 풀면 아나운서인 거고요. 저도 저만의 방식으로 돕고 있으니 저널리스트에 해당한다고 봅니다.

그리고 이런 저널리스트로 살아갈 수 있다는 건, 대단한 축복이에요. 대부분의 직업은 쏟아내는 게 일이거든요. 반면 저는 일하면서 곧 채우죠. 누군가 시간을 쪼개 인터뷰를 볼 때 저는 그 인터뷰를 만들면서 학습하잖아요. 일이니까 정신도 바짝 집중해서요. 세상에 돌아다니는 모든 지식을 척수가 날카롭게 세워진 상태로 배우는 거죠. 게다가 지식을 소비하는 연비까지 무척 높아요. 누군가는 3만 원짜리 책을 사도 활용 못 하면 그냥 비용으로 끝나지만, 저는 거기서 얻은 지식을 다양한 데 써먹잖아요. 여기서 끝이 아니에요. 어떤 책을 볼지 심지어 어떤 사람을 불러 무엇을 배울지도 맘대로 정할 수 있죠. 이 모든 일을 하면서 생계도 해결한다? 얼마나 행복하고 좋습니까. 이런 삶은 천 년 전 황제만 가능했어요.

자신의 일을 대하고 자부하는 방식이 독특하면서도 인상적이네요. 그래서 프로를 어떤 관점으로 정의하실지도 궁금합니다. 프로란 어떤 사람인가요?

스물다섯 살로 돌아간다면 절대 그때처럼은 다시 못 살 것 같아요. 돌다리도 두드려 보고, 적당히 도움이 될 만한 선배들한테 물어가며 훨씬 안전하게 살았을 겁니다. 하지만 한편으로는, 그리했다면 지금처럼 기형적이면서도 유니크한 커리어로는 이어지지 못했을 거란 생각도 들어요. 오늘날 저도 프로 소리를 듣는다면, 그건 제가 순전히 괴짜로 살아온 덕분이 아닐까 싶습니다. 그랬기에 남들보다 독특하게, 그러면서도 집요할 수 있었으니까요. 그래서 저 같은 사람에게 묻는다면, 프로란 괴짜처럼 끝까지 제멋대로일 수 있는 사람이라 말하지 않을까 해요. 추천할 만한 방식은 아닙니다. 너무 아슬아슬하니까요. 다만 세상에 열 명이 있다면, 그중 한두 명쯤은 저 같은 괴짜여도 괜찮지 않을까 합니다.

| Re:cap |

30년 가까이 말과 글로 살아온 그의 입담은 방송에서처럼 유려했다. 특유의 위트와 농담이 곁들여져 때로는 흥미로운 모험담처럼 흘러갔고, 덤덤한 어조 덕에 무겁게 들리지도 않았다. 그럼에도 그 이야기를 결코 가볍게만 들을 수 없었다. 일견 엉뚱한 선택들, 그로 인해 마이너로서 겪어야 했던 고난과 숱한 시행착오가 일부러 짜기라도 한 듯 그의 말 한 줄 한 줄을 관통하고 있었기 때문이다. 안정적인 타이틀을 좇고 좌충우돌은 경계하는 이 시대에 경종이라도 울리려는 듯 말이다. 물론 그 모든 불리함은 자초한 것이다. 하지만 이를 자신만의 독보성으로 뒤집은 힘 역시 그가 '제멋대로' 일궈낸 것이다. 자신이 괴짜라 일컫은 치열한 고집과 비딱한 승부 근성으로 말이다. 그의 말대로, 유니크해지기 위해 모두가 괴짜로 살 필요는 없다. 다만 끝내 제멋대로일 수 있다는 건, 아무에게나 허락되는 일이 아니다.

2장

김종윤 / 글로벌 IT 혁신 전략가

황인준 / 네이버·LINE 최장기 CFO

관성을
벗어나야 생기는
나만의 무기

프로란 끊임없이 나만의 20%를
만들 줄 아는 사람입니다

글로벌 IT 혁신 전략가

김종윤

現 야놀자그룹 고문.
3M · 구글코리아 · 맥킨지 등을 거쳐 2015년 야놀자 CSO로 합류한 IT 전문 경영인.
지난 10년간 클라우드 · AI 솔루션 등 야놀자의 B2B 중점 사업 성장을 이끌었다.

©리멤버

—

전 세계 여행 산업 혁신을 주도하는 한국 기업이 있습니다. 여행에 특화한 데이터 인프라와 첨단 AI 테크를 무기로 한국을 넘어 글로벌 여가 시장을 발 빠르게 공략 중인 이 기업의 이름은 '야놀자.'

국내에선 대표 여행 슈퍼앱으로 이름났지만, 업계에선 더 이상 'B2C 내수 기업'으로만 통하지 않습니다. 이미 전 세계 200여 개국 여행 사업자와 판매 채널에 클라우드 솔루션을 공급해, 전통 방식의 이커머스를 디지털화하고 버티컬 AI 사업까지 리드하는 '세계 수위권 B2B 기업'으로 더욱 알려져 있죠.

바로 그 광폭 성장의 중심엔 2017년 B2B 클라우드 솔루션 사업을 도입, 10년도 되지 않아 야놀자를 글로벌 혁신 테크사로 탈바꿈시킨 IT 전문 경영인이 있습니다. 현 야놀자그룹 고문, 김종윤 님의 이야기입니다.

**"세상은 관성대로만 흐르지 않습니다. 바뀔 건 언젠가 반드시 바뀌죠.
그 흐름에 올라타려면 개인이든 조직이든
언제나 자신만의 20%를 만들고 있어야 합니다."**

그의 야놀자 합류는 2015년. 당시 2,000억 원 안팎이던 야놀자 기업 가치는 어느새 10조 원에 육박, 유니콘을 훌쩍 넘어 이제 데카콘을 바라보고 있습니다. 그럼에도 그는 딱 잘라 이야기합니다. "어차피 일어날 일이 일어났을 뿐."

그리고 거침없이 말합니다. "앞으로의 성공은 열 배 이상 기하급수적일 것." 야심만만한 그의 다짐. 그 한가운데엔 10년간 막전 막후에서 숱한 관성을 깨부수며 혁신을 관철한, 그만의 대담한 성공 방정식이 있었습니다.

2024년 8월 서울 대치동 야놀자 본사. 업계에서 그는 지난 10년간 야놀자의 드라마틱한 성장을 견인한 인물로 평가된다. 이 때문에 여느 스타트업 성장 드라마의 주역처럼 거침없는 리더십을 먼저 떠올렸지만, 인터뷰 첫마디는 의외의 고백으로 시작됐다.

업계에선 '본투비 리더'라는 별명으로 불리세요. 실제로 고교 3년 내내 반장을 도맡으셨다고요.

원래 리더십이라곤 '1'도 없는 아이였어요. 상당한 I(내향형)였거든요. 모르는 이한텐 말도 못 걸고, 남 앞에서 발표하는 것도 불가능이었죠. 그런데 사람이 변할 수 있더군요. 고교 진학 무렵 집안에 경제적 어려움이 생기면서, 능력이 없으면 굶어 죽을 수도 있겠다는 불안이 커졌어요. 그때 소심한 제 성격부터 고치기로 하고 반장에도 도전해 본 겁니다.

단번에 성격을 바꾸긴 쉽지 않았을 텐데요?

그러니 있는 그대로의 나를 버리고, 아예 생판 다른 사람이 되려 했어요. 자신에게 '나는 리더야' 주문을 걸며 매일 메소드 연기를 했죠. 신기하게도 제법 그에 맞게 진짜 바뀌어 나가더라고요. "사람은 변하지 않는다"라고들 하는데, 전 동의 안 해요. 끊임없이 시도하지 않을 뿐인 거죠. 생뚱맞은 얘기지만, 비슷한 이유로 제 대학 전공(화학공학)도 무척 좋아했습니다. 일반 공학에서 함수식의 f는 진리처럼 불변이지만, 화학공학은 달라요. 여러 가설을 세우고 x · y를 무수히 집어넣으면서 시시각각 변하는 최적의 f를 찾아내야 하죠. 지금 보니 이게 AI 방식이에요. 그리고 여기선 가설을 기민하게 세울 줄 아는 직관이 중요합니다. 전 어려서부터 유난히 직관을 선호했어요. '1+1=2'처럼 답이 정해진 건 재미도 의미도 없다고 느꼈죠. 규격에 맞지 않아도 무작정 시도해 보고, 저만의 가설이 맞아떨어지면 이루 말할 수 없이 좋았어요. 그러고 보면 '스타트업식 마인드'랑 애초에 잘 맞는 인간이었던 것 같네요.

어쩌면 '정답은 언제든 변할 수 있다'라는 명제에 더 큰 희열을 느끼신 듯하네요. 그런데, 첫 직장은 스타트업과는 거리가 먼

글로벌 제조사 3M이었어요.

일단 전공 관련 일을 하고 싶었어요. 2000년대 초 케미컬 업계에서 가장 유망했던 분야가 디스플레이거든요. 그중 가장 핫했던 기업인 3M에 들어간 거죠. 선진 기업으로 알려져 기대가 컸는데, 뜻밖에 비효율적 구석들이 남아 있더군요. 제 업무가 LCD 삽입 필름의 수요를 예측해 사이즈별 생산량과 가격을 책정하는 일이었는데, 방대한 데이터를 죄다 손수 다루고 있더라고요. 전 세계 LCD 종류가 어디 한두 개뿐인가요. 사이즈도 천차만별이잖아요. 작업량이 오죽했겠어요. 이건 아니다 싶어 고심하다 해결책을 찾았습니다. SI(시스템 통합) 업체와 협력해 수동식 프로세스를 전부 자동화한 거예요. '하고 있던 일' 상당수를 '안 해도 되는 일'로 만들어버린 거죠.

이 경험이 시사한 바가 컸어요. 찬찬히 되짚어 보면 대부분의 업무는 안 하려면 안 할 수 있는 일들이에요. 군데군데 시스템화할 구석이 있거나, 그도 아니면 적합한 동료를 찾아 업무를 배분할 수 있죠. 불필요하다 싶으면 과감히 중단하는 길도 있고요. 시간이 지날수록 확연히 깨닫습니다. 일을 잘한다는 건 결국 그 일을 안 하는 상태로 만드는 것이란 걸요. 그래야 딴 일도 할 수 있고 비로소 새 가치도 창출할 수 있죠. 하던 대로만 잘하는 건 사실 일을 잘하고 있는 게 아닌 거예요. 똑같이만 하면 일이 줄지 않고, 그러면 그 일밖에 못 하는 존재로 머뭅니다. 개인이든 조직이든요.

그 깨달음이 이직에도 영향을 준 걸까요? 이후 미국계 IT 컨설팅 펌을 거쳐 구글코리아에 합류하며 IT 업계로 무대를 옮기셨어요.

효율화에 점점 관심이 커졌고 적성에도 더 맞겠다 싶었어요. IT 컨설팅 펌에선 주로 테크 기반 효율화 프로젝트에 참여했는데, 다행히 기대에 딱 맞더라고요. 그 뒤 구글 합류는 2007년이었습니다. 그때도 인터넷으로 제일 잘나가는 회사는 구글이었거든요. 인터넷이 등장한 지는 오래였지만 진짜 혁신 게임은 아직 시작도 안 된 때였고, 구글이라면 그 변화를 가장 가까이서 목격할 수 있을 거라 봤죠. 구글에선 어카운트 매니저라는 직책을 맡았는데, 딱히 어려울 건 없고 불법 광고물을 차단하는 일이 꽤 성가실 법한 업무였죠. 지금이야 기계가 다 알아서 하지만, 당시 웬만한 IT 회사도 대부분 수작업으로 처리했거든요.

그런데, 그때도 역시 구글은 구글이더군요. 데이터를 쭉 쌓아 업무에서 패턴을 학습하고 싹 자동화해 놓은 거예요. 완전히 요즘 방식이잖아요? 덕분에 저도 원래대로면 해야 할 일을 안 해도 돼 좋았고, 그 빈틈으로 다양한 직무를 경험할 수 있었어요. 더구나 구글은 업무 시간의 20%를 마음대로 쓸 수 있게 해줬거든요. 그 20%로 새로운 잠재력을 발견하고, 기존 80%는 효율화해 남는 힘으로 새 일을 벌여보란 의도였죠. 저도 여기 적극 공감해 시스템화에 주력하고, 제 쓰임을 하나하나 넓히며 고도화해 나갔습니다.

기대하신 대로 업무 방식과 철학이 잘 맞아떨어졌군요. 그럼에도, 비교적 이른 2년 만에 구글을 떠나셨더군요. 그 이유가 무엇이었나요?

아쉽지만 저는 아무리 용을 써도 사이드에 머물 수밖에 없다는 한계를 느꼈거든요. 저만큼 빨빨거리며 새 포지션들을 경험한 사람이 많지 않았을 거예요. 그럼에도 전 결코 코어는 될 수 없겠더라고요. IT 회사에선 핵심 업무를 맡는 이들이 좀처럼 바뀌지 않아요. 그 코어에 주변부 어카운트 매니저 출신이 끼기란 불가능에 가까웠죠. 그래서 아예 새 결심을 했어요. '차라리 내가 코어 멤버로서 구글을 직접 만들겠다'라고요. 큰 비즈니스는 30년마다 사이클이 돌아요. 운 좋게 그 상승 사이클을 주름잡는 회사를 내부자로서 경험한 거잖아요. 젊은 혈기에 그 경험이 제대로 자극이 됐죠. 다른 영역에서 제 손으로 한번 '제2의 구글'을 키워내고 싶단 의지가 솟구쳤어요.

| Re:cap |

'일을 잘하려면 더 많이, 더 오래 해야 한다' 라는 충고는 흔하다. 반면

'어떻게든 일을 안 할 방법부터 찾아야 한다'라는 그의 접근은 신선하면서도 곱씹을 만하다. 개인이든 기업이든 시간과 자원은 언제나 유한하다. 이 때문에 새로운 차원의 성과를 내려면 반복된 관성부터, 때로는 몸에 밴 듯 당연한 역할들마저 내려놓을 수 있어야 한다. 말처럼 쉬운 일은 아니다. 버티고 안주하려는 힘은 생각보다 강하다. 그러나 그런 관성을 넘어설 수 있는 존재는, 결국 한 번쯤 용기를 내 관성을 뛰어넘어 본 이들뿐이다. 야심만만한 혁신과 성장에 도전한다는 건, 바로 그런 경험과 자신감의 축적이 전제돼야 하는 것이다.

곧바로 '제2의 구글'을 만들러 가신 건 아니었네요. 미국 유학을 떠나 MBA를 마치고선 또다시 IT 전문 컨설턴트를 하셨어요.

당장은 구글 같은 회사를 키울 역량이 없었으니까요. 경영학적 지식도 없고 글로벌 경험, 네트워크도 전무했죠. 약점을 하나씩 보완하려고 택한 게 MBA였습니다. 다만, 컨설턴트를 또 할 계획은 없었어요. MBA 도중 10주 정도 여름 인턴을 해야 해, 업계 선배들 추천으로 맥킨지를 다녔습니다. 그때 살면서 거의 처음으로 무력감을 느껴요. 여태껏 '난 항상 원톱이다'라는 자신감으로 살아왔거든요. 근거 없는 자신감이 아닙니다. 절 겪은 동료라면 누구라도 인정해요, 제가 진짜 열심히 일한다는 걸요. 못할 수가 없을 만큼 죽어라 하죠. 그럼에도 원하는 대로 굴러가는 게 하나도 없더라고요. 승부욕이 생겼습니다. 맥킨지에 정식 입사해 4년을 눌러앉았어요.

무엇이 그리 어려우셨길래요?

컨설턴트는 전략 수립이 핵심이죠. 그 자체는 어렵지 않았어요. 하다 보면 루틴도 잡히고 역량만 갖추면 제법 수월하게 해낼 수 있거든요. 진짜 어려운 건 같은 전략이라도 결과가 천차만별이란 점이에요. 분명 똑같은 전략인데 성과는 고객사마다 다르더라고요. 확신했던 전략들마저 나중에 돌이켜 보면 틀린 것도 많았고요. 물론 그땐 최선이었겠지만, 애초에 전략이란 결코 고정적일 수 없던 거예요. 경제·산업 흐름은 물론 생각이나 가치관조차 시시각각 달라지는 게 세상이잖아요? 고작 두세 달 만에 올타임 백발백중 전략을 세운다는 건 말이 안 됐던 거죠.

결국 전략보단 실행이 훨씬 중요하단 걸 시간이 갈수록 절감했습니다. 전략을 진득이 실행해 보면서 시행착오도 겪고 달라진 상황에 맞춰 튜닝도 해나가야 비로소 진짜 성공 전략이 빚어진단 걸 깨달은 거죠. 그런데 컨설턴트로서는 한계가 있었어요. 요즘이야 트렌드가 바뀌어 실행까지도 곧잘 관여한다지만, 그땐 전략 수립에만 치중했거든요. 때문에 컨설팅 펌을 나가 당장 필드에 뛰어들어 실행까지 이끌어 보고 싶단 의지가 점점 강해졌죠. 그때쯤엔 제가 어떤 필드에서 몸을 풀어야 할지도 분명해졌거든요.

그 필드가 어디였나요?

맥킨지에서 의뢰받은 대다수 프로젝트 화두가 요즘 말로 DX(디지털 트랜스포메이션)였어요. 그 골자가 클라우드였고요. 2010년 전후로만 해도 거의 모든 IT 서비스가 중앙 서버를 기반으로 돌아갔습니다. 근데 클라우드란 개념이 등장한 마당에 너무 비효율이었죠. 클라우드에 데이터를 전부 모아놓고 로그인만 하면 곧장 접근할 수 있는데, 뭐 하러 PC에 굳이 뭘 설치하나요? 클라우드로의 변화는 필연이었던 거예요. 너무 합리적인 방향이니까요. 더구나 파급력도 어마어마하겠더라고요. 특히 이커머스 비즈니스의 판도가 뒤집힐 일이었죠. 오프라인에 설치해야 했던 인프라들이 죄다 온라인으로 대체되는 건 물론, 데이터 접근성이 커져 B2B와 B2C의 경계마저 무의미해지니까요. 여기서 끝일까요. 클라우드 데이터를 AI와 연결 짓는 발상도 얼마든 가능하잖아요?

기존 방식이 무너지고 완전히 새로운 질서가 열릴 참이었던 거예요. 아시다시피 결국 현실이 됐죠. 개인이든 기업이든 요즘 SaaS(클라우드 기반 서비스형 소프트웨어) 안 쓰는 데가 없잖아요. 지금 보면 너무 자명한 일들로 보이죠? 그땐 아무리 변화를 예고하고 줄곧 부르짖어도 모든 클라이언트가 외면했습니다. "SaaS라는 게 가당키나 하냐", "어떻게 설치가 필요 없느냐"라면서요. 그때마다 속으로 항변했습니다. '세상은 당신이 믿는 관성

대로만 흐르지 않는다.' 그러곤 결심도 굳혀갔어요. '얼른 플레이어로 뛰쳐나가 관성을 직접 깨부수겠다.'

| Re:cap |

맥킨지 시절 현장에서 목격한 클라우드와 SaaS의 잠재력은 그에겐 너무도 자명한 변화의 단초였지만, 많은 이들에게는 그저 가당치도 않은 상상으로 보였을 뿐이다. 그러고 보면 통찰이란 흔히 생각하듯 번뜩이는 직관의 산물은 아닌 듯하다. 오히려 끈기 있게 변화의 조짐을 관찰하며, 변하지 않으려는 관성엔 끝없이 의문을 던지는 고집과 집요함의 결과물이 아닐까.

DX의 포부를 펼쳐나간 곳이 지금 계시는 야놀자였군요. 그런데, 합류 전까진 사업성을 부정적으로 보셨다면서요?

두 가지 한계가 보였거든요. 하나는 야놀자가 내수 기업이란 점이었어요. 기업이 큰 성장을 만들려면 시장의 크기가 커야 합니다. 전 세계 여행 인구 10억 명이 각국 6,000만 스팟을 여행하는 시장을 상상해 보세요. 어마어마하죠? 반면 한국인이 국내 여행만 하는 시장을 떠올려 보세요. 5,000만 명이 고작 수만 개 스팟을 다니는 정도죠. 절대적 시장 크기가 작다면 아무리 점유율을 높여 본들 금방 성장 한계에 다다릅니다. 다른 하나는 DX에 꾸물대고 있단 것이었어요. 제 야놀자 합류가 2015년이었는데, 그때만 해도 야놀자는 전통적 B2C 이커머스에 머물러 있었어요. 숙박업소가 빈 객실을 올리고 파는 평범한 온라인 장터 중 하나였죠. 객실 재고나 가격 등 고객에게 제공하는 핵심 데이터가 똑같은데 어떻게 차별화가 됐겠어요?

그럼에도 야놀자에 합류하셨잖아요?

그 한계들을 부술 가능성도 발견했거든요. 일단 창업자 의지가 강했습니다. 합류 전 이수진 총괄대표님과 셀 수 없이 만나 대화했는데, 그때마다 글로벌 확장에 적극 공감하고 의지를 피력하셨죠. 사실 해외 진출은 아무나 할 일이 아니거든요. 경영자가 조금이라도 겁내면 기업은 한 발짝도 못 나갑니다. 그다음이 바닥에 '구글이 없다'라는 점도 큰 이유였어요. 국내외 숙박 플랫폼 시장의 메이저 플레이어를 꼽으라면 떠오르는 곳 있으세요? 그나마 틈새시장을 겨냥한 몇몇만 있을 뿐이죠. 바꿔 말해, 우리가 이 판에서 DX를 해낼 수만 있다면, 글로벌로 진출했을 때 주도할 혁신이 어마어마했을 거란 얘기입니다. 마지막으로 무엇보다, '리스타트RESTART 선언■'이 결정적 계기가 됐어요. 모든 구성원이 초심으로 돌아가 혁신하며 지속 성장이 가능한 사업 모

■　　2015년 야놀자가 창립 10주년을 맞아 선포한 경영 슬로건. 이를 기점으로 야놀자는 B2C 숙박 예약에 국한된 주력 서비스를 대대적으로 확장해, 레저·교통·항공 등 여행 전반을 아우르는 '슈퍼앱'으로서의 전환을 본격화했다.

넬을 구축하겠다는, 대외적 선언이자 자신의 다짐이었거든요. 창업자와 기업 전체가 변화에 강한 의지를 보인 만큼 제 전략을 맘껏 펼칠 기회라 판단했습니다.

당시 야놀자는 격동의 시기였겠군요. 그 때문일까요. CSO(최고 전략 책임자)를 비롯해 사내 대부분의 C레벨 포지션을 역임하며 리스타트를 진두지휘하셨다 들었어요.

제 역할은 '경영'이었잖아요. 경영자는 한두 가지 분야만 이해하고 담당하는 기능 조직 리더와는 다릅니다. 개발·재무·전략 등 출신은 다르더라도, 누구나 경영자가 되면 전체를 볼 줄 알아야죠. 그래서 회사에 이가 빠진 곳들이 있으면, 군말 없이 메이크업하러 간 거예요. 하지만 분야는 달라도 그 모두를 관통한 미션은 같았습니다. '관성을 깨면서 우리가 하고 싶고, 또 해야 할 일이 무엇이냐를 정의하는 것.' 가장 먼저 시도한 게 조직 내 근본적 발상의 전환이었어요. 대다수가 주어진 환경을 상수로, 목표를 변수로 놔요. 그러면 나중엔 실패할 이유만 늘어놓게 됩니다. 저는 이걸 뒤집어 목표를 상수로, 환경을 변수로 놨어요. 이때부턴 나오는 이야기가 달라지거든요. 목표를 달성하려면 무엇을 바꿔야 할지 말하기 시작하죠. 제가 했던 건 그저 목표를 확고히 정하고, 그에 따라 바꿀 것들을 하나씩 바꿔나간 것뿐이에요.

그 발상의 전환이 무척 인상적이네요. 그렇다면 상정하신 상수와 변수는 구체적으로 무엇이었나요?

확고부동한 상수는 야놀자를 '글로벌 원톱 트래블 테크 컴퍼니'로 만든다는 것이었고, 변수는 그에 따른 두 가지 과제였습니다. 하나가 공급자의 DX였어요. 여행자에게 필요한 데이터는 결국 숙박업소로부터 나오잖아요. 이를 여행자에게 적시에 제공하려면, 각 업소에 흩어진 데이터를 가져와 통합할 체계를 구축해야 했어요. 바로 그 솔루션의 골자가 우리만의 B2B SaaS 클라우드 서비스를 개발해 개개의 숙박업소에 공급하는 일이었습니다. 다른 하나는 판매 채널 간 연결성을 구축하는 것이었고요. 숙박업소는 객실을 여러 판매 채널에 올려둬요. 이 때문에 가격·재고를 조정하려면 채널 전부를 모니터링해야 하는데 얼마나 귀찮은 일입니까? 그러다 보면 정보를 누락해 불완전한 데이터를 제공할 수도 있는 거고요. 저희 해법은 간단했습니다. 각 채널 데이터를 전부 실시간 연동했어요. 일일이 들여다볼 필요 없게끔요.

그 전략과 실행이 곧바로 성과로 이어졌네요. B2B 비즈니스에 나선 지 2년 만인 2019년 야놀자는 유니콘에 등극했고, 2021년엔 2조 원을 투자받아 데카콘을 넘보게 됐죠. 특히 여행 산

업에 치명타였던 코로나 시기와 겹쳤음에도, 외려 더 큰 성장을 이끌어내셨습니다. 그 핵심 요인은 무엇이라 보세요?

코로나가 숙박·레저 사업자들한텐 치명적이었죠. 하지만 그들이 가만히 주저앉아 있던 게 아니에요. 그 틈을 타 줄줄이 DX에 나섰고, 그때 저희 SaaS 고객도 폭증했습니다. 더구나 코로나 회복기엔 제휴 판매 채널도 급증해, 2022년 말 45개에서 2024년 1만 8,000개 수준이 됐어요. 저희가 SaaS로 쌓아 올린 막대한 데이터가 탐났던 거죠. 이 모두가 엄청난 위기였으니 가능했던 일입니다. 다들 손님은 없고 파리만 날리니 얼마나 절박했겠나요? 파괴적 혁신은 경이로운 속도로 시장을 지배해요. 다만, 때를 잘 만나야 하는데 저희에겐 마침 그때가 타이밍이었던 겁니다.

그럼, 타이밍이 가장 주효했던 걸까요?

아니에요. 코로나가 아니어도 반드시 바뀔 판이었습니다. 안 그래도 바빠 죽겠는데 모니터 열 대씩 두고 객실 재고를 관리하려는 호텔이 있을까요? 절대 아니죠. 바뀔 건 어차피 바뀝니다. 코로나는 하나의 계기였을 뿐이에요. 중요한 건 대세에 올라탈 만반의 준비가 돼 있었다는 겁니다. 이쪽 분야에선 경쟁사가 별로 없어요. 저희만 잘하면 앞으로도 이렇듯 엄청나게 성장할 거예요.

세상의 흐름이 언제, 어디서부터 바뀔지 예측하기란 어렵다. 하지만 그의 말대로, 바뀔 것은 어차피 바뀐다. 중요한 건 그 변화의 순간, 누가 준비된 채로 그 자리에 서 있느냐다. 코로나 위기를 뒤집고 그와 야놀자가 이뤄낸 성장 과정이 보여주듯, 혁신이란 끈질긴 준비와 어느새 흘러온 기회가 맞물리며 터져 나오는, 예정된 폭발인 셈이다.

2024년 1월, 야놀자는 '10X'라는 새로운 미션을 선언했죠. '여행을 열 배 더 쉽게 만들겠다'라는 포부를 담고 있다던데, 구체적으로 어떤 의미인지 궁금합니다.

심플하게 얘기해 '모두가 열 배 이상 좋아질 것'이라는 선언이에요. 여행자는 열 배 더 편리해지고, 숙박업소는 열 배 더 이윤을 올리며, 판매 채널은 열 배 더 생산성이 나아진다는 구상이죠. 영역은 다르지만 각자 어제보다 오늘, 오늘보다 내일 기하급수적으로 더 행복해질 거란 개념이에요. 물론 기하급수적 성장은 개개인이 죽어라 하고 노력한다고 되는 일이 아니죠. 현시점에선 오직 AI로만 달성 가능합니다. 그래서 저희가 만들려는 그림도 바로 데이터 기반의 AI 비즈니스예요. 이미 숙박업소와 판매 채널들의 데이터가 방대하게 쌓였고, 여행자들과 접촉하며 또 다른 파생 데이터를 창출하고 있어요. 여기서 제2, 제3의 AI 솔루션이 무궁무진하게 제공되는 겁니다. 가령 숙박업소가 지금보다 훨씬 더 정교한 방식으로 객실가를 자동 책정하게끔 할 수도 있고, 데이터에 기반한 흥미성 콘텐츠를 양껏 공급해 판매 채널들의 마케팅에 도움을 줄 수도 있죠. 저희는 철저한 조력자로서 함께 성장하는 거예요. 고객 밥그릇을 뺏는 게 아니라, 저희 솔루션을 활용한 추가 수익을 나누는 구조니까요. 상당 부분 현실화한 얘기입니다. AI 비즈니스가 차지하는 전체 비중이 이미 20%를 넘었거든요.

'제2의 구글'을 꿈꾸셨다고 했는데요. 글로벌 기업 경영이란 목표, 어디까지 왔다고 생각하시나요?

숫자로 답해볼게요. 일단 한국 비즈니스 비중이 4분의 1이 채 안 돼요. 헤드쿼터도 죄다 해외에 있고요. SaaS 비즈니스는 인도, 커넥티비티·데이터 사업은 유럽과 미국이 헤드쿼터예요. 중개하는 숙박 인벤토리는 국내외 130만 개가 넘고 1만 8,000개 판매 채널에 공급 중인데, 그중 글로벌 채널 비중이 99%입니다. 이런 글로벌 기반을 다지는 데 굉장히 많은 시간과 노력이 들었지만, 반드시 필요한 일이었습니다. 한국에서 모든 걸 다 하면서 해외에선 사업만 한다는 건 불가능하거든요.

국내 기업들이 유독 글로벌 비즈니스에 약하다는 평이 많죠. 관련해 후배 경영인들에게 조언해 주실 게 있다면요?

무엇이든 변하지 않는다고 생각하면 안 됩니다. 멈춰 있는 건 곧 죽음이에요. 위대한 기업이 왜 나락으로 떨어지는지 아세요? 죄다 멈춰 있었기 때문입니다. 기업도 경영자도 멈추면 안 돼요. 같은 맥락에서 해외 진출도 두려워만 해선 안 됩니다. 지상 명령처럼 여기고 뚫어내야죠. 국내 시장은 작아요. 한계가 너무 명확합니다. 금방 성장이 멈출 텐데 그땐 뭐 할 거냐는 거죠. 진지하게 성찰해 봤으면 좋겠습니다.

멈추는 순간 기업은 무너진다고 하셨는데, 그럼 프로를 꿈꾸는 개인은 무엇을 어떻게 멈추지 말아야 할까요? 본인이 생각하시는 프로란 어떤 존재인지 들려주세요.

프로란 나만의 20%를 만들 줄 아는 사람이에요. 항상 똑같은 일로만 100%를 채우면 다른 새로운 가치를 발굴해 낼 수 없습니다. 그럼 자기 쓰임도 딱 거기까지인 거예요. 반복은 금방 대체됩니다. 대체 불가한 프로로서의 가치를 키우려면 자신을 확장할 여지, 즉 20%를 만들 수 있어야 합니다. 꼭 직장인에게만 해당하는 얘기가 아니에요. 경영자도 마찬가지죠. 경영이 고이면 기업도 멈추고 죽으니까요. 물론 쉽지만은 않은 얘기지만, 바

뛰어야 한다는 믿음과 바뀔 수 있다는 자신감부터가 중요합니다. 저도 그랬잖아요. 모르는 사람한텐 수줍어 말도 못 걸던 녀석이 고교 3년 내내 반장을 해냈고, 급기야 수천 명이 몸담고 수백만이 즐겨 찾는 글로벌 기업의 경영을 해냈으니 말예요. 그러니, "사람은 변하지 않는다"라는 말은 역시 틀렸습니다. 늘 똑같이 살면 무슨 재미로 살겠어요? 하루하루 멋지게 달라질 자신을 믿고 우리 신나게 놀아보자고요. Hey! Let's play!

| Re:cap |

인터뷰 내내 그는 조금도 주저함이 없었고, 때로는 뻔뻔하다 싶을 만큼 대담했다. 어쩌면 과한 자신감이 아닐까 싶었지만, 인터뷰가 이어질수록 그 이유를 납득할 수 있었다. 결국 그가 말하는 성장은, 그 자신에게는 너무도 자명한 하나의 법칙에 가까웠다. 인터넷과 클라우드, 그리고 AI. 거대한 변화 앞에서 먼저 준비된 이들만이 혁신을 이룬다는 것. 그것은 그가 현장에서 생생히 목격해 온, 의심의 여지 없는 경험칙이었다. 흥미로운 건, 그 법칙이 그의 커리어 궤적과도 정확히 맞물린다는 점이다. 학창 시절부터 3M, 구글코리아, 현재의 야놀자에 이르기까지. 관성에는 혹독하게, 변화에는 예민하게 반응하며 자신만의 20%를 축적해 온 과정은 그의 성장 서사이자, 그 자체로 하나의 증명이었다. 그래서 지금의 그가 장담하는 기하급수적 혁신도

충분히 수긍이 간다. 그의 방정식은 복잡하지 않다. 성공을 상수로 두고, 변화에 고집스레 매진하며, 마침내 기회를 만났을 때 폭발적 혁신을 이루는 것. 진정 야심 찬 성공을 꿈꾸는 프로라면, 한 번쯤 그의 방정식을 곱씹을 만하다.

프로는 회사의 타이틀이 아닌,
자신의 이름으로 존재 이유를
증명합니다

네이버·LINE 최장기 CFO

황인준

現 LY 주식회사 CGIO, 現 LINE Financial CEO, 前 네이버 · LINE CFO.
네이버 · LINE의 역대 최장기 CFO로서 네이버의 코스피 이전 상장,
LINE의 미국 · 일본 동시 상장 등 굵직한 재무 사업들을 총괄했다.
현재는 LINE의 글로벌 투자 · 금융 사업을 이끌고 있다.

ⓒ리멤버

—

우리증권-LG증권 합병(2005), 네이버 코스피 이전 상장(2008), LINE 미국·일본 동시 상장(2016), LINE-야후재팬 합병(2023). 웬만한 재무 담당자가 한 번도 경험하기 힘든 초대형 기업 프로젝트들을 두루 책임져 온, 국내 IT 산업 최고의 재무 전문가가 있습니다.

네이버의 '재무 사령관'으로서 7년간 견고한 매출 성장을 뒷받침하고, LINE의 재무적 디자인을 완성해 오늘날 글로벌 메신저로서의 위상을 떠받친 주역이기도 하죠. 네이버·LINE의 역대 최장기 CFO(최고 재무 책임자)이자, 현재 LY 주식회사(라인야후)의 글로벌 투자를 책임지는 경영자, 황인준 님의 이야기입니다.

> **"사람이든 기업이든 편해졌다 싶을 때가 오히려 위기예요.
> 그때 필요한 게 도전입니다."**

화려한 커리어지만 그 면면을 들여다보면 엉뚱한 선택의 연속이었습니다. 여느 정통파 재무 엘리트답지 않게 삼성전자를 첫 직장으로 택하더니, 이후 외국계 투자 은행에서 연봉까지 깎으며 국내 기성 금융권으로 자리를 옮깁니다. 훗날 증권사 임원을 그만두고 합류한 곳은 새파란 IT 기업이었죠.

당장의 커리어엔 역행하는 선택들이었지만, 그는 "불리한 도전들이 없었다면 지금의 자신도 없었을 것"이라 단언합니다. 그저 용기를 북돋는 말이 아닙니다. 회사나 직급에 안주하지 않고 자신의 이름만으로 존재 이유를 증명하려는 치열한 태도, 그 꾸준한 결이 '성공한 직장인'을 넘어 '국내 IT 재무 리더'란 자신만의 브랜드를 세운 원천이었기 때문입니다.

2024년 2월, 서울 역삼동 리멤버 사무실에서 그를 만났다. 서울대 · 뉴욕대 출신, 증권사 임원, 상장사 CFO, 글로벌 투자 · 금융 사업가. 이력을 들여다볼수록 그의 커리어는 재무 엘리트의 정석에 가까웠다. 그러나 그 커리어의 출발점만큼은 조금 의외였다.

첫 직장이 삼성전자였다고요. 정통 금융권이 아닌 제조사를 선택하신 이유가 궁금합니다.

경제학 전공자로서 이상한 의무감 같은 게 있었어요. 90년대 초만 해도 한국은 지금보다 훨씬 못살던 시절이었거든요. 선진국이 되려면 제조업이 먼저 잘돼야 한다는 생각이 들더군요. 앞서 MBA까지 하다 보니 외국계 은행이나 증권사들의 오퍼가 있었지만 전부 마다했습니다. 근데 웬걸, 그렇게 기껏 들어갔더니 입사 후 일주일간 아무도 말을 안 걸더군요. 나중에 기껏 한다는 소리가 "서울대 나오고 미국에서 공부까지 하고 온 녀석이 여긴 왜 왔냐. 너 같은 사람은 안 와도 된다"였어요. 환영은 못 해줄망정 말예요. 알고 보니 제 앞에 MBA 출신이 셋이나 있었는데 전부 관뒀더라고요. 아차 싶었습니다. 1년간은 문서 복사 등 잡일만 했어요.

그럼에도 기왕 즐거운 마음으로 하려 했습니다. 복사 자료 대다수가 시답잖았지만 개중 흥미로운 것도 있었을 거 아녜요? 그런 자료들은 한 부씩 더 복사해 틈틈이 읽어봤고, 여기서 회사가 돌아가는 업무 밑바닥을 배웠어요. 업무 사정에 밝아지면서 부서원들과도 차츰 친해졌죠. 그렇게 1년쯤 지나니 똘똘하고 사람 괜찮다는 평판이 생기기 시작했고, 덩달아 기회도 찾아왔어요. 일본계 은행에서 대규모 차입을 추진했는데 제가 투입된 거예요. 영어도 곧잘 하고 최신 컴퓨터 운영 체제도 능숙히 다룰 수 있는 사람은 거의 저밖에 없었거든요. 이를 계기로 3억 달러 규모 해외 전환 사채, 2억 달러짜리 주식 발행 등 굵직한 재무 프로젝트를 잇달아 맡습니다. 그렇게 한두 건씩 성과를 내며 차츰 인정받고 나중엔 특진해 과장도 달았어요. 결국 삼성전자는 6년, 꽤 오래 다녔네요.

그렇게 입지도 다지고 성과에 계속 탄력도 붙던 시점이었는데, 돌연 외국계 투자 은행으로 이직하셨어요. 어떤 결심이 있으셨나요?

어느 날 교보문고에서 《30대에 하지 않으면 안될 50가지》라는 책을 봤어요. 첫 메시지가 '회사를 그만둬라'더군요. 1998년 새해 다짐으로 '1년 내 투자 은행 이직'을 결심했습니다. 이직이 안 되면 무조건 퇴사라도 한다는 각오로요. 물론 특진 이듬해라 고민은 좀 됐습니다. 하지만, 당시만 해도 삼성전자는 월드 클래스가 아니었거든요. 저는 일을 하며 성장할 수 있느냐가 중요한 사람인데, 더는 별 자극을 못 받겠더라고요. 반면 투자 은행, 특히 외국계는 달리 보였어요. 이쪽 사람들이랑 일할 기회가 종종 있었는데, 굉장히 스마트하고 일을 잘하더군요. 이참에 IB(기업 금융)도 제대로 배워보고 싶었고요. IB는 IPO나 M&A처럼 기업들의 굵직한 재무 과제에 최적의 솔루션을 제시하는 일인데, 업무 역량을 확장할 좋은 기회라 판단했습니다.

당장의 승진이나 안정보다 자신의 성장과 쓰임을 택한 결정이었군요. 투자 은행에서의 경험은 그 기대에 부합했나요?

영어가 네이티브 수준이 아닌 이는 저밖에 없었어요. 문서든 토의든 전부 영어를 쓰는데 죽을 맛이었죠. 잘나가던 직장을 때려치우고 도전한 건데, 되레 잘릴 걱정을 하는 판이니 밤마다 잠이 안 오더군요. 2~3년간 M&A 세 건 정도를 연달아 맡았는데, 못하면 죽는다는 각오로 매일 밤새워 일했습니다. 그렇게 버티면서 일이 많이 늘었어요. 5년쯤 지나니 어느새 초창기 동료들은 다 잘리거나 나갔더라고요. 아시아에선 제가 거의 마지막 생존자였어요.

그러고는 다시 삼성으로 돌아갑니다. 이번엔 증권으로요. 삼성전자 때 제 상관이셨던 황영기란 분이 당시 삼성증권 사장에 발탁됐거든요. 훗날 우리금융지주와 KB금융지주 회장까지 지내신 분이에요. 그만큼 식견과 안목이 탁월하셔서, 제게도 굉장히 큰 자극을 주셨죠. 삼성전자를 관둘 때 "연수 보낸 셈 칠 테니 나중에 부르면 오라"고 하셨는데, 그걸 기억하시곤 IB 부문을 함께 키워보자며 스카웃 제안을 하시더군요. 정말 흔쾌히, 연봉도 깎아가며 이직했습니다. 그분 밑이라면 어느 쪽으로든 배움을 쌓고 성장하리란 확신이 있었거든요.

또 한 번 성장에 끌려 도전을 택하셨군요. 그런데 이번엔 무리수였던 걸까요? 그 이듬해 삼성증권을 관두셨더군요.

처음엔 오래 머물 생각이었어요. 나름 친정이기도 하니까 각오도 남달랐죠. 근데 막상 업무에 별 흥미를 못 느끼겠더라고요. 같은 IB여도 외국계와 국내 증권사는 사뭇 달랐어요. 전자는 굉장히 큰 딜들만 다루는데, 후자는 그 면에서 상당히 아쉬웠죠.

설상가상 1년쯤 지나 사장님이 우리금융지주 회장으로 가버리셨어요. 졸지에 낙동강 오리알 신세가 된 거예요. 마침 몇몇 외국계 투자 은행에서 오퍼가 들어와 '결국 돌아가야 하나' 고민하던 차에 또다시 황 회장님께 연락이 왔습니다. "와서 도와 달라" 하시기에 또 제안을 수락했어요. 성장에 도움이 될 거란 믿음엔 변함이 없었거든요. 기성 금융권 로직도 직접 경험해 보고 싶었고요. 이번에도 연봉이 깎여 아내한테 혼나야 했지만, 제겐 성장과 배움이 더 끌릴 뿐이었어요.

연봉을 또 깎으셨다고요? 성장에 정말 진심이셨군요. 그럼 우리금융지주에선 구체적으로 어떤 과업을 수행하셨나요?

우리증권-LG증권 M&A가 당시 최대 과제였어요. 처음엔 저도 그 건만을 염두에 두고 합류했죠. 그런데 막상 제게 새로운 자극이 된 건 전혀 다른 지점에 있더군요. 그때 제 보직이 재무기획부장이었어요. 은행 재무제표 한번 본 적 없는 저로선 막막한 자리였죠. 내부 우려도 컸습니다. 쉰 살쯤 되는 우리은행 부장들 눈엔 갓 마흔의 지주회사 부장이 얼마나 애송이로 보였겠어요. 다들 황당해하는 눈치더라고요. 이 와중에 또 다른 막중한 미션이 절 기다리고 있던 거예요. 우리금융지주는 공적 자금이 투입된 상태라 예금보험공사와 협의해 실적 목표치를 정해야 했습니다. 성과급이 달린 만큼 예보와 각 관계사 사이를 매끄럽게 조율해야 했는데, 이 역시 제 보직상 중요 과제였어요. 그런데 골치 아프게도, 양쪽 입장이 좀처럼 좁혀지지 않더군요. 저로선 이 바닥 사람들도 돌아가는 판도 잘 몰랐으니 초반엔 굉장히 난감했고 많이 헤맸어요.

그 난관은 어떻게 해결해 가셨나요?

배운 게 어디 가버리는 건 아니더군요. 다행히 IB를 하며 쌓은 '짬밥'이 무기가 됐습니다. IB는 영업의 속성이 있거든요. 앞서 여러 종류의 회사를 상대하며 다진 내공이 있으니, 양쪽을 한번 IB 고객처럼 대해보자 맘먹었죠. 그때부터 무작정 스킨십을 늘렸습니다. 매일 찾아가 점심도 함께 먹고, 볼일이 없어도 죽치고 앉아 이야기를 나눴어요. 그렇게 1년쯤 지나니 서로의 사정이 훤히 보이더군요. 그제야 안정적으로 합의점들이 찾아졌습니다. 은행권 업무란 게 어떻게 돌아가는지 이때 정말 많이 배웠네요.

| Re:cap |

직장인이 연봉까지 낮춰가며 이직에 나서기란 쉽지 않다. 이미 인정받는 자리에 있었다면 더더욱 그렇다. 그러나 그의 이직은 순간의 충동이 아닌, 철저한 계산에서 비롯된 도전이었다. 당장의 월급봉투는 얇아지고 입지는 불안정해졌지만, 그 덕에 굵직한 IB를 수행할 역량

과 기성 금융권의 판을 속속들이 들여다보는 시야를 얻었다. 당시의 연봉으로는 살 수 없던 배움과 쓰임이었고, 손익으로 따져보면 분명 남는 선택이었다. 눈앞의 셈법에 더 골몰하는 요즘, 곱씹을 만한 그의 계산법이다.

환경이 달라져도 본질이 같으면 통하는 구석이 있군요. 그 뒤 M&A로 탄생한 우리투자증권(현 NH투자증권)의 IB 사업부 상무로 발탁되셨어요. 당시 신임 임원으로서 집중한 과제는 무엇이었나요?

십수 년간 국내 증권사들의 IB 업무 방식을 지켜보면서, 가장 문제라 여긴 게 '형님 영업'이었어요. 그땐 '기업 영업 1부', '기업 영업 2부' 이런 식으로 IB 부서들이 나뉘어 있었는데, 합리적 기준이 있던 게 아닙니다. 단지 각 부장과 어떤 기업들이 친하냐에 따라서만 구분된 거였죠. 이 구조에서 직원들이 배우는 게 술 접대 말고 뭐가 있었겠어요? 제가 주력한 건 바로 이 구조를 개편하는 일이었어요. 선진 투자 은행들처럼 산업별로 부서를 나누는 식으로요. 그래야 직원들도 전문성을 쌓을 수 있고, 회사도 고객사한테 훨씬 전문적인 IB 솔루션을 내놓을 수 있으니까요. 물론 오랜 관행이다 보니 "현실과 동떨어진 얘기다", "한국에선 안 통한다"라며 말들도 많고 저항도 심했죠. 하지만 끝까지 밀어붙였고 곧 성과로 입증이 됐습니다. 당시 제 본부장이셨던 분이 사장까지 오르셨는데, "IB 업계 1등이 되는 큰 계기가 됐다"라면서 지금까지도 고마워하세요.

그렇게 임원으로서 큰 성과도 내며 자리를 잡아 가던 시점이었죠. 그런데 승진 1년 만에 전혀 다른 업종인 포털 기업 NHN(현 네이버)에 CFO로 합류하세요. 그 배경이 궁금합니다.

제가 합류한 2008년은 네이버 성장세가 주춤하던 때였습니다. 재무적으로도 돌파구를 찾아줄 새 CFO를 찾고 있었는데, 때마침 어느 투자 은행 대표님이 절 추천해 주셨어요. IB에 전문성이 있으면서도 일반 회사에 근무한 경험도 있는 제가 적임자로 보였다는 거예요. 보통 IB만 했던 사람들은 다른 기업의 조직 문화에 적응 못 하는 경우가 많거든요. 다만, 정작 제가 네이버에 딱히 관심이 없었어요. (웃음) 요즘에도 "어떻게 그리 회사를 잘 골라 갔냐"라고 많이들 묻지만, 사실 그땐 창업자인 이해진 의장 등 대주주들을 직접 만나본 후에야 합류할 마음이 생겼죠. 이전까진 나이 지긋한 임원급만 주로 상대해 왔는데, 저랑 나이대가 비슷한 새파란 사람들이 맨땅에서 사업을 일으키고, 그도 모자라 훨씬 더 크게 키우려 미쳐 있는 모습들을 보니, 굉장히 신선한 자극이 되더군요. 면담에서 곧바로 스카웃 제안을 받았는데 고민 없이 수락했습니다.

이전까지 몸담으셨던 금융권과는 전혀 다른 IT 업계로의 도전이었잖아요. 어려움은 없던가요?

많았죠. 당장 첫 회의부터 무슨 말인지 하나도 못 알아먹겠더군요. IT · 개발 쪽은 쓰는 용어부터 생소하잖아요. 사업 논리도 제가 경험한 회사들과 크게 달랐죠. 회의 내내 돈 버는 얘기가 아니라 돈 쓰는 얘기를 하더라고요. 예를 들어 한 화면에 노출하는 광고가 두 개라면 그중 한 개는 없애자는 거예요. 이용자가 불편해한다는 이유로. '아니, 그럼 그 매출은 어디서 메우려고?' 하는 반문이 생기더라고요. 그런데, 곧 깨닫습니다. 관점의 차이일 뿐 틀린 논리가 아니었단 걸요. 길게 보니 남은 광고 하나에 프리미엄이 붙어 오히려 매출이 늘기도 하더군요. 이처럼 제가 당연한 것으로 받아들인 것과는 사뭇 다른 비즈니스 로직들을 많이 접하고 배울 수 있었어요.

유연하게 적응한 덕분이었을까요. 출신 업계는 달랐지만 코스피 이전 상장, 한게임 분할 등 네이버의 굵직한 변곡점을 이끌며 역대 최장기 CFO로 재임하셨습니다. 스스로 그 비결을 꼽아보신다면요?

여러 재무 프로젝트를 총괄하며 일관되게 다짐한 건 '비즈니스 인에이블러Business Enabler가 되자'는 것이었습니다. CFO는 좁게 보면 회계 조직의 책임자지만, 넓게 보면 돈이 드나드는 전 과정을 조망하는 자리입니다. 그렇기에 저는 일반적인 회계팀 장에 머무르면 안 된다고 생각했어요. 사업 성장을 위해 어떤 투자나 관리가 필요한지 적시에 판단해, 막힌 일을 굴러가게끔 돕는 역할까지 해내고자 최선을 다했죠. 코스피 이전 상장도 그런 각오로 해낸 일 중 하나였어요. 코스닥에 있으면 자금 조달 측면에서 확실히 불리하잖아요. 이전부터 필요성이 꾸준히 제기돼 왔는데, 대장주다 보니 코스닥의 만류도 심했고 이런저런 일들로 기약 없이 미뤄지고 있었죠. 하지만 전 더는 미룰 타이밍이 아니라 봤고, 강력히 밀어붙여 입사 3개월 만에 완수했습니다. 네이버-한게임 분할도 마찬가지예요. 13년을 동거한 두 대형 상장사를 쪼개는 건, 하나부터 열까지 손댈 게 차고 넘치는 일이었어요. CFO로서 경험한 가장 어려운 일 중 하나였습니다. 그럼에도 LINE 등 모바일 부문과의 시너지에 집중하려면 반드시 넘어야 할 과정이었어요. 그래서 후퇴란 없다는 각오로 끝까지 밀고 갔습니다. 그뿐이에요.

| Re:cap |

비즈니스에서 진짜 필요한 건 '일을 잘하는 사람'이 아니라 '일이 되게끔 하는 사람'이라는 말이 있다. 그가 꿈쩍하지 않던 금융권의 낡은 관행을 바꿔내고, 낯선 IT 업계의 사업 논리를 빠르게 흡수해 막혀 있던 난제를 풀어낸 건, 단순한 직무 역량만으로 설명되지는 않는다. 그

보다는 일에 필요한 요소를 두루 헤아리는 넓은 시선과, 서로 다른 이해관계와 관점을 조율할 줄 아는 유연한 판단력에 가깝다. 우리는 이를 '일의 감각'이라 부른다. 이 감각을 기르는 데 다른 왕도는 없다. 익숙한 역할에 안주하지 않고, 분야를 가리지 않는 낯선 도전에 자신을 자꾸 던져보는 길뿐.

이후 당시 네이버 자회사이자 모바일 메신저 LINE으로 자리를 옮겨, 여기에서도 최장기 CFO를 지내셨습니다. 먼저 어떤 계기로 LINE에 합류하셨나요?

LINE과는 진작부터 인연이 있었어요. 2010년 일본 포털 업체 하나가 시장에 매물로 나왔단 정보를 입수했고, 이해진 의장한테 인수를 건의했습니다. 그때까지 일본 진출엔 여러 걸림돌이 있었거든요. 그중 하나가 현지 인력 채용이었는데, 인수가 성사되면 IT 산업에 특화된 이삼백 명의 현지인을 고스란히 확보할 수 있었죠. 마침 중국의 게임 자회사가 계속 적자를 내고 있어서, 이걸 팔고 그걸 사자고 제안했어요. 다행히 판단이 적중했습니다. 바로 1년 뒤 LINE이 탄생했거든요. 지금도 상당수 인재가 남아 LINE의 성장을 떠받치고 있습니다.

사실 CFO는 미국·일본 동시 상장 2년 전인 2014년부터 겸하고 있었어요. 그러다 어느 날 도쿄 증권 거래소에서 둘 중 한 곳만 맡으라는 지침이 떨어졌죠. 향후 상장사로서 독립된 의사 결정을 해야 하니, 모회사 CFO가 자회사까지 관장하지 말란 얘기였죠. 애초엔 LINE CFO를 따로 뽑을 계획이었는데 마땅한 적임자가 없더군요. 상장일이 다가올수록 결국 제가 가야겠단 결심이 굳어집니다. 네이버 CFO를 어느새 7년이나 했더라고요. 고개만 까딱해도 다들 알아서 움직이는데, 너무 편하고 안정된 게 오히려 위기란 생각이 들었죠. 그래서 이 의장한테 "LINE에 가고 싶다"라고 직접 건의했어요.

익숙함을 오히려 위기로 받아들였다는 말씀이 인상적입니다. 상장은 그 자체도 무척 까다로운 작업인데, 두 나라에서 동시에 진행한 만큼 부담이 훨씬 컸을 듯해요.

상장 막바지까지 신경 쓸 게 너무 많았고 시장 상황도 안 좋았어요. 그때 브렉시트(영국의 EU 탈퇴) 이슈가 터졌거든요. 공모가 산정 직전이었는데 금융 시장이 요동을 치더군요. 상당수 IPO가 줄줄이 취소됐고, LINE 상장에도 안팎의 우려가 쏟아졌습니다. CFO로서 중대한 판단 기로에 서야 했어요. '이거 계속 밀어붙여도 돼?' 하는 고민에 빠져 있을 때 큰 힘이 되어준 게, 오래전부터 알아둔 외국 대형 기관의 투자자들이었어요. 이들 여럿이 "이 이슈는 금방 진정될 테니 걱정 말라"고 지지해 주더라고요. 여러 업계를 거치며 빚은 신뢰들이 빛을 발한 거죠. 덕분에 뚝심 있게 상장을 추진했고 결과는 대성공이었죠. 국내 기업이

키운 자회사가 독자 서비스로 해외 증시 상장에 성공한 첫 사례였고, 미국에선 그해 가장 큰 IT 회사 IPO로도 기록됐으니까요.

2023년 네이버의 LINE과 소프트뱅크의 야후재팬 합병으로 아시아의 거대 IT 플랫폼 라인야후가 출범했습니다. 이 재편 과정을 총괄하신 것으로 아는데, 지금 돌아보신다면요?

LINE 상장 2년쯤 지났을 무렵, 수익성을 높일 새 돌파구가 필요해졌어요. LINE은 일본 최대 모바일 메신저였지만, 이를 바탕으로 한 광고 사업의 성장엔 한계가 있는 것 아닌가 하는 고민이 있었던 거죠. 그래서 일본 최대 포털과 합쳐 시너지를 내자는 논의가 나온 거예요. 하지만 네이버와 소프트뱅크란 두 거인의 합을 맞추는 게 보통 일은 아니었습니다. 무려 4년에 걸쳐 합작 법인 설립, 경영 통합 등 정교한 융합 작업을 거쳐야 했죠. 이 과정에서 수많은 이해관계자의 컨센서스를 이뤄내야 했습니다. 그간의 역량과 경험을 모두 끌어모아 모두가 수긍할 통합의 절차를 디자인하는 데 주력했어요. 나름 성공했다고 자부합니다.

| Re:cap |

익숙함은 왜 위기일까. 조직과 시장은 머물러 있지 않기 때문이다. '일본 국민 메신저'라는 타이틀에 안주할 수도 있던 LINE이 해외로 확장하고 포털과 결합하며 변화를 꾀해야 했듯 말이다. 편안한 반복

은 무난한 정체로, 결국 도태로 이어진다. 반면 도전은 언제나 성공하는 건 아니지만, 그보다 훨씬 중요한 자산을 남긴다. 바로 관성을 깨고 다음 도전, 또 그다음 도전에 나설 문턱을 낮춰준다는 점이다. 익숙함이라는 위기에서 벗어나 새로운 성장을 이뤄내는 길은 결국 끊임없는 도전일 뿐이다. LINE에게 그가 필요했듯, 그에게도 LINE이라는 도전이 절실했던 이유다.

2024년부턴 글로벌 투자·금융 사업도 직접 이끌고 계세요. 경영자로서의 구체적인 목표는 무엇인가요?

각 사업이 성장할 발판을 주도적으로 만들어가는 게 목표예요. 우선 투자 부문에선 라인야후 CGIO(글로벌 최고 투자 책임자), Z벤처캐피털 CEO를 맡아 각국 유망 기업들에 투자하고 있어요. 자본 투자뿐만 아니라 노하우도 많이 나누고 함께 고민해 성장 동력을 같이 만들고자 합니다. 금융 영역에선 LINE Financial CEO로서 해외 핀테크 사업을 이끌고 있어요. LINE이 먼저 자리 잡은 국가들 위주로 사업을 전개 중이고 거기서 먼저 흑자를 이루는 게 목표인데, 그 밖의 나라들에서도 어떤 사업을 해나갈 수 있을지 고민 중입니다.

30년 넘게 정말 다양한 영역의 재무 프로젝트를 맡아오셨습니다. 재무를 업으로 삼는 후배들에게 전하고자 하는 조언이 있

숫자에만 갇혀 있지 말라는 조언을 드리고 싶어요. 숫자를 보고 있으면 회사가 어떻게 굴러가는지 누구보다 잘 알 것만 같죠. 하지만 숫자에 가려 그 이면에 담긴 임직원들의 피땀을 보지 못하면, 이 회사의 진짜 실력과 앞으로 필요한 전략, 비전을 헤아릴 수 없습니다. 종종 자신이 맞닥뜨리는 숫자의 의미가 무엇인지 고민해 봐야 해요. 그러려면 자기 우물에만 머물러선 안 되죠. 다른 부서나 회사 사람들도 많이 만나고 그 산업, 나아가선 세상 전반이 어떻게 돌아가는지도 이해할 줄 알아야 합니다.

성장을 위해선 자신의 역할과 시야를 스스로 한정하지 않으려는 태도가 중요하다는 말씀으로 들립니다. 그렇다면 본인이 생각하시는 이 시대의 프로란 구체적으로 어떤 존재일까요?

가끔은 이런 상상을 해요. '첫 직장에 남았으면 어땠을까?' 인생은 알 수 없는 거지만, 아마 승승장구하며 순탄하게 살고 있지 않을까 해요. 그럼 문득 또 다른 의문도 들죠. '왜 투자은행에 가서 죽어라 일하고, 네이버에 와서 생고생했을까?' 지금 돌아보면 확신할 수 있어요. 그 도전들이 없었다면 지금의 '황인준'도 없다는 것을요. 결국 프로란 회사의 이름이 아닌 자신의 이름으로 존재 이유를 증명하는 사람입니다. 저는 20대부터 스스로 "나는 프로다"라는 말을 자주 되뇌었어요. 나를 증명해 주는 건 회사도 직급도 아닌 결국 나 자신이란 걸 비교적 일찍 깨달았기 때문이죠. 자신의 이름으로, 자기만의 브랜드로 빛나기 위해 안주하지 않고 살아가는 모두가 바로 프로입니다.

| Re:cap |

처음엔 정석으로만 보였던 그의 커리어는 오히려 변칙에 가까웠다. 잘 다니던 삼성전자를 박차고 나와 IB를 배웠고, 기성 금융권에 안착해 큰 성과를 내놓고도 임원 자리마저 내려놓은 채 전혀 다른 산업으로 옮겨 낯선 사업 논리를 익혔다. "편안함이 오히려 위기"라며 지금도 관성에 맞서 한층 버거운 도전에 몸을 던지고 있다. 안정된 타이틀 아래에서 충분히 승승장구할 길도 있었다. 다만 그의 갈증이 언제나 회사·직급의 '타이틀'이 아닌 자신의 '성장'에 있었을 뿐이다. 그가 단언했듯, 그런 도전적 선택들이 없었다면 지금의 '글로벌 사업 전략가, 황인준'이라는 이름도 없었을 것이다. 점점 더 안정과 관성을 욕망하도록 내몰리는 시대지만, 그럼에도 여전히 타이틀이 아닌 자신의 이름으로 빛나길 꿈꾸는 프로들에겐, 그의 이야기가 쉽게 잊히지 않을 것이다.

3장

최주희 / 국내 OTT 첫 여성 CEO

최명화 / 대기업 임원 3관왕

최호진 / 광고맨 출신 제약사 경영인

본질에만
집중해야
난제가 풀린다

진짜 프로는 알아요,
문제는 역량이 아닌 태도로
풀린다는 걸

국내 OTT 첫 여성 CEO

최주희

現 티빙 CEO.
글로벌 컨설팅 펌 BCG 경영 컨설턴트 출신으로,
월트디즈니코리아에서 아시아 사업 전략을 담당하고
이후 여성 패션 플랫폼 'W컨셉'과 명품 커머스 플랫폼 '트렌비'에서 흑자 전환을 이끌었다.
2023년 6월 티빙 대표 이사에 부임했다.

———

코로나 불경기에도 굵직한 성장을 이끈 하버드 석사 출신 '기업 고민 해결사'가 있습니다. 혹독하기로 소문난 글로벌 컨설팅 펌에서 다양한 프로젝트를 해결하며 베테랑 경영 컨설턴트로 성장했고, 이후 스타트업 전략가로 뛰어들어 업황이 나빠진 회사들을 연달아 흑자로 돌려세웠죠.

그리고 2023년, 넷플릭스에 치이고 막대한 적자에 허덕이던 국내 OTT 업계에서 여성으로선 처음으로 CEO 자리까지 올랐습니다. 국내 인기 OTT 서비스 티빙의 대표 이사, 최주희 님의 이야기입니다.

> **"문제란 당연히 어렵죠. 하지만 반드시 풀어야 하고,**
> **어떻게든 풀리고야 마는 게 문제입니다."**

그 이력만 보면 어떤 과제도 척척 해결했을 듯하죠. 하지만 '하버드 수학 천재'에게도 기업 문제만큼은 난제였습니다. 수없이 자료를 뒤져도 단서는 오리무중이었고, 조직에 깊게 밴 오랜 관성들까지 번번이 발목을 붙잡았기 때문입니다.

그럼에도 그를 매번 난제 앞에 붙들어 세우고, 마침내 '국내 OTT 업계 최초 여성 CEO'라는 입지전적 성취에 이르게 한 건 비상한 두뇌도 화려한 스펙도 아니었습니다. 오히려 어떤 문제든 결국 풀리고야 만다는 확신, 그리고 문제 풀이 그 자체에 설렐 수 있는 태도, 바로 그것이었습니다.

2024년 1월, 서울 역삼동 리멤버 사무실에서 그를 맞았다. "약속한 두 시간 안에는 끝내주셔야 해요. 30분까지는 더 드릴 수 있습니다." 한창 경영 일선에서 바쁜 와중에 어렵사리 얻은 자리였다. 어느 인터뷰처럼 좀 더 여유가 있을 거라 방심하던 내게, 그 말은 갑작스러운 난제처럼 다가왔다.

원래 꿈은 경영학자였다고요. 무엇이 계기였나요?

어릴 때부터 수학을 삶의 일부라 여길 만큼 좋아했어요. 대학 땐 A4 용지를 늘 가방에 한 뭉치씩 들고 다니는 걸로 유명했는데, 자투리 시간에 수학 문제를 풀려던 이유였어요. 그만큼 미친 듯이 수학을 좋아해, 어느 날은 '수학에 이 한 몸 바치리라'는 다짐까지 할 정도였죠. 하루는 왜 그리 수학을 좋아하는지 곰

곰이 생각해 봤어요. 그리고 이때 깨달았습니다. '나는 참 문제를 좋아하는 사람이구나.' 문제란 게 아무리 어려워도 반드시 풀어야 하고, 또 풀리고야 마는 그런 것이잖아요? 정말 어려운 문제를 풀 땐 쾌감은 물론 왠지 모를 사명감마저 느껴지더라고요. 대학 전공이 '산업경영공학'인데, 그걸 선택한 이유도 마찬가지였어요. 수학을 도구 삼아 기업의 문제를 해결하는 방법을 가르쳐주는 곳으로 보였거든요. 기업의 고민을 잘 해결하는 공학도가 되고 싶었어요.

그 포부대로 포항공대를 거쳐 하버드대에서 석사(응용통계학·경제학)를 하며 학문의 길을 걷다가, 돌연 경영 컨설턴트로 진로를 바꾸셨습니다. 어떤 결심이 있었던 건가요?

학문에 미친 수재들을 보며 의욕이 꺾였어요. 학점은 괜찮은 편이었는데, 재능의 격차는 학점으로 가늠할 수 있는 게 아니었죠. 학자만 생각하며 달려왔는데 이젠 뭘 해야 할지 모르겠더군요. 한참을 방황하다 제로베이스에서 고민해 봤어요. '난 왜 기업을 연구하고 싶었을까?', '도대체 기업이란 게 뭐길래?', '기업을 알긴 알까?' 의문이 꼬리에 꼬리를 무는데 뭐 하나 제대로 답할 게 없더라고요. 결국 그 답은 기업을 직접 체험해 봐야 풀릴 거란 판단이 섰고, 그렇게 경영 컨설팅 펌인 BCG에 지원하게 됩니다.

공대 출신에 공부만 해왔으니 부족한 것투성이였죠. 급한 대로 알음알음 BCG 출신 선배들한테 조언도 구하며 한두 달간 최선을 다해 면접을 준비했습니다. 그럼에도 역부족이었어요. 면접까진 어찌 갔는데 문제에서 그만 높은 벽을 느껴요. '회사 앞 북엇국집의 연 매출을 추정하라.' 문제가 너무 황당해서 헤맨 기억밖에 없습니다. 일찌감치 기대도 내려놓고 있었죠. 그런데 덜컥 합격한 거예요. 의아해 이유를 물으니, "네 포스와 프레젠스가 남달랐다"라고들 하시더라고요. 그날 면접이고 뭐고 면접관들한테 역질문을 마구 날렸거든요. 어차피 누구도 정답을 모를 만한 문제였잖아요. 기왕 이렇게 된 거 이판사판 머리를 맞대 다 같이 풀어보자는 마인드였죠. 근데 그게 먹힌 것 같아요. 경영 컨설턴트는 기업의 고민을 무슨 수를 쓰든 해결해 줘야 하는 직업이거든요. 문제 풀이에 도움만 된다면 상사든, 하다못해 면접관이든 그 앞에서 눈치 보고 주눅 들 필요 있나요? 오히려 설레야죠.

맞아요, 문제 그 자체에만 몰입할 수 있는 태도는 컨설팅뿐 아니라 그 어떤 일에서든 중요한 덕목인 듯합니다. 그렇다면 실제로 컨설턴트가 된 뒤엔 어떠셨나요?

BCG는 컨설팅 업계에서도 가장 혹독한 축에 속해요. 주니어한테도 단순 업무만 시키지 않고, 임원급의 고민이 필요한 프로젝트를 곧잘 맡기죠. 뒤집어 생각하면 그만큼 성장 기회를 많이 준다는 얘기도 돼요. 당장 신입 때 맡은 프로젝트도 그랬죠. TV 부속품 원자재 제조 업체의 의뢰였는데, 몇 년간 생산성이 크게 낮아졌더라고요. 근데 도무지 원인을 못 찾겠다는 거예요. 우선 이 회사가 모니터링하는 데이터부터 전부 살폈습니다. 제조업은 공정 단위로 생산성을 뽑아보거든요. 다들 살짝씩 안 좋아지긴 했지만 그 실마리는 도저히 안 잡히더군요. 며칠 내내 블랙박스에 갇힌 기분이었습니다. 이 일을 계속하기엔 통찰력이 부족한 거 아닌가 싶어 좌절했죠. 결국 포기했습니다.

네? 포기하셨다고요?

네, 탁상에서 답 찾기를요. 대신 현장으로 나갔어요. 공정 담당자를 모조리 인터뷰했습니다. 최소 제조 단위 담당자들까지 싹 다 만났죠. 그제야 겨우 실마리가 잡히더군요. 한 실무자가 지나가듯 말하는 거예요. "공정이 따로 마련돼 있지 않은데도 주문받는 케이스가 있었다." 자초지종을 들어보니, 특정 인치의 화면이 시장 트렌드가 되면서 그 TV 사이즈에서 주문이 많이 들어왔다는 거예요. '주문은 받아놨는데 담당 공정은 없다?' 미심쩍어 인치별 생산 데이터를 만들어 살펴봤는데, 비로소 답이 보였습니다. 해당 인치를 전담할 공정이 없으니, 아무 공정에나 불쑥불쑥

끼워 넣었던 거예요. 그러면서 다른 인치들의 생산성이 낮아진 거죠.

비록 초년의 작은 경험이지만 두고두고 되짚을 통찰을 이때 얻은 것 같아요. '문제는 반드시 그 문제 속에 답이 있다. 특히 기업의 문제는 현장과 실무 안에 있다.' 단서는 언제나 현장에 있는데 서로 공유가 안 돼 헤매고들 있을 뿐이죠. 제 할 일은 그저 이 단서들을 논리적 형태로 엮어 전달하는 것뿐이었던 거고요. 당시만 해도 지적 통찰로 쾌도난마처럼 문제를 풀어내는 유형이 컨설턴트의 표준처럼 여겨졌고, 저처럼 고객과 라포를 쌓아 소통하며 답을 찾는 방식은 드물었어요. 그에 아랑곳하지 않고 저만의 방식으로 문제 풀이에만 충실했던 게 BCG에서의 생존 비결이었습니다. 평균 근속이 2년 남짓인 곳에서 제가 7년을 있었네요.

| Re:cap |

"문제 풀이에 도움만 된다면, 상사든 면접관이든 그 앞에서조차 오히려 설레야 한다"라는 그의 말이 잊혀지지 않았다. 인생의 크고 작은 문제를 풀며 우리는 어느새 그 밖의 것들(실적이나 평가, 경쟁자)을 먼저 의식하지 않는가. 그러다 보면 시선은 분산되고, 풀이는 산만해지기 마련이다. 그래서 문제에만 집중하고 풀이에만 설레는 태도야말로 난제를 푸는 단순하지만 가장 중요한 열쇠일지 모른다. 학창 시절 수학

문제에서부터 난해한 입사 면접, BCG에서 맞닥뜨린 기업의 고민들까지. 그는 기필코 답을 찾는 과정에만 몰두했고 필요하다면 누구와도, 심지어 면접관마저 머리를 맞대게 하며 난제를 돌파해 냈다. 그렇게 그는 치열한 BCG에서도 숱한 과제를 해결해 내는 에이스로 성장했다. '하버드 출신'인 그가 비범한 진짜 이유는, 비상한 머리나 화려한 재능보다 문제를 대하는 그 태도에 있을 것이다.

컨설턴트로서 한창 인정받던 시기에 회사를 떠나셨네요. 어떤 결심이 있었던 건가요?

컨설턴트는 프로젝트가 끝나면 그 기업과 굿바이잖아요. 시간이 갈수록 전략 제시에만 그치지 않고, 그 전략을 직접 수행해 보고 싶다는 갈증이 커졌어요. 그렇다고 퇴사를 쉽게 결심했던 건 아니에요. 아이를 낳고도 2년은 더 다녔거든요. 컨설턴트는 마초화되지 않으면 버티기 어려운데, 여성 후배들에게 다른 유형의 롤모델이 되어주는 것도 멋진 사명 같았거든요. 그럼에도, 정말 제대로 사업에 몸담고 싶어 과감히 사표를 던졌습니다.

처음 이직하신 곳이 월트디즈니컴퍼니코리아였습니다.

인생 취미가 딱 두 가지인데 그중 하나가 드라마 · 영화 보기예요. 디즈니 콘텐츠도 어려서부터 완전 팬이었죠. 그래선지 디즈니는 왠지 제가 일해볼 수 없는, 마치 꿈의 직장처럼도 느껴졌어요. 헤드헌터한테 입사 제안을 받고서도 잠깐은 제가 꿈꾸고 있는 줄 알았죠. 좋아하는 분야에서 사업 경험도 쌓을 수 있으니 망설일 게 없잖아요. 부푼 마음으로 이직했습니다. 여기선 아시아·한국 사업 전략을 담당했어요. 미디어 강국인 만큼 한국을 중심으로 아시아 전략을 짰거든요. 종종 미국 본사 전략에도 참여했고요. 당시 디즈니 전략팀은 해외 지사까지 다 합쳐도 40명밖에 되지 않았거든요. 여기까지만 말씀드리면 왠지 국내외 미디어 판을 흔드는, 가슴 뛰는 일만 했을 것처럼 들리시죠? 하지만 어른이 돼서 만난 디즈니는 어릴 적 환상과는 다르더군요.

막상 기대에 못 미쳤나요?

2015년쯤부터 디즈니가 D2C(Direct to Consumer) 전략을 세우기 시작해요. 영화관이나 TV 채널 같은 중간 단계를 거치지 않고, 소비자와 직접 만나는 방식을 강화하려던 거죠. 지금의 '디즈니+(디즈니의 OTT 서비스)'도 이 전략에서 비롯된 거예요. 이런 본사 전략에 발맞춰 여기서도 다양한 아이디어를 검토했어요. 한국판 디즈니랜드나 디즈니 스토어도 주장해 보고, 중국에서 잘나가던 디즈니 영어 학원도 해보자고 했죠. 그러나 전부 불발됐습니다. 로컬 콘텐츠 제안도 몇 차례 했는데 씨알도 안 먹혔죠. 저로선 충분히 승산이 있다고 봤는데, 본사 입장에선 한국이 그만큼 매력적인 시장이 아니었어요. 그래서 애초 기대와 달리 자잘한 효율화 과제에만 집중할 수밖에 없었습니다. 채널 편성을 어떻게 바꿔야 시청률이 잘 나올지, 마케팅을 디지털로 전환해 어떻게 비용을 더 줄일지 등이요. 물론 전략을 직접 실행하는 일이고 나름 배우는 것도 있었지만, 신사업을 만들어 시장을 개척하거나 톱라인(총매출)을 확 끌어올리는, 그런 임팩트 있는 도전은 결코 아니었죠. 그나마 막판까지 기대를 건 게 디즈니+ 론칭이었는데, 나중에 보니 한국은 그 계획이 너무 늦게, 아예 맨 끝으로 잡혀 있더군요. 어느덧 디즈니에서도 5년이 흐른 시점이었어요. 시간을 더 흘려보내긴 싫었습니다. 그래서 다시 이직을 결심했어요.

그래서인지 다음 이직처는 좀 더 도전적인 스타트업이었나 봅니다. 창립 10년 차의 여성 패션 플랫폼 W컨셉에 합류하셨어요.

BCG 출신 지인한테 여기 CSO(최고 전략 책임자) 자리를 소개받았는데 듣자마자 굉장히 끌렸어요. 패션 커머스니까 세일즈를 리드하며 매출 성장에 직접 기여하는 일을 할 수 있고, 젊은 조직이니 복지부동하지 않을 거란 기대도 컸죠. 더구나 제 인생 취미 나머지 하나가 쇼핑이라 더더욱 끌렸어요. (웃음) 그런데, 막상 면접 분위기는 상당히 적대적이었습니다. 제가 내놓는 전략 방향마다 대표님이 족족 어깃장을 놓으시더군요. 가만히 있을 수 없잖아요? 대체 왜 그러시는지 저도 지지 않고 이유를 캐물었습니다. 어느새 거꾸로 제가 대표님을 인터뷰하고 있더라고요.

대표님은 왜 그리 어깃장을 놓으셨던 건가요?

CSO 채용 자체를 못마땅해하시더라고요. 투자사 제안으로 뽑는 자리였는데, 새 CSO가 기존 사업을 헤집고 괜한 변화를 요구할까 봐 부담스러우셨던 것 같아요. 면접은 옥신각신하다 끝났지만, 결국 발탁해 주시긴 하셨어요. 경영자는 본래 외로운 사람들이거든요. 당돌하게 눈높이를 맞추고 고민을 함께 발전시켜 줄 사람이 필요했는데 제가 그 적임자라 보셨던 것 같아요. 하지만 CSO로서 제가 해야 했던 역할은, 결국 다수가 경계하던 바로 그 변화를 만들어내는 일이었어요. 그 첫 단추는 물류 독자화였습니다. 당시엔 모회사에게 물류가 종속돼 있었어요. 물류가 제때 탄력적으로 움직여야 판매도 극대화되는데, 모회사가 바쁘면 일 자체가 멈춰버리는 구조였던 거죠. 다른 모든 부문의 성장에 직결된 만큼, 애초부터 맡길 게 아니라 직접 해야 했습니다. 근데 그게 안 되고 있던 나름 심각한 이유가 있더군요.

무슨 이유였는데요?

'새로운 일이라서'였어요. 사내에 물류를 해본 사람이 없었거든요. 잘할 자신도 없고 부담스러우니 다들 꺼린 거죠. 그렇다고 대기업처럼 인력을 맘대로 뽑을 수도 없었고요. 그러면 정답은 뻔하잖아요? 아무나 나서면 되죠. 그래서 제가 했어요. 컨설턴트 출신이라 공부엔 자신 있었거든요. 열심히 물류를 파고들어 6개월 만에 모회사와의 관계를 끊어냈고, 1년이 안 돼 독자 물류팀을 세팅했죠. 그다음 본격적으로 세일즈 관련 이니셔티브들을 추진했습니다. 대표적으로 사입(직매입)을 도입했어요. 해마다 잘 팔리는 인기 브랜드 제품을 비시즌에 값싸게 창고 가득 확보해두고 시즌이 오면 파는, 패션몰 입장에선 쉽게 마진을 남길 수 있는 너무 당연한 방법이거든요. 근데 아무도 안 하고 있더라고요. MD(상품 기획자)들의 평가 구조도 손봤어요. 다들 죽어라 일은 하는데 영업 이익은 크지 않았거든요. 살펴보니 목표가 매출에만 맞춰져 있더군요. 쿠폰을 뿌려 손쉽게 매출을 올리고, 정작 마진은 내팽개치기 십상이었던 거죠. 목표를 매출에서 영업 이익 중심으로 바꾸니, 쿠폰 없이도 매출을 키울 전략들을 알아서 잘 고안해 내더라고요. 가끔 쿠폰을 쓰자고 해도 본인들이 먼저 말리더군요. 동시에 뷰티·스포츠·명품 등으로 판매 카테고리도 넓혔어요. 나중엔 나이키 입점으로만 연 매출 100억 원이 들어왔습니다.

그런 변화들은 왜 그간 실행되지 못했던 걸까요? 정말 새로움 때문이었나요?

정확히는 새로움을 향한 두려움이 발목을 잡고 있던 거예요. 안 해봤으니 두렵다는 거죠. 그런데 참 묘한 게, 새로움이라는 문제는 그 새로움을 해나감으로써만 극복되더라고요. 해나가면서 "이거 되지 않느냐"라고 보여주면 풀리는 거예요. 결국 하나의 변화가 낳은 성과가 또 다른 변화를 낳고, 그게 반복되면서 조직은 자연스레 성장하는 것 같아요.

| Re:cap |

변화는 난제다. 경험이 없어서, 실패가 두려워서 변화를 주저하게 하는 이유는 늘 차고 넘친다. W컨셉에서 그가 마주한 문제도 다르지 않았다. 그러나 그가 택한 해법은 놀라울 만큼 단순했다. 새로움이 두려움의 근원이라면, 하루빨리 그 새로움을 실현해 보는 것. 이 때문에 그는 모두가 주저하던 일을 주저 없이 먼저 나서 시도했고, 그렇게 '이미 해본 새로움'은 조직의 자신감을 키우며 다음 변화의 물꼬를 트고 더 큰 성장을 이끌어냈다. 그래서 이 이야기의 메시지는 '용기를 내라'가 아니다. 그의 선택은 도전기라기보다, 오히려 문제 풀이였다. 난제의 함수 속 두려움이란 변수를 제거하는 것, 그 간명한 태도를 곱씹을 만하다.

그렇게 이끈 변화들이 곧바로 성장으로 나타났어요. 세일즈 조직을 맡으면서 매출이 세 배 이상 늘었고, 코로나 불경기였던 2020년엔 흑자 전환까지 이뤄내셨습니다.

당장의 매출, 마진을 올리긴 어렵지 않아요. 말씀하신 '당연히 해야 할 일들'을 뚝심 있게 추진하면 되니까요. 문제는 관성과 두려움일 뿐이지, 최소한 방향을 몰라서는 아니잖아요. 하지만 장기적인 성장은 비전에 달려 있어요. 때로는 조직원들이 짐작도 못 할 새로운 비전도 제시해야 하는데, 그건 정말 쉽지 않았어요.

당시 W컨셉엔 어떤 비전이 필요하다고 보셨나요?

이 회사가 사랑받은 이유는 여성 의류 편집숍으로서 독보적이었기 때문이에요. 하지만 당시 모든 제휴 디자이너 브랜드가 그에 기여한 건 아니에요. 총 3,000개 이상의 브랜드 중 상위 20개가 매출 대부분을 이끈 거죠. 그럼에도 모든 브랜드를 거의 똑같이 대우하고 있었고, 상위 편집숍들은 늘 좀 서운해했어요. "다른 플랫폼으로 가버리겠다"라는 협박(?)도 가끔 했고요. 물론 저희 위상이 공고해서 이탈 위험은 크진 않았지만, 여하간 전 이게 큰 문제라 봤습니다. 기업이 자신의 존재 이유를 몰랐다는 말이 되거든요. W컨셉은 '엄청나게 많은 브랜드가 입점해 있어서' 성장했던 게 아니에요. '고객들이 믿고 사랑할 브랜드가 있어서' 성장했던 거죠. 후자의 브랜드들을 더 집중적으로 발굴하고 지원해, 대형 백화점에도 입점시키고 해외 무대에서도 인정받게 해야죠. 그 어떤 플랫폼보다도 W컨셉을 더 믿고 함께 커나가고 싶게끔요. 이를 위해 해당 브랜드들과 훨씬 긴밀한 파트너십을 구축하고 여성 의류 편집숍으로서 더욱 독보적인 플랫폼이 되는 것, 이게 제가 드라이브해야 할 새 비전이었어요.

상당수 기업이 언젠가부터 자신들의 존재 이유를 놓치거나 오인하기 쉬운데, 그 본질을 뚝심 있게 짚고 붙드신 점이 인상 깊습니다. 하지만 그것을 실제 사업과 연결 짓는 일은 더욱 쉽지 않았을 듯해요.

저부터 발 벗고 나섰어요. 브랜드를 일일이 찾아다니며 실장님과 실무진을 최대한 많이 만났죠. "함께 성장하자. 말로 그치지 않겠다"라고 약속드리며 라포를 쌓았어요. 진짜 말로만 그치지 않게 조직도 정비했습니다. 해당 브랜드들만 담당할 MD팀을 꾸려, 단순 업무만 돕게 한 게 아니라 일대일 맞춤형 성장 전략을 함께 짜도록 했어요. 나머지 MD 조직도 기존 브랜드 관리에만 그치지 않고 라이징 스타를 발굴하도록 했고요. 저도 브랜드와 수시로 소통하며 논의 파트너가 되어드렸고, 거기서 도출된 아이디어들로 프로모션이나 시즌별 상품 기획을 제안하기도 했죠. 제 회사 키우듯 진심을 쏟으니, 브랜드들도 '어라, 이거 진심이네?' 하며 마음을 열더군요. 그렇게 맺은 신뢰 덕분에 이들을 주력 브랜드로 다질 수 있었고, 훗날 W컨셉이 높은 기업 가치를 인정받는 핵심 토대가 됐다고 생각해요.

3장. 본질에만 집중해야 난제가 풀린다

말씀대로 2021년 W컨셉은 SSG닷컴에 2,650억 원에 인수되면서 4년 만에 기업 가치가 세 배 가까이 뛰었죠. 그런데, 개인으로서도 큰 성과였을 텐데 그해 연말 갑자기 회사를 그만두셨어요.

매년 40%씩 성장하며 탄력이 붙은 상황이었어요. 투자 전후로 기대도 많았죠. 대기업에 인수된 만큼 해외 진출 같은 주력 브랜드들의 숙원 사업도 수월히 진행될 줄 알았거든요. 그러나 돌아온 건 기대보다 훨씬 큰 실망이었습니다. 해외 진출은커녕 브랜드들이 줄줄이 경쟁사들에 넘어갔어요. 경쟁사들의 민첩한 투자 속도를 대기업이 따라갈 수가 없던 거죠. '여기만큼은 꼭 지켜 내자'라며 애착을 가졌던 브랜드까지 뺏기던 날엔 눈물이 절로 나더군요. 어머니가 패션 디자이너셨어요. 실력 있는 디자이너들과 기업을 함께 키워가겠다는 비전을 누구보다 사랑했고 제 손으로 꼭 실현하고 싶었죠. 근데 그 브랜드들이 속수무책으로 잠식돼 가는 상황을 도저히 견딜 수 없었어요.

이후 선택한 곳은 W컨셉보다 더 초기 단계에 있는 기업이었습니다. 명품 커머스 플랫폼 트렌비에서 또 한 번 CSO를 맡으셨죠.

이때 트렌비는 1,000억 원대 투자가 불발된 상태였어요. 코로나 불경기로 스타트업 자금줄이 말랐었거든요. 그래서 손익 분기점을 넘기는 게 시급한 과제였고, 수익성 없는 사업들부터 구조 조정했어요. 다만, 그것만으론 충분치 않았습니다. 비용 감축도 물론 중요했지만, 지속 가능한 비전을 세우는 것도 절실했거든요. 당시 트렌비의 서비스 방식은 단언컨대 비전이 없었어요. 각종 온라인 명품 사이트를 비교해 최저가로 명품을 사들여 되파는 방식이었는데, 이건 절대 지속 가능하지 않은 모델이었죠. 코로나 사태 때 명품 매장들이 죽 쑤면서 반짝 떠오른 사업 모델일 뿐이었거든요. 설령 계속 시장이 커진다 해도 명품 업체들이 넋 놓고 있지도 않을 거고요.

그래서 새로 주목한 게 '중고 거래'였습니다. 당시 트렌비는 신상 사업을 하고 있었는데, 사실 신상보다 중고가 마진이 훨씬 높거든요. 기왕 사업을 하더라도 중고가 낫지 않을까 했죠. 그런데 여기서 한 걸음 더 나아가, '중고 명품을 철저히 검증해 거래할 수 있는 플랫폼이 되면 어떨까'라는 생각이 스쳤어요. 그리 되면 높은 마진과 위탁 판매 수수료를 동시에 확보할 수 있고, 무엇보다 중고 명품 거래 문화를 우리가 안착시키며 선두 주자가 된다는 비전이 보이잖아요? 안전한 중고 명품 거래는 시장이 풀지 못했던 오랜 니즈였어요. 더구나 명품 업체들이 굳이 견제할 영역도 아니었고요.

비전은 매력적이었지만 아무래도 사업 구조를 대대적으로 전환해야 하는 일이니 그 진통은 컸을 것 같아요. 실제로 어떠셨나요?

각자 눈높이에 맞춰 끊임없이 설득하는 수밖에 없었죠. 경영진과 투자사는 물론 실무진과도 타운홀이나 소규모 팀 미팅을 자주 열어 많이 소통했어요. 그럼에도 몇몇 임직원이 퇴사하는 등 부침은 있었습니다. 하지만 그럴수록 오히려 더 속도감 있게 사업 변화를 추진했어요. 서비스 개발을 예정보다 앞당겨 단 3개월 만에 피봇에 성공했죠. 어차피 어떤 변화든 반발이 있을 수밖에 없거든요. 확신만 있다면 더 가열하게 일해서 빨리 그 변화를 이루고 성과를 입증해야죠. 그게 반발을 잠재울 길이에요. 다행히 결과는 좋았습니다. 경쟁사 대부분이 적자를 못 면하는 상황이었는데, 저희는 서비스 출시 첫 달이자 제 합류 1년 만에 극적으로 손익 분기점을 넘겼어요.

| Re:cap |

W컨셉에선 '모든 브랜드'가 아니라 '고객이 믿고 사랑할 브랜드'에 집중했고, 트렌비에선 반짝 매출을 내던 신상 사입 대신 중고 명품 플랫폼이라는 장기적 구조를 택했다. 두 회사는 모두 '압도적 성장'이라는 난제 앞에 서 있었고, 그때마다 그의 해법은 일관됐다. 당장은 미

련이 남더라도 장기적 비전에 걸리는 것이라면 과감히 걷어냈고, 그렇게 결집한 역량은 그 비전을 실현할 본질적 해법을 찾는 데만 오롯이 쓰였다. 난제는 변죽을 울려서는 풀리지 않는다. 온 힘을 다해 본질을 두드릴 때만, 길은 열린다.

2023년 7월 티빙 CEO로 발탁되셨습니다. 국내 OTT 업계 첫 여성 CEO라는 점도 화제였지만, 커머스 출신이라는 배경이 의외라는 반응도 있었죠.

영광스러우면서도 욕심이 났어요. 예전부터 넷플릭스의 아성을 넘볼 수 있는 한국 OTT는 티빙밖에 없다고 생각해 왔거든요. 물론 우려 섞인 시선도 있다는 건 알았지만 대수롭지 않았습니다. 아시다시피 국내 OTT들은 수년째 크게 적자예요. 결국 흑자를 낼 역량을 보여줘야 하는데, 비용 감축뿐 아니라 톱라인을 확 끌어올리는 방식으로도 기업을 성장시킬 적임자를 찾으셨던 것 같아요. 제가 꼭 그 적임자라 단언할 순 없지만, 대기업에선 저 같은 경험이 있는 사람을 찾기 어려우셨을 거예요. 젊은 기업에서 매출 성장과 흑자 전환을 모두 경험한 점을 높이 평가해 주신 듯합니다. 자신감은 있었어요. 절대 지금 같은 적자가 나올 비즈니스는 아니라 봤거든요. 어쩌면 경영자로선 행운이라고도 느꼈습니다.

CEO로서 제시하는 티빙의 비전은 무엇인가요?

그간 국내 OTT들이 넷플릭스에 밀린 건 따라잡기에만 급급했기 때문이에요. 도리어 강한 차별화가 필요합니다. 글로벌 미디어는 로컬에 약해요. 저희는 현지 OTT의 강점을 살려, 그간 사랑받던 국내 콘텐츠 IP들을 OTT 특화로 재탄생시키고 한국적 맥락과 정서를 녹여 차별화된 시청 경험을 제공하려 합니다. 다양한 로컬 주체와 함께 콘텐츠를 만들고 혁신하며 한국 최고의 미디어 플랫폼으로 성장시키는 게 목표예요.

그리고 이 비전은 '플랫폼'의 본질과도 맞닿아 있어요. 시장의 기본은 혁신이고 그 주체는 보통 기업이에요. 그런데 플랫폼 시장은 혁신의 주체가 여럿이에요. 제조업처럼 대단한 신기술로 새 제품을 찍어낸다고 혁신이 곧장 이뤄지는 게 아닌 거죠. 그래서 플랫폼 사업자의 역할은 참여자들을 잘 조율해 혁신을 촉진하는 겁니다. 기성 방송국 PD, 영화감독뿐 아니라 크고 작은 크리에이터들, 심지어 유저들과도 함께 말입니다. 어쩌면 컨설턴트 시절부터 제가 간직한 태도, 문제를 모두와 함께 최선을 다해 풀려는 태도와도 일맥상통하는 듯해요. 그래서 플랫폼 비즈니스에 더욱 이끌려 왔는지도 모르겠네요.

문제를 대하는 태도는 프로의 자질과도 맞닿는 이야기인 듯합니다. 본인이 생각하시는 프로란 구체적으로 어떤 사람인가요?

프로란 자신한테 주어진 문제를 책임지고 끝내 풀어내고야 마는 사람이 아닐까요. 그것이 하루하루 직장에서 마주하는 과제가 됐든, 커리어의 중대한 선택이 됐든 말이죠. 저는 문제란 결국 역량이 아닌 태도로써 풀린다고 생각해요. 스스로 최선을 다해 고민하다 보면 정답의 근사치라도 얻어낼 수 있고, 그래도 안 되면 역량 있는 동료들을 찾아 머리를 맞대야죠. 진짜 프로의 세계는 절대 고독하지 않아요. 더 나은 프로로 성장할수록 더 어려운 문제와 맞닥뜨리고 혼자 풀기란 어렵단 걸, 프로라면 다들 알고 있으니까요. 겸허히 지혜를 구하면 모두 힘을 보태줄 거예요. 반드시 풀어야 하고 어떻게든 풀리고야 마는 게 문제입니다. 자신감을 갖고 우리 각자의 문제 앞에 지지 말기로 해요.

| **Re:cap** |

그의 커리어를 관통하는 단어를 하나 꼽자면 '문제'다. 어릴 적엔 수학 문제였고, 컨설턴트 시절엔 기업의 난제였으며, 지금은 플랫폼의 미래를 가르는 문제 앞에 서 있다. 문제의 크기는 달라졌지만, 그가 문제를 대하는 태도는 한결같다. "문제는 반드시 풀려야 하고, 풀리고야 마는 것이다." 그는 이를 확신했다. 풀리지 않으면 더 깊이 고민했고, 그래도 안 되면 사람을 모아 머리를 맞댔다. 문제는 결국 역량보다 태도로 풀린다는 것을 자신의 커리어로 증명해 왔다. 그가 말하는 프로란 거창하지 않다. 주어진 문제를 끝내 외면하지 않는 사람, 그리

고 그 문제를 혼자만의 싸움으로 만들지 않는 사람. 난제 앞에서 물러서지 않고, 필요하면 동료를 불러 함께 답을 찾는 사람이다. 그 간명한 태도는 오늘의 그를 있게 한 가장 큰 힘이었고, '국내 OTT 최초의 여성 CEO'라는 타이틀도 그래서 외롭지 않은 것이다. 그는 문제를 풀어온 사람이고, 이제는 더 큰 문제를 함께 풀어갈 사람이기 때문이다.

인정받기에만 급급한 건 아마추어죠.
일과 실력에만
에너지를 쏟는 게 프로예요

대기업 임원 3관왕

최명화

現 블러썸미 대표, 前 현대자동차 상무, 前 두산 전무, 前 LG전자 상무.
국내 주요 대기업들의 임원을 두루 지낸 마케팅 전문가.
맥킨지 전략 컨설턴트로 마케팅 분야 경험을 쌓은 뒤,
LG전자·두산·현대자동차 임원을 차례로 맡아 마케팅·브랜딩을 담당했다.

©리멤버

—

대다수 직장인이 평생 한 번도 오르기 힘든 대기업 임원을 세 차례나 지낸 마케팅 전문가가 있습니다. LG전자의 야채 칸 냉장고·쿠키폰 흥행을 이끌고, 두산에선 '사람이 미래다' 캠페인을 주도해 두산을 당대 대학생들의 워너비 기업으로 올려놓은 인물이죠.

현대자동차에선 제네시스를 독립 브랜드로 재탄생시킨 주역 중 하나이기도 합니다. 국내 굴지의 마케팅 전문가이자 대기업 임원 3관왕, 최명화 님의 이야기입니다.

"독종이어도 남의 인정만 갈구한다면 아마추어에 불과해요.
거기 머물렀다면 지금의 최명화도 없었을 거예요."

크게 성공한 이들이 그렇듯, 그는 타고난 '독종'입니다. 주 80시간 근무를 예삿일로 치부하는 워커홀릭인 데다, 자신을 "일의 양은 겁내지 않는 사람"이라 말하는 본투비 악바리죠.

하지만 그는 딱 잘라 말합니다. 아무리 치열해도 타인의 시선에 휘둘린다면 "아마추어 독종"일 뿐이라고요. 반대로 누구의 인정에도 기대지 않고, 오직 눈앞의 과제와 실력에 몰두하는 존재만이 그에겐 "프로 독종"이라 정의됩니다.

험난한 경쟁과 비교가 난무하는 대기업들의 무대에서도 끝까지 흔들리지 않고 노력할 수 있는 저력은, 일의 본질에만 매달릴 수 있는 집념에서 나오기 때문입니다.

| Re:cap |

2024년 2월, 서울 테헤란로의 블러썸미 사무실. LG전자 · 두산 · 현대차. 입사만으로도 자랑할 법한 기업들에서 모두 임원 자리에 오른 그다. 보통 만만한 인물은 아닐 거란 직감에, 그와 대면하기 전 허술한 대목은 없는지 준비해 온 질문지를 괜스레 한 번 더 들여다봤다.

미국 버지니아 공대에서 소비자 행동론으로 석·박사를 하며 마케팅 분야에 입문하셨어요. 왜 하필 마케팅이었나요?

원래 학부 전공은 문학이었어요. 어릴 때부터 소설을 끼고 살았거든요. 근데 대학에 가보니 진성 문학도들은 따로 있더군요. 작가를 꿈꿨지만 어림도 없겠더라고요. 순진했던 어릴 적 꿈을 내려놓으니, 그 순간부터 조바심이 들었습니다. 순수 문학만 전공해선 제 경쟁력이 너무 약할 듯했죠. 그래서 실용 학문인 경영학에 관심을 뒀고, 그 세부 전공으로 마케팅을 택한 거예요. 숫자는 질색이라 재무, 회계 등을 빼고 나니 적성에 맞겠다 싶은 건 마케팅 하나 남더라고요. (웃음) 그랬던 마케팅이 제 필생의 업이 될 줄은 꿈에도 몰랐네요.

그만큼 곧바로 적성에 맞으셨나 봐요.

아니에요. 처음엔 오히려 열등감에 빠져 지냈죠. 대부분이 학부 때부터 경영학을 배운 친구들이라, '노력해 본들 저들을 이길 수 있을까' 하는 두려움이 컸거든요. 그러던 어느 날 반전이 일어나요. 시험이 끝난 후 첫 기업 전략 수업이었는데, 강의 도중 교수님이 갑자기 제 이름을 부르시더군요. 그러면서 "교수 인생 통틀어 가장 경이로운 답안지였다"라며 절 극찬해 주시는 거예요. 대다수가 전형적인 경영학의 셈법으로만 답을 달았는데, 저는 경제 주체 각각에 이입해 이야기를 풀어내는 방식으로 답안을 썼거든요. 사람과 서사에 집중하는, 어찌 보면 문학도다운 발상이었죠. 교수님도 맨날 똑같은 답안지만 보다가 얼마나 신선했겠어요? 덕분에 그날부터 열등감 대신 묘한 자신감이 생겼고, 두고두고 되뇔 깨달음도 얻었습니다. '보는 각도에 따라 단점이 장점이 될 수도, 흠이 에지가 될 수도 있다.'

공감 가는 말씀이네요. 결국 마케팅도 관점의 싸움이라고들 하니까요. 그럼 박사 학위를 마친 뒤 언제 마케터로 뛰어드신 건가요?

첫 커리어는 외국계 시장 조사 회사에서 시작했어요. 논문을 쓰다 보니 데이터란 것에 매료됐거든요. 특히 신념·가치처럼 추상적 영역조차 다양한 방식으로 데이터를 파악해, 그로부터 시장 인사이트를 도출할 수 있다는 사실이 인상적이었죠. 다행히 업무도 기대대로였어요. 일이 끝이 없어 주당 80시간은 일했는데 그땐 힘든 줄도 몰랐죠. 덕분에 이때부터 일의 양은 겁내지 않는 사람이 된 것 같아요. 그렇게 5년을 지낸 뒤 컨설팅 펌 맥킨지로 옮기면서부터 마케팅 전략을 본격적으로 맡게 됩니다. 어느 순간부터 시장 조사·해석만으로는 성에 차지 않았는데, 어느 날 헤드헌터한테 제안이 와 바로 지원해 입사했어요.

맥킨지 역시 평균 근속이 2~3년이 채 안 되는, 근무 강도가 굉장히 높은 직장으로 알고 있어요. 가보니 어떠셨나요?

그런 곳에서 8년을 있었네요. (웃음) 우선 크고 작은 실전 경험을 쌓을 수 있어 감사했죠. 당시 센세이셔널했던 LG텔레콤 (현 LG U+) 맞춤형 요금제 마케팅이나, 국내 최초 프라이빗 뱅킹인 KB GOLD & WISE의 네이밍 작업 등을 주도했던 게 기억에 남아요. 하지만 이런 스펙은 맥킨지가 8년간 선물한 보물 중 작은 일부일 뿐이에요. 실무 지식이나 성과보다 훨씬 더 큰 깨달음을 얻은 시간이었으니까요. 입사 초반 무렵이었습니다. 언제나처럼 저는 잘 해내리라는 확신으로 가득했어요. 그저 오만한 게 아니라, 외려 그 누구보다 낮은 자세로 열심히 일할 준비가 돼 있었다는 거예요. 늘 그래 왔듯 독종처럼 죽어라 하면, 못 이룰 게 없다 믿은 겁니다.

그런데, 여기선 처음으로 도저히 뚫지 못할 듯한 한계에 부딪혀요. 일단 생각지도 못한 영어부터 발목을 붙잡았습니다. 동료들은 전부 원어민 수준인데 저만 브로큰 잉글리시였거든요. 모든 회의를 영어로 진행했는데 저는 자신이 없어 늘 입 한번 뻥끗 못 했고 점점 꿔다 놓은 보릿자루가 됐죠. 그럼에도 원래의 저답게 좌절하지 않으려 했어요. '별거 아냐. 아이 캔 두 잇!'을 연달아 되뇌며 버텼습니다. 동시에 절 더더욱 몰아붙였고요. 훨씬 가열하게 매일 몸이 부서져라 일했죠. 그러던 어느 날 밤, 근무 중 넋이 나간 채 종이에 무언가 끄적이고 있는 자신을 발견하게 됩니다.

무엇을 적고 있었나요?

딱 이 두 문장이었어요. '명화야 괜찮아. 잘려도 돼.' 깜짝 놀랐습니다. 그때까지 단 한 번도 이런 생각을 해본 적 없었거든요. 물론 6개월마다 사람을 내보내던 회사였으니, 충분히 현실적인 말이긴 했어요. 그래도 잘리다뇨, 어떻게 들어온 회사였는데! 너무 피곤해서 그랬나 싶어 일단 집으로 왔어요. 그러고는 한참을 멍하니 그 순간을 곱씹어 봤어요. 그러자 어느 순간, 저도 모르게 속으로 이런 독백을 내뱉고 있더라고요. '뭐든 하면 된다고 믿었지? 그랬던 독종 최명화가 이렇게 속수무책일 줄이야. 딱하다. 그런데 왜 굳이 괜찮은 척을 하니? 남들한테 인정 못 받는 자신을 마주하는 게 그토록 두렵니?' 그제야 앞서 불쑥 튀어나온 글귀가 이해됐어요. 곧바로 자신에게 이렇게 말해줬습니다. "괜찮아 명화야. 잘려도 돼." 그리고 바로 다음 날부터 전엔 상상도 못 한 두 가지 변화가 일어났습니다.

하나는 회의에 적극 참여하게 됐다는 거예요. 어차피 얼마 뒤면 못 볼 사람들인데 굳이 눈치 볼 필요 없잖아요? 죽이 되든 밥이 되든 막 끼어들었어요. 다른 하나는 거의 모든 보고서를 달달 외웠다는 점이에요. 피가 되고 살이 되는 내용들일 텐데 나갈 땐 메일 한 줄 못 들고 나간다니 아깝더라고요. 대신 머리에라도 열심히 주워 담은 거죠. 그랬더니 하나둘 궁금한 점들이 생기더군요. '이 전략은 어떻게 나온 거지?', '미국에선 이 문제를 어떻게 풀까?' 그럴 땐 주저하지 않고 누구든 붙잡아, 필요하면 본사에까지 전화해 호기심을 해결했죠. 어차피 거리낄 게 없었으니까요. 그렇게 작은 변화들이 모이니까 선순환이 일어나기 시작했습니다. 일단 회의 때 말이 점점 많아졌어요. 보고서를 독파

하는 만큼 말할 콘텐츠가 쌓였던 거죠. 갈수록 제 말에 힘이 붙고 회의 지분도 점점 커졌어요. 급기야 회사에서의 제 위상도 크게 높아졌습니다. 남에게 날 증명해야 한다는 욕망과 두려움에서 벗어나니, 눈앞의 과제와 실력에만 에너지를 모을 수 있었고, 바로 이 변화가 그때부터 지금껏 절 건강히 성장하게 한, 맥킨지가 선사한 큰 보물이었어요. 덕분에 끝까지 잘리는 일도 없었고요. (웃음)

| Re:cap |

인정받고 싶은 마음은 누구에게나 있다. 그 욕망은 사람을 더 열심히 일하게 만들고, 성장의 동력이 되기도 한다. 그러나 그 힘은 영원하지 않다. 지위나 직급이 올라갈수록 더 많은 이들의 인정을 의식하게 되고, 그 신경 씀이 일정 지점을 넘어서면 인정을 향한 집착은 오히려 자신을 소진하는 족쇄가 된다. "괜찮아, 잘려도 돼." 그가 자신에게 건넨 이 말은 인정으로부터 완전히 벗어나겠다는 선언이었고, 그 순간부터 에너지는 일 그 자체로 모일 수 있었다. 이는 결코 가벼운 변화가 아니다. 생각보다 우리는 많은 힘을 '보여주기'에 낭비하며 일한다. 그 힘을 거두어 오롯이 과업의 본질에만 골몰하고, 결과를 한 끗, 두 끗 더 밀어붙일 수 있을 때 비로소 일은 완성에 가까워진다. 아마추어와 프로를 가르는 건 재능이 아니라, 바로 그 전환을 끝내 해내느냐의 문제다.

맥킨지에서의 8년을 뒤로하고, LG전자 마케팅 부문 상무로 합류하셨습니다. 당시 LG전자 최연소 여성 임원이자 최초의 외부 영입 여성 임원으로도 화제가 되셨죠.

LG텔레콤 프로젝트 때 인연을 맺었던 대표님이 당시 LG전자 부회장으로 가셨어요. 그러면서 제게도 제안이 와 합류했습니다. 이때부턴 마케팅의 A-Z를 진두지휘해 보고 싶었거든요. 특히 LG전자는 일반 소비자 중심의 가전이 강점이라, 마케팅이 기여할 게 그만큼 많아요. 더구나 그때 LG전자는 부회장님 주도로 인사이트 마케팅팀이란 게 만들어져 있었어요. 고객의 숨은 니즈를 찾아 마케팅과 제품 개발에 접목해 보자는 시도였는데, 이 팀을 이끌어 성과를 내는 게 제 미션이었죠. 몹시 끌렸습니다.

그 팀에서 기여한 LG전자의 메가 히트작들이 많았죠. 그중 특히 야채 칸 냉장고·쿠키폰"은 '철저한 마케팅의 승리'였다는 평을 받아요. 그 비결이 무엇이었다고 보세요?

기존 냉장고에서 야채 칸은 늘 아래에 있었잖아요? 하지만 나라마다 식생활과 요리 습관이 얼마나 달라요. 그래서 저희는 현지 주부들의 냉장고 사용 패턴부터 파악하려 했습니다. 실

■ 2008년 출시된 '야채 칸 냉장고'는 인도 소비자의 사용 습관을 반영해 야채 칸을 손이 닿기 쉬운 중간 높이로 옮기는 등 내부 구조를 개선해, 인도 시장에서 공전의 히트를 기록했다. 같은 해 쿠키폰은 국내뿐 아니라 해외 신흥 시장에서도 인기를 끈 모델로, 출시 반 년 만에 전 세계 판매량 200만 대를 달성했다.

제로 인도 현지 수십 가정에 관찰용 카메라를 설치해, 주부들이 냉장고를 어떻게 쓰는지 몇 달 동안 관찰했어요. 그 과정에서 결론이 하나 나왔죠. '인도에서는 고기보다 채소의 신선도가 승부수다.' 그래서 야채 칸을 아래에만 두지 않고, 손이 가장 많이 가는 중간 높이에 하나 더 만들었습니다. 향신료 보관 칸도 따로 구분해 설계했고요. 이 변화가 현지 고객의 니즈와 정확히 맞아떨어지면서 제품은 불티나게 팔렸습니다. 오늘날 인도에서 LG전자가 최고의 기업으로 자리매김한 데에는, 이런 지역 맞춤형 마케팅의 성공이 크게 뒷받침됐다고 자부합니다.

쿠키폰의 성공도 마케팅의 역할이 지대했다고 자부해요. 다른 전자 제품처럼 휴대폰도 현지 맞춤화가 절대적이에요. 생산비는 크게 올리지 않으면서 누가 더 커스터마이징을 잘하느냐의 싸움이죠. 그래서 무작정 중국으로 건너가 끈질기게 현지인을 관찰했고, 한 가지 유난한 특징이 눈에 들어오더라고요. 바로, 휴대폰을 남에게 자랑하듯 보여주는 사람들이 많았다는 거예요. 당시 중국은 휴대폰 신흥 시장이었거든요. 자연스레 휴대폰이 과시의 수단으로도 쓰였던 겁니다. 이 점에 착안해 마케팅 포인트를 잡았어요. 개발 부서와 논의해 최대한 첨단스러운 디자인을 구현하기로 했고, 그 결과 나온 게 '풀 터치 스크린'이었습니다. 액정 전체를 터치로 조작할 수 있는 휴대폰이라니, 얼마나 자랑하기 좋았겠어요. 대신 불필요한 기능은 최소화해 가격은 낮췄죠. 불티나게 팔렸습니다.

일련의 성공을 거치며 마케팅 직무자로서 큰 자부심이 생겼어요. 기업들은 흔히 제품이나 영업을 마케팅보다 앞세우죠. 하지만 비즈니스는 어디까지나 사람의 마음을 훔치는 일이에요. 쉽사리 드러나지 않는 고객의 진짜 마음을 헤아리고, 그 실마리를 찾아내는 일은 마케팅의 몫이자 어쩌면 기업의 가장 중요한 과제일 겁니다. 이를 제대로 절감한 시간이었어요.

듣고 보니 '마케팅의 승리'라는 말이 더욱 와닿네요. 곧이어 다음 행선지는 두산이었어요. 전무급 마케팅 브랜드 전략가로 발탁되시면서 생애 두 번째 대기업 임원 타이틀을 얻으셨죠.

두산도 맥킨지 시절 고객사라 원래부터 잘 아는 회사였어요. 먼저 합류 제안이 왔는데 굉장히 색달라 더욱 관심이 갔죠. 이전까진 상품 하나하나의 마케팅에 주력해 왔는데, 두산에선 그룹사 전체 브랜드를 구축하고 그걸 대중에 세일즈하는, 어찌 보면 스케일이 가장 큰 마케팅 미션을 준 거예요. 가슴이 뛰더라고요. 고민 없이 바로 수락했습니다.

당시 두산의 대표 브랜딩 캠페인 '사람이 미래다'에 참여하셨습니다. 그룹사 철학을 전면에 내세운 파격적 시도로 큰 반향을 일으켰고, 이후 두산이 '대학생이 가고 싶은 기업' 상위권에

자리 잡는 데 결정적인 역할을 했죠.

대중은 물론 업계에서도 센세이셔널하단 평가를 많이 받았죠. 당시만 해도 제품 홍보는 일절 없이 기업 철학만 내세운 캠페인은 드물었으니까요. 사실 내용 자체는 별다른 크리에이티브에서 비롯된 게 아니었어요. 핵심 카피는 박용만 전 회장님이 항상 하던 말씀이었고, 그 철학을 저희 마케팅 조직과 광고 대행사가 좋은 그릇에 담아 보여줬을 뿐이에요. 두산은 철강이나 중장비를 파는 B2B 회사라서 기업 정신이나 가치를 대중적으로 소구하기엔 애로가 많았는데, 이 캠페인이 대박을 터트리면서 두산의 철학이 일순간에 온 국민에게 퍼지고 각인됐잖아요? 마케터로서 쾌감이 대단했습니다.

다만 두산과의 동행은 그리 오래가지 않았어요. 입사 2년이 채 안 돼 회사를 떠나셨습니다.

두산이란 기업은 객관적으로 참 좋은 직장이었어요. 철학·비전·문화·리더십 등 모든 게 모범적이었죠. 하지만 회사를 평가할 때 제겐 더욱 중요한 기준이 있어요. 바로, '나 자신이 이 회사에 얼마나 기여할 수 있느냐'예요. 두산에선 제가 기여할 파이가 상대적으로 작다고 느꼈어요. 브랜딩 캠페인 이외엔 제가 크게 나서 활약할 공간이 없더군요. B2B 기업이다 보니 아무래도 대중을 상대하는 마케팅이란 영역에선 제약이 컸던 거죠. 연봉은 많이 받는데 과연 양껏 제 몫을 다하고 있는지는 의문이 들어 괴로웠어요. 주 80시간을 일해도 재미만 있으면 끄떡없던 제가, 처음으로 일을 하면서 힘이 쭉쭉 빠지더라고요. 결국 회사의 기대를 충족시켜 드리지 못한 채 다른 곳으로 옮기게 됐습니다.

그곳이 바로 현대자동차였군요? 여기선 마케팅 전략 총괄 상무를 맡아 현대차 최초 여성 임원이자 '대기업 임원 3관왕'이라는 수식어를 완성하게 되셨어요. 먼저 그 합류 배경이 궁금합니다.

자동차야말로 '마케팅의 꽃'인 상품이에요. 차는 단순한 물건이 아니라, 자아의 확장이라 할 수 있거든요. 과자 한 봉지는 500원 차이에도 고민하지만 차는 달라요. 내 영혼을 울리는 차라면 가진 돈을 다 털어서라도, 돈을 더 모아서라도 사고 싶어 하죠. 그만큼 따지는 것도 오죽 깐깐할까요? 브랜드나 디자인은 물론 핸들, 기어, 하다못해 엔진 소리까지 따져요. 마침내 맘에 드는 차를 발견할 때 "이 차는 내 드림카야. 엔진 소리가 날 미치게 하거든!" 하고 감탄하며 지갑을 엽니다. 마케터의 역할이 결정적인 이유도 그래서예요. 단순히 차를 잘 만드는 데서 그치지 않고 고객이 바라는, 나아가 고객의 영혼까지 울릴 제품의 상을 그려 전해야 하기 때문입니다. 언젠가 한 번쯤 자동차 마케팅에 도전해 보고 싶다는 꿈이 있었는데, 운 좋게 적절한 포지션이 생겨 일할 수 있게 됐습니다. 첫 직장 이후론 제가 유일하게 먼저 지원해 들어간 회사였어요.

그만큼 각오도 남다르셨을 듯한데, 합류 후 주력한 미션은 무엇이었나요?

가장 먼저 집중한 게 브랜드 이미지의 전환이었어요. 거칠고 딱딱한 현대차 이미지에 따뜻한 감성을 불어넣고자 했죠. 그 때문에 마케팅 포인트도 기존처럼 외관이나 성능보단, 그 차가 자아내는 감성에 뒀습니다. 그저 감에 의한 판단이 아니었어요. '차 구매의 50% 이상은 여성이 결정한다'라는 데이터에 주목했기 때문이죠. 이전까지 자동차 마케팅은 운전자만 중시하는 경향이 강했어요. 그런데 따지고 보면 차를 이용하는 고객이 어디 운전자뿐인가요? 그 차를 타고 내리는 모든 사람, 특히 운전자의 배우자도 아주 중요한 고객이죠. 바로 이들의 워너비 페르소나에 걸맞은 제품 이미지를 구축하는 게 마케팅의 관건이라 봤습니다. 사실 현대차처럼 다소 마초적인 조직에서 이런 변화를 시도하는 게 쉽지만은 않았는데, 확실한 데이터가 있었기에 설득해 낼 수 있었어요.

그래선지 그즈음부터 현대차 광고가 한층 부드러워졌다는 평가가 많아졌어요. 2013년 쏘나타 광고가 대표적이었죠. 비 오

선루프에 떨어지는 빗소리, 고요한 새벽 드라이브 길 등
차와 함께하는 경험을 강조한 광고였죠. 구체적 성능·스펙은 잘
모르는 동승자까지도 그 차체의 감성을 물씬 느끼도록 기획한
건데, 국내 사업부에서 전사적 전략 방향성에 발맞춰 정말 좋은
광고를 만든 결과였습니다.

제네시스의 독립 브랜드 론칭 과정에도 핵심적으로 참여하셨
다고요. 현대차 사상 처음으로 별도 브랜드를 내놓는 일이라,
내부에서도 고민이 많았다고 들었습니다.

글로벌 자동차 제조사 중 거의 유일하게 현대차만 단일
브랜드를 고집해 왔죠. 그러다 보니 판매 차량의 가격 폭이 지나
치게 넓어, 뾰족한 브랜드 마케팅에 어려움이 많았어요. 그래서
고급차 브랜드 이야기는 꽤 오래전부터 나왔는데 어려운 결정이
라 쉽게 결론이 나지 않았습니다. 새 브랜드를 만들자, 아예 다른
브랜드를 사버리자 등 여러 옵션이 폭넓게 거론됐죠. 그런데 그
무렵 저희 마케팅 전략실에서 주목한 브랜드가 있었는데, 그게
바로 제네시스였어요. 고급차 브랜드 출시의 가장 큰 목적은 해

외 시장에서 가치를 인정받는 것이었습니다. 제네시스는 국내 반응도 아주 좋았을뿐더러 해외에서도 이미 각광받는 상품이었어요. 뛰어난 성능과 우수한 디자인이 독립 브랜드로서의 성공 가능성을 높여줬고, 실제 소비자 기대감도 매우 높다는 조사 결과들이 나왔어요. 여기에 하나둘 공감대가 모여 별도 브랜드 론칭이 추진된 거예요. 이젠 현대차를 떠났지만 제네시스는 볼 때마다 자식 보듯 뿌듯합니다.

| Re:cap |

흔히 더 높은 자리에 오르면 일에서의 자부심도 함께 따라올 거라 믿는다. 맞다, 승진은 분명 짜릿한 성취감을 안겨준다. 그러나 그 감정은 오래 머물지 않는다. 화려한 성과를 거둔 LG전자에서의 시간과, 상대적으로 아쉬움이 컸던 두산에서의 경험이 이를 선명하게 대비시킨다. 결국 일에서 오는 자부심은 직급이라는 '간판'이 아니라, 자신의 역량을 온전히 쏟아부을 수 있는 '쓸모'에서 비롯된다. 그리고 쓸모에 집중한 선택은 그를 다시 현대차로 이끌었다. '마케팅의 꽃'이라 불리는 자동차 시장에서 그는 조직과 시장이 요구하는 가장 어려운 과제들을 정면으로 마주하며, 마케터로서 자신의 쓰임을 최대치로 밀어붙였다. 그렇게 그는 커리어에서 또 하나의 정점을 만들어냈고, '대기업 임원 3관왕'이란 독보적 커리어를 완성했다.

월급쟁이는 그쯤 했으면 됐다고 봤어요. 그 시간이 너무나 만족스러웠고 감사했죠. 하고 싶은 건 다 해봐서 원도 없었고요. 사실 현대차를 떠날 무렵 오퍼도 여럿 받았지만 다 거절했습니다. 그다지 새롭고 흥미로울 일도 없을 듯했고, 제가 아니어도 다른 누군가가 충분히 더 잘 해낼 것 같았죠. 하지만 일을 멈추고 싶진 않았어요. 저는 40대보다 50대에 더 빛나고, 50대보다 60대에 더 많은 이가 찾으며, 60대보다 70대에 더 행복한 인간이길 바라거든요. 그러려면 이제부턴 최명화가 아니면 안 되는 일을 해야겠다고 판단했습니다. 그게 바로 창업이었어요. 제겐 나름 '최연소', '최초' 이력이 많이 붙었잖아요? 겉보기엔 화려하지만 무언가의 1호로 산다는 건 여간 힘든 일이 아니었어요. 젊은 후배들은 그 길을 더 영리하게 통과할 수 있게 도와주고 싶었고, 제가 그 적임자라 자신했습니다.

물론 그 과정이 하나하나 쉽진 않았어요. 특히 직장 다닐 땐 동기 부여가 쉬웠는데, 창업은 오직 자신이 그 동기를 직접 끌어내야 한다는 게 참 힘들었고 여전히 힘들어요. 업황이 안 좋을 땐 더욱요. 하지만, 여태껏 잘 버텨왔네요. '사람이 미래'더라고요. (웃음) 주변을 둘러보니 저 혼자만의 싸움은 아니었어요. 뜻을 모아 창업에 동참해 준 후배들부터 함께하는 직원들까지 늘 곁에 좋은 사람들이 제 곁을 든든하게 지켜주고 있었죠. 가끔 동력을 잃어도 이들이 채워주는 에너지로 숱한 고비를 넘어 여기까지 올 수 있었습니다. 덕분에 지금껏 400명이 넘는 후배 여성 마케터를 배출했고, 그중엔 저희 대표 교육인 CMO(최고 마케팅 책임자) 과정을 통해 삼성전자·LG전자 등 국내 주요 기업의 마케팅 임원으로 성장한 사례도 있어요.

'대기업 임원 3관왕'에 더해 여러 '최초', '최연소' 기록까지 남기셨습니다. 흔치 않은 성취를 이룬 선배로서, 후배 직장인들에게 어떤 이야기를 해주고 싶으신가요?

잘 해내고 인정받고 싶어 지독하게 일에 매달리는 후배들을 많이 만났어요. 꼭 과거의 저처럼요. 물론 그게 큰 성장 동력이 되는 건 맞아요. 하지만 시선이 그런 바깥으로만 향하고 있다면 결코 롱런할 수 없고, 끝내 아마추어에 머물 겁니다. 그 욕심의 방향을 진정 자신이 이루고 싶은 일로 돌려보세요. 진짜 건강한 성장은 거기서 시작될 거예요.

결국 아마추어와 프로를 가르는 건 '일의 시선을 어디에 두느냐'의 문제일까요? 본인이 생각하시는 프로란 구체적으로 어떤 사람인지 들려주세요.

모두가 함께 일하고 싶은, 나아가 누구나 같이 일하자고 조르고 매달리는 사람이 프로입니다. 사실 같이 일하고 싶은 사람은 많아요. 성격이 착하다거나 입담이 유쾌한 사람도 그에 해당하죠. 그러나 같이 일하자고 조르고 매달릴 만한 사람은 그보다 훨씬 더 좁고 엄격한 조건을 만족시켜야 해요. 바로, 맡은 일은 무슨 수를 쓰든 완벽히 해내야 한다는 점이에요, 마치 독종처럼요. 그러려면 무엇보다 끈덕지게 눈앞의 과제와 그걸 이룰 실력에만 에너지를 쏟을 수 있어야 합니다. 반대로 남의 인정을 갈구해 애쓰는 노력이라면 오래가지 못할 거예요. 그런 독종은 결국 아마추어에 불과하니까요. 거기 머물렀다면 지금의 저도 없었을 거고요. 남이 뭐라 하든 환경이 어떻든 자기 일과 실력에만 집중하는 것, 그게 '프로 독종'이자 오늘날까지 절 일터에서 살아남게 한 힘입니다.

| Re:cap |

화려한 성공을 거둔 이들을 우리는 흔히 '독종'일 거라 짐작한다. 물론 맞는 말이다. 그러나 많은 이들이 그 악바리 근성에 주목하느라, 그를 끝까지 지탱해 온 다른 힘들은 놓치곤 한다. 끝없는 경쟁과 인정 투쟁 속에서도 왜 이들이 좀처럼 지치지 않고 분투할 수 있었는지는 종종 간과하는 것이다. 직장인으로선 최고라 할 만한 타이틀을 거머쥔 그의 커리어는, 우리가 놓쳤던 이 독종들의 진짜 저력이 무엇인지

또렷하게 보여준다. 맥킨지에서 LG전자, 두산, 현대차를 거쳐 지금의 창업에 이르기까지, 그는 간판에 안주하지 않고 매 순간 자신이 직면한 과제와 그것을 해낼 역량에만 집중하려 애썼다. 그렇게 일의 본질에만 시선을 두고, 악바리로서의 모든 에너지를 한 끗, 두 끗 더 나은 성과에만 쏟아부은 것. 바로 그것이 그를 굴지의 대기업이 인정하고 후배들이 본받는 '프로 독종'으로 만들었다. 진정 일에 지치지 않는 프로를 꿈꾼다면, 그의 화려한 이력 너머의 과업과 실력이라는, 결국 '일의 본질'에 끝내 집중해 온 그 저력과 태도를 눈여겨봐야 할 것이다.

본질을 각인시킨 상품만이,
본질이 각인된 프로만이
쓰러지지 않아요

광고맨 출신 제약사 경영인

최호진

前 동아제약 부회장.
코래드 · 제일기획 등 광고 대행사에서 기획 경험을 쌓은 뒤 동아제약에 합류,
박카스 · 가그린 광고 캠페인 등을 총괄하고 대표 이사를 지냈다.

©리엠버

대한민국 대표 상품들의 광고 기획을 도맡아 온 광고인이 있습니다. '햇반·다시다' 등 그의 손길을 거친 제품들 상당수가 '국민 브랜드' 반열에 올랐죠.

이후 경영인으로 변신, '박카스·가그린 광고 캠페인'을 주도하고 '오쏘몰'의 성공을 이끌며 '박카스 원툴'에 머물던 동아제약의 재도약을 이끌어냅니다. 30년 베테랑 광고 기획자이자 굴지의 경영인, 최호진 님의 이야기입니다.

**"좋은 광고를 가름하는 건 무엇일까요.
홍행? 매출? 전부 아닙니다. '본질을 꿰뚫었느냐'죠.
본질을 각인시킨 상품만이 쓰러지지 않거든요."**

금융사에서 광고사, 다시 제약사로 수차례 업을 바꾼 최호진 님, 혹자는 그를 '잡초'에 비유합니다. 까다로운 광고주 앞에서든, 성장이 멈춘 제품 안에서든 늘 해답을 찾으며 살아남았기 때문이죠.

잔뼈 굵은 광고맨에서 제약사 CEO에 이르기까지, 업은 달라져도 그의 중심엔 언제나 기획의 힘이 있었습니다. 숱한 고비마다 사안의 본질을 붙잡아 일이 '되게끔' 해온, 그는 자타공인 천생 기획자입니다.

2024년 3월, 서울 수서역 인근의 한 사무실. 햇반·박카스·가그린 등 '국민 브랜드' 광고를 만든 주인공을 만난다는 생각에 마음이 들떴다. 문을 열자마자 그가 웃으며 말했다. "멀리서 오셨죠? 저 보러 오셨으면 박카스 한 병은 드셔야죠." 광고 카피처럼 튀어나온 첫마디. 그 순간, 구름사다리를 건너기 직전의 설렘처럼 이어질 이야기가 더욱 궁금해졌다.

처음부터 광고인이셨던 건 아니네요. 첫 직장은 금융사였다고요.

우연히 본 광고 때문이었어요. '평범한 샐러리맨이 되시겠습니까? 각광받는 증권맨이 되시겠습니까?' 한 증권사의 신문 광고였는데, '각광'이란 단어가 단번에 꽂히더군요. 한 번뿐인 인생 아무 일이나 하고 싶진 않았나 봐요. 90년대 초 한창 핫했던 직장인 투자신탁회사에 들어갑니다. 돈도 많이 벌고 남들도 부러워했지만, 2년간 첫 직장 생활을 하며 각자에겐 적성이란 게 있음을 깨달아요. 애초에 돈 굴리는 일을 좋아하지도 않았고, 호황도 이제 끝물일 것 같더군요. 한때의 열기에 취한 불나방이 아니었나 자각한 순간, 퇴사를 결심했습니다. 기왕 불나방이 될 바엔 제 마음속의 불로 날아들어야겠다고 맘먹은 거죠.

그 불꽃이 광고였군요?

처음엔 방송이었어요. 어느 날 MBC 아나운서 공채 공지가 자막으로 흘러가는데 '이거다!' 싶더군요. 나름 선전해 최종 면접까진 올라갔어요. 결국 낙방이었지만요. (웃음) 그즈음 눈에 들어온 또 하나의 불꽃이 바로 광고였습니다. 전화번호부를 펼쳐 업종을 쭉 훑어봤는데 가장 끌리더라고요. 내친김에 닥치는 대로 광고사들에 전화를 걸어 사람을 구하는지 물었고, 공채 중이던 해태그룹 계열사 코래드에 지원해 운 좋게 뽑혔습니다. 경력 인정은 못 받고 연봉도 크게 깎아 신입으로 입사했어요.

얼렁뚱땅 광고업계에 발을 디디셨네요. (웃음) 하지만 경력과 연봉도 내려놓을 만큼 확신은 있으셨나 봐요.

어릴 때 구름사다리 건너보셨잖아요? 마찬가지예요. 무

섭더라도 잡은 손을 놔야지만 앞으로 갈 수 있죠. 물론 처음엔 무지 힘들었어요. 광고의 기역 자도 몰랐고, 섬네일·스토리보드 등 용어부터 생소한 것투성이었으니까요. 오죽하면 도망가려고 KBS 아나운서 지원서도 받아 왔다니까요. (웃음) 하지만 결국 지원은 못 했습니다. 바빠도 너무 바빴거든요. 광고업계는 철저히 프로의 세계라 어떻게든 홀로 살길을 찾아야 해요. 막막해하던 제겐 뜻밖에도 금융이 무기가 됐어요. 광고인들이 의외로 순수해 재테크는 전혀 모르더군요. 그래서 저는 동료들한테 재테크 조언을 해주고, 이들은 각자의 업무 노하우를 가르쳐주는 거래를 했죠. 다행히 그 딜이 잘 통해 하나씩 배우고 적응할 수 있었습니다. 아나운서 시험도 더는 치지 않았죠.

| **Re:cap** |

'각광'이라는 단어 하나에 끌려 금융사로 갔다가, 아나운서 시험을 치르고, 결국 아무 연고도 준비도 없이 광고업계에 발을 들였다. 반전 같은 꽃길은 없었고, 충동과 호기심엔 대가도 따랐다. 그래서 대다수는 이런 도전을 '안 될 일'이라 단정한다. 정작 관건은 무엇을 아느냐가 아닌, 어떻게 버티느냐에 있는데 말이다. 어쩌면 우리에게 부족한 건 배경도 경험도 지식도 아니라, 그저 구름사다리를 건널 용기인지도 모른다.

입사 직후 대우전자 광고 전담팀에 합류해 광고 기획자로 첫 발을 떼셨다고요. 구체적으로 '광고 기획'이란 어떤 직무인가요?

광고를 볼 때 흔히 제작물의 크리에이티브에만 주목하죠. 하지만 제작 못지않게 기획 역시 중요합니다. 기획은 목적과 대상에 맞게 광고 전략을 세우고 캠페인을 완성해 내는 일이에요. 특히 광고주의 니즈와 제작진의 창의성 사이를 조율해 최적의 결과물을 끌어내는 능력이 필수입니다. 기획의 각이 뾰족하게 잡혀야 제작 효과도 극대화하는 거예요. 업계에선 광고 기획자를 AE(Account Executive)라고 해요. 당시 우리 팀에선 '탱크주의' 캠페인■을 준비 중이었는데, 운 좋게 제가 생초짜 AE로 여기 합류했죠. 코래드에서의 7년 동안 이 팀에 몸담으며, 광고 기획의 A-Z를 배웠어요.

말씀하신 '탱크주의' 광고는 센세이션했죠. 기획 과정이 궁금합니다.

당시 가전업계는 금성사(현 LG전자)와 삼성전자의 2강 체제였어요. 대우전자로선 차별화 전략이 필요했습니다. 당시 빅2

■ 1993년부터 7년간 이어진 대우전자의 브랜드 광고 캠페인. 별다른 제품 홍보 없이, '탱크' 같은 내구성 중심의 기업 철학을 내세운 파격적인 광고였다. 방영 첫해 1,000여 편의 경쟁작을 제치고 '한국방송광고대상'(현 '대한민국광고대상') 대상을 수상했다.

는 CG를 활용해 첨단 기술을 부각하는 광고를 집중적으로 선보였어요. 물론 물량 공세를 퍼부었으니 효과는 있었겠지만, 제 눈엔 지나치게 공급자 마인드에 갇힌 광고들로 보였어요. 사실 가전 광고의 주 대상은 주부잖아요. 결국 이들에게 직접 어필해야 하고, 그러려면 제품의 '본질'이 무엇인지 파악하고 계속 붙잡아야 해요. 저희는 가전의 본질을 세 가지로 꼽았습니다. 튼튼하고, 오래 사용할 수 있으며, 편리해야 한다. 여기에 '기본에 충실한 제품을 만들자'라는 대우전자의 철학을 접목했죠. 그렇게 탄생한 게 '탱크주의' 캠페인이에요.

본질을 중점에 둔 전략이 제대로 통했군요. 무려 7년을 지속한 광고가 됐고, 광고업계에서 가장 권위 있는 상까지 휩쓸었으니까요.

기획부터 제작까지 한 방향으로 흐트러짐 없이 나아간 게 성공의 주요인이었어요. 광고를 비롯해 모든 일은 본질을 놓치면 수단이 목적화되기 마련이고, 결국 방향을 잃기 마련이거든요. 어쩌면 단순한 배움일지 모르지만, 지식으로 아는 것과 어떤 상황에서도 발휘되도록 온몸에 각인하는 건 완전히 다르잖아요? 이 배움을 기획자로서 기본기로 체득할 수 있었다는 게 제일 보람이었습니다. 그런 기본기를 붙잡고 우직하게 한마음으로 일하는, 최고의 선후배들과 큰 성과까지 맛볼 수 있었다는 것도 정말 행운이었고요. 덕분에 '드디어 각광받는 일을 하는구나' 하는 실감이 들었고, 막연한 믿음도 확신으로 바뀌었어요. 광고에 날 던져 넣은 선택이 결코 틀리지 않았다는 확신이요.

그 뒤 이직한 제일기획에서부턴 굵직한 '국민 브랜드'를 잇달아 탄생시키셨습니다. 특히 돋보이는 게 CJ제일제당의 햇반 캠페인이에요. 상품밥 시장이 아직 낯선 때였는데, 광고의 힘으로 연 매출 수천억 원대 브랜드로 올라섰죠.

CJ제일제당은 '마케팅 사관 학교'라 불릴 만큼, 어렵고 까다로운 광고주로 업계에 정평이 난 회사였습니다. 다들 2~3년 하다가 손들고 나왔는데, 저는 어쩌다 보니 담당 AE로 8년을 버텼네요. 제가 내내 의지한 건 하나였습니다. 제품의 본질만을 끝까지 파고드는 일. 햇반도 그중 하나였어요. 당시만 해도 햇반은 '집밥과 다른 편리함'을 강조했습니다. 그런데 이게 오히려 발목을 잡았죠. 가뜩이나 주부들은 밥상에 햇반을 내놓을 때 '밥하기 귀찮아서 그랬나?' 하는 시선을 의식하거든요. 그 와중에 편리함을 부각하는 메시지는 이런 길티 마인드를 부추길 뿐이었죠. 그래서 택한 게 집밥과의 정면 승부였어요. 편리함보단 정성과 맛을 강조해, 고객들의 길티 마인드를 없애주자는 전략이었죠. 그때 나온 캐치프레이즈가 '집밥보다 맛있는 밥'이었고요. 메시지가 겨냥한 본질은 분명했습니다. 햇반을 평범한 인스턴트로 볼 것이냐, 집밥의 정성을 대신할 한 끼로 볼 것이냐. 이 본질을 짚은 접근이 제대로 통한 거죠.

그런 20년간의 대행사 경력을 뒤로하고, 갑자기 제약 회사인 동아제약에 합류하셨어요. 어떤 결심이 있으셨나요?

업계 지인을 통해 광고팀장 자리로 스카웃 제안을 받았습니다. 사실 동아제약은 광고에서도 잔뼈가 굵은 회사이기도 하거든요. 제가 2010년에 입사했는데, 그때 이미 80년이 다 된 회사였어요. 광고사가 없던 시절부터 직접 광고를 해왔던 거죠. 그런 면에서 순수 광고인인 저로서도 기여할 게 분명 많을 거라 봤습니다. 무엇보다 40대부턴 더 큰 세계에서 놀아보고 싶다는 마음도 컸고요. 저는 한 우물만 파기보단 다양한 경험을 쌓아 융합하는 걸 선호하거든요. 흔히들 경험이 다양하면 중구난방이 될까 염려하지만, 중심만 잘 잡는다면 남보다 훨씬 넓은 시야로 더 큰 기회를 잡을 거란 믿음이 있었죠. 당장 다음 날까지 답을 달래서 적잖이 당황하긴 했는데, 눈 딱 감고 도전해 보기로 했습니다. 기회란 지나가면 다시 돌아온다는 보장이 없으니까요. 이때도 연봉을 크게 깎였는데, 그것도 대수롭지 않았습니다.

자신한 대로 '광고주'로서도 실력을 입증해 가셨어요. 그중 단연 눈에 띄는 게 '풀려라, 4천8백만! 풀려라, 피로!■■**' 광고예**

요. 그해 메가 히트를 기록하며 지금까지도 박카스를 대표하는 광고로 회자되죠.

세 가지 가이드라인을 세웠어요. 첫째는 '피로'라는 단어를 꼭 사용할 것. 광고인들은 히트를 위해 종종 파격을 택하곤 해요. 하지만 그 때문에 대중이 제품의 본질을 놓치게 해선 안 된다고 봤어요. 박카스라면 '대한민국 대표 피로 회복제'라는 이미지를 절대 잃어선 안 됐죠. 둘째는 장기적 캠페인의 틀을 만들라는 것이었어요. 누적된 반복의 힘은 정말 크거든요. 나중 얘기지만 그 연장선에서 한국경제신문과 함께 '박카스 29초 영화제'를 열어 피로와 연관된 주제로 젊은 감독들의 영상을 공모했어요. 이 영화제에서 입상한 작품들은 정식 광고로 제작돼 후속 히트작이 되기도 했죠. 영화제도 매년 이어지고 있고요. 마지막은 광고에 반전을 넣으라는 것이었어요. 유쾌한 반전이 박카스 광고만의 특색이 되어주길 기대했는데, 그 점을 많은 분들이 좋아해 주시더라고요. 사실 가장 공이 큰 건 이런 까탈스러운 요구들을 자연스럽게 녹여 멋지게 구현한 대행사였죠. 그분들께 지금도 무척 감사합니다.

■■ 2012년 '대한민국에서 ○○○으로 산다는 것'이라는 콘셉트로 제작된 박카스 광고 캠페인. 회사원, 취업 준비생, 군인이 서로를 부러워하는 교차 구성이 웃음과 공감을 동시에 불러일으켰다. 그해 '대한민국광고대상' 은상, 이듬해 '소비자가 뽑은 좋은 광고상' 대상을 수상했다.

가그린의 성공도 빼놓을 수 없죠. 2012년, 전년 대비 무려 60% 성장을 이뤄내며, 출시 30년 만에 처음 연 매출 200억 원을 돌파시키셨어요.

이건 광고의 성공이자 마케팅의 성공이었습니다. 당시만 해도 '양치만 하면 굳이 가글까진 할 필요 없다'라는 인식이 강했어요. 이걸 반드시 깨부숴야만 했죠. 그래서 먼저 질문을 던지는 전략을 채택했어요. '칫솔질했는데도 왜 충치가 생길까?' 그리고 그 답으로 "칫솔질만으로는 충치균을 다 없앨 수 없다. 그래서 가그린이 필요하다"라는 메시지를 전했죠. 일단 광고는 대성공이었습니다. 그런데, 의도치 않은 일이 벌어져요. 매출이 오른 건 좋았는데, 정작 더 큰 반사 이익을 얻은 건 경쟁 상대인 리스테린이었던 거예요.

이때부턴 마케팅 관점의 새 고민이 시작됩니다. '가그린을 시장에서 어떻게 더욱 차별화해 포지셔닝할 것이냐.' 바로 이 고민에서 나온 작품이 바로 '첫 이 가그린' 캠페인■■■이었어요. 가그린은 상대적으로 친근하고 안전한 이미지가 있잖아요. 이 점을 부모들에게 집중 어필해, 어린이 가글 시장은 우리가 차지한다는 전략을 세운 겁니다. 그게 정말 주효했어요.

■■■ 2015년에 나온 어린이 대상 가그린 광고 캠페인. 만 6세 전후 아이들이 출연해 평생 한 번뿐인 첫 이가 빠진 순간을 담았다. 같은 해 '대한민국광고대상' 동상을 수상했다.

햇반을 새로운 이미지로 각인시킨 접근, 박카스를 국민 브랜드로 성장시킨 전략, 가그린을 더 넓은 시장에 안착시킨 판단의 근간은 모두 같았다. 흔히 광고와 마케팅이 '어떻게 눈길을 끌까'에 매몰될 때, 그는 '정말 중요한 건 무엇인가'를 되묻는 차분하면서도 우직한 반성과 관찰로 돌아간 것이다. 본질을 직시하는 기획은 유난스럽지도 화려하지도 않다. 그러나 그 차분함과 우직함이야말로 소비자의 습관을 바꾸고 신뢰를 쌓으며, 마침내 꿈적하지 않던 시장을 움직인다.

이직 때 목표하신 대로 한 우물만 파지 않고 제품 기획과 광고, 마케팅을 아우르는 제너럴리스트가 되신 거군요.

그런 셈입니다. 사실 역할이 더 많았어요. 광고팀장을 하면서 커뮤니케이션 실장 역할도 하고 있었고, 나중엔 마케팅 실장 직함까지 달았으니까요. 일이 많아도 너무 많았지만, 덕분에 비즈니스를 한 단계 위에서 조망할 수 있는 시야가 생겼습니다. 흔히 마케팅을 이루는 네 가지 요소를 4P, 즉 Product(제품) · Promotion(홍보) · Price(가격) · Place(유통)라고 해요. 광고팀장만 할 땐 딱 한 가지 P, 홍보밖에 몰랐습니다. 근데 마케팅까지 총괄하게 되니 나머지 P들이 왜 중요한지 알겠더라고요. 그래서 이때부터 유통과 가격 정책도 열심히 공부하고 현장에서 폭넓게 실무 경험을 쌓으며 제 직무 세계를 확장해 나갔습니다. 그러면서 질적으로 한 단계 다른 성장을 할 수 있었어요.

그 모두를 아울러 성과를 내는 게 '경영' 아닐까 싶어요. 그래서일까요. 2016년, 동아제약의 CEO로 발탁되셨습니다. 전무나 부사장도 거치지 않고, 광고인 출신이 제약사 최고 경영인에 오른 파격적인 인사였어요.

당시 '박카스의 아버지' 고^故 강신호 회장님이 명예 회장으로 물러나시면서, 사장단 인사가 대폭 단행됐어요. 동아제약은 박카스를 전담하니까 그만큼 대표 이사도 부담이 커요. 그룹에선 더 젊은 변화와 혁신을 기대했기에 '굴러온 돌'인 저를 그 자리에 임명해 주셨던 것 같아요.

리더십 측면에서 어려움도 있으셨을 듯해요. 가뜩이나 제약업계는 좀 보수적인 분위기로 알고 있습니다.

입사 때 제가 '푸조'라는 프랑스산 외제차를 탔는데, 지레 겁먹고 인사팀에 "이 차 끌고 다녀도 되냐"라고 물어볼 정도였습니다. (웃음) 그간 다닌 광고사들은 분위기가 자유로운 편이었으니 상대적으로 더 그리 느낀 것 같아요. 하지만 조직의 문화라는 건 맞다 틀리다로 논할 수 없고, 각각 나름의 문화가 있는 법이죠. 그것을 존중해야 하고요. 혁신적인 조직 출신이라고 반드시 성공 모델을 갖고 있는 것도 아니고, 고작 한 사람이 조직 전체를 바꿀 수도 없는 거잖아요? 그래서 경영인의 진짜 책무는 조직 분위기를 입맛대로 요리조리 바꾸는 게 아니라, 그 조직에 필요한 새로운 성장 논리를 찾는 데 있다고 봐요. 당시 저 또한 욕심을 비우고 새 성장의 단초만 세워도 큰 성공이라 여기며 임했습니다. 홈런 욕심내다 안타도 못 치면 실패잖아요. 점진적으로 공감 가능한, 장기적 관점에서의 체질 개선을 모색하고 추구했기에, 직원들도 무리 없이 잘 따라준 듯해요.

신임 대표로서 그 단초는 어디에 세워야 한다고 보셨나요?

당시 동아제약은 이른바 '박카스 원툴'에서 벗어나지 못하고 있었습니다. 2013년 일반의약품 회사로 분사하기 전만 해도 박카스 매출 비중이 15% 수준이었는데, 분사 뒤엔 3분의 2까지 껑충 뛴 상태로 제자리였죠. 반면 박카스를 제외한 부문은 연간 160억 원의 적자를 내고 있었고요. 이 구조를 개선하는 게 가장 큰 과제였습니다.

그 판단이 적중하셨군요. 2017년 60%에 달하던 박카스 매출 비중이 2023년엔 38%로 절반 가까이 줄어든 반면, 전체 매출과 영업 이익은 오히려 늘어났으니까요.

그간 동아제약이 제품 다변화를 시도하지 않은 건 아니었어요. 과거에도 매년 신제품을 수십 개씩 개발해 출시했거든요.

다만 대다수가 실패였을 뿐이죠. 전 그 원인을 '장기적 기획의 부재'라고 봤어요. 아이를 낳기만 하고 알아서 크라는 식이면 안 되잖아요? 많이 팔면 인센티브나 던져주는, 판촉 위주의 사업 공식은 이제 더는 통하지 않는 시대가 됐거든요. 취임 이후로는 이런 관행부터 싹 바꿔나갔습니다. 단순히 제품을 출시하고 끝내는 게 아니라, 제품을 어떻게 키워나갈지 계속 추적·관찰하면서 긴 안목의 성장 전략을 고민하도록 했어요.

바로 이 변화된 기조에서 나온 결실 중 하나가 독일제 수입 비타민 오쏘몰의 성공이었습니다. 프리미엄 이미지를 바탕으로 브랜드 대전략을 세우고 그에 맞춰 일관된 마케팅을 꾸준히 펼쳤죠. 덕분에 오쏘몰은 연 매출 10~20억 원대에서 1,000억 원을 웃돌 정도로 성장하며 대표적인 효자 수입 상품이 됐습니다. 사실 오쏘몰 도입도 제가 대표가 되기 한참 전부터 시작된 일이었어요. 다만 기획 중심의 체제로 바꾼 후 성과가 폭발적으로 커졌죠. 애초에 수입을 결정한 건 굉장히 안목 있는 선택이었는데, 여기에 장기적 관점의 기획이 더해지니 제대로 시너지 효과가 난 겁니다. 이렇게 자리 잡은 성장 방식은 오쏘몰의 성공에만 머무르지 않을 거예요. 앞으로도 든든한 발판이 되어줄 거라 자부해요.

직급이 올라가고 역할이 더해질수록 우리는 더 넓은 시야를 요구받는다. 일이란 하나의 시선만으로 완성될 수 없기 때문이다. 그러나 변하지 말아야 하는 것도 있다. '무엇이 일을 되게끔 하는가'를 따지는 집요한 질문이다. 그가 경영자로서 조직에 심으려 했던 변화는 바로 이두 가지였다. 폭넓은 시야와 한결같은 질문. 그 접점에서 탄생한 성과가 오쏘몰이었고, 이는 그에게 하나의 브랜드 성공을 넘어, 박카스 너머의 성장을 확신하게 한 결정적 순간이었다.

2022년 말 부회장 승진과 동시에 경영 일선에선 물러나셨습니다. 그 소회를 여쭙고 싶어요.

아쉬움이 없었다면 거짓말이에요. 마침 역대 최고 매출과 영업 이익을 냈던 터라 더욱 그랬습니다. 취임 때 9년 후까지의 중장기 목표를 세웠거든요. 그런데 제 재임 기간이 2016년 말부터 2022년이니, 야구로 비유하면 투수가 6회까지 잘 던지고 3회만 남긴 상태에서 물러난 거나 마찬가지죠. 투수라면 완투승을 노리잖아요? 그만큼 처음엔 아쉬웠습니다. 하지만 생각을 바꾸고 나니 그저 감사할 뿐이더라고요. 동아제약이 2013년 지주사 체제로 바뀐 후 제가 첫 외부 출신 부회장이에요. 어쩌면 회사에서 제가 가장 출세한 사람 아닌가 싶더군요. 얼마나 감사한 일입니까. 더구나 7회부턴 또 어떤 일이 일어날지 모르는 거잖아요. 지금으로선 승리 투수 자격을 갖추고 물러날 수 있어서 다행이고 영광이었다고 생각할 뿐입니다. 후임 대표 이사는 창립 100주년인 2032년까지의 중장기 목표를 맡게 됐어요. 공교롭게도 햇수로 또 9년입니다. 어찌 보면 제가 남긴 3회의 마무리 투수이자 새로운 경기의 선발 투수를 맡은 셈이죠. 그분께 "못다 한 나의 마무리를 부디 잘 마쳐주시고, 새롭게 시작할 당신의 경기도 꼭 멋지게 치르시라"고 말씀드렸습니다. 그렇게 홀가분한 마음으로 내려왔어요.

수십 년간 광고를 업으로 삼아오셨어요. 베테랑 광고인으로서 광고를 어떻게 정의하시나요?

요즘 많은 광고인이 제품 자체의 호감도나 설득력을 끌어올리는 것보단, 어떻게든 주목도를 높이는 데만 집중하고 있어요. 소재도 전보다 훨씬 파격적이고 현란한 것들에 주목하고요. 하지만 이럴 때일수록 본질에 집중해야 합니다. 저는 광고의 본질이 '소통'에 있다고 생각해요. 물건과 사람 혹은 사람과 사람에게 호감을 일으켜 서로 통하게 하는 게 광고니까요. 영화 〈E.T.〉에서 외계인과 소년이 손가락을 맞대는 순간처럼, 서로 다른 언어를 쓰는 존재들을 연결해 내는 것, 그런 게 바로 광고인 거죠. 시대가 바뀌고 기술이 발전해도, 무언가를 만들고 파는 사람은 그걸 구매하는 사람과 연결되고자 할 거예요. 이 본질에 집중해 그 접점을 잇는 방법을 끊임없이 고민해 낼 수 있다면, 광고맨의 쓰임은 늘 살아 있을 거예요.

그리고 이건 비단 광고에만 적용되는 이야기가 아닐 겁니다. 마케팅이나 브랜딩, 더 넓게는 경영에도 적용되는 이야기예요. 대표 이사 시절, 박카스 병이 올드하다며 캔으로 바꾸자는 시도가 있었어요. 캔으로 가야 젊은 층을 더 흡수할 수 있다는 이유였죠. 저는 반대했습니다. 단기적으로는 신선하고 젊은 느낌 덕에 캔 버전이 많이 팔릴 수도 있었겠죠. 그러나 장기적으로는 피로 회복에 도움 되는 '약' 같은 이미지를 흐리고, 자칫 평범한 '음료수'로 보이게 할 수도 있는 거예요. 그러면 박카스의 본질은 놓쳐버리는 겁니다. 지금 20대들도 3040이 되면 박카스를 찾게 돼요. 황금알을 낳는 거위의 배를 가르지 말고, 후배들에게 잘 물려주자고 설득했습니다. 긴 안목을 갖고 본질을 지키면서도 변화와 발전을 꾀하는 것, 이게 정말 어려운 일이면서도 결국 모든 일을 진짜 되게끔 만드는 힘이라 생각합니다.

본질을 붙들어야 흔들리지 않을 수 있군요. 그렇다면 프로가 붙들어야 하는 일의 본질은 무엇일까요? 본인이 생각하시는 프로란 어떤 사람인지 말씀해 주세요.

프로란 본인만의 업을 정의하고 만들어가는 사람입니다.

'직업'이란 단어를 보면 '직'과 '업'이 주는 뉘앙스가 달라요. 직은 직장, 직무처럼 자신이 속해 있는 무언가를 떠올리게 하는 반면, 업은 대업이나 과업처럼 그 사람이 마음을 담아 해나가는 일 자체를 연상시키죠. 그래서 누가 어떤 업을 하고 있다 들으면 그 사람에게선 프로가 연상됩니다. 저는 겉보기에 이 업이란 걸 참 많이 바꿨어요. 금융업에서 광고업, 그리고 제약업까지. 하지만 이것들이 제 진짜 업을 의미하진 못해요. 그래서 이 세 가지를 관통하는 업이 무엇일까 고민해 스스로 저만의 업을 정의해 봤어요. 제 진짜 업은 바로 '기획'입니다. 저는 기획하는 업자, 즉 30년간 어디에 있든 일이 되게끔 하려고 노력해 온 사람이었던 거예요. 여러분도 자기 업의 본질을 통찰하고 정의해 보세요. 그때부턴 자기만의 방식으로 문제들을 풀어낼 실마리를 찾게 될 거예요. 그렇게 본질을 붙들고 하루하루 실력을 쌓다 보면, 결국 그 업에서 '각광'받는 프로가 될 겁니다. 모두 건투를 빌어요.

| Re:cap |

대단한 성공을 보며 우리는 번뜩이는 아이디어나 화려한 전략을 기대한다. 그러나 그가 이끈 '국민 브랜드'들의 흥행은 정반대였다. 눈길을 끄는 한 방 대신, 오래도록 마음에 남는 질문들이 낳은 성과였다. 그의 커리어 궤적 역시 이와 닮아 있다. 금융사, 아나운서 시험, 그리고 광고판에 이르기까지. 그 역시 화려한 무대에 이끌린 불나방이었

지만, 막상 그 안에서 요구된 건 요란한 기획과 발상이 아니었다. 담백하게 본질을 따져 묻는 과정의 연속이었고, 그 질문들이 차곡차곡 쌓여 햇반과 박카스, 가그린을 국민 브랜드로 올려놓았다. 마침내 '박카스 원툴'의 한계를 넘어 기업 전체의 성장을 이끌어낸 것도 그 연장선이었다. 물론 그 길은 유난스럽지 않을 뿐, 결코 쉽지 않다. 단계마다 더 넓은 시야와 더 깊은 성찰을 요구한다. 그럼에도 프로로서의 성장을 꿈꾼다면, 우리는 저마다의 구름사다리를 건너야 한다. 잡은 손을 놓을 줄 알고, 모두가 뻔히 택하는 쉬운 길 대신 끝까지 본질을 붙드는 우직한 용기와 함께 말이다.

4장

정민영 / 국내 이통사 AI 데이터 센터 솔루션 부문 부사장

홍순만 / K-알파고 만든 행정학자

기술은 깊게,
시선은 넓게

프로는 끊임없이
바퀴를 굴려내는 사람이에요

국내 이통사 AI 데이터 센터 솔루션 부문 부사장

정민영

現 국내 이동 통신사 AI 데이터 센터 솔루션 부문 부사장, 前 네이버 클로바 부문 책임리더.
19세에 창업에 나서며 IT 업계에 입문했고,
SNS '미투데이'와 뮤직 앱 '비트' 등의 서비스 개발 경험을 쌓았다.
네이버 AI 플랫폼 '클로바' 출시를 이끈 뒤,
현재 국내 주요 이동 통신사에서 AI 인프라 구축을 리드하고 있다.

©리엠버

—

20년 넘게 여러 인기 IT 서비스를 키워낸 개발자가 있습니다. 그가 IT 부문을 총괄한 SNS 미투데이는 출시 3년 만에 가입자 300만 명을 모았고, 음악 앱 비트는 불과 2년이 채 안 돼 600만 명의 회원을 끌어모으며 음원 시장에 파란을 일으켰습니다.

지금은 AI 사업을 선도하는 기술 경영인이기도 합니다. 2017년 네이버 AI 플랫폼 클로바 출시를 이끌어 최연소 임원에 오른 뒤, 2023년 굴지의 국내 이동 통신사에 합류해 현재 AI 컴퓨팅 기반과 인프라 구축을 리드하고 있죠. 첨단 AI 서비스의 근간을 다지는 베테랑 기술 리더, 정민영 님의 이야기입니다.

> **"개발자는 목적지를 향해 끝없이 바퀴를 굴리는 사람이에요.**
> **그런데 기술만 알고 사람을 모르면**
> **그 바퀴는 엉뚱한 곳으로 굴러갑니다.**
> **저는 죽을 때까지 바퀴를 제대로 굴려내는 엔지니어이고 싶어요."**

IT 대가 같은 이력과 달리 그는 1986년생, (인터뷰가 이뤄진 2024년 기준) 만으로 채 마흔이 되지 않습니다. 아홉 살에 프로그래밍을 시작해 알파벳보다 코드를 먼저 익히고, 겨우 열아홉 나이에 창업에 성공하며 IT 업계에 뛰어든 그는 IT 외길의 천생 개발자입니다.

그래서 그는 스스로 "오로지 개발밖에 모른다"라며 겸손하게 표현하지만, 동시에 "기술의 진짜 의미는 사람을 알아야만 이해할 수 있다"라고 거듭 역설합니다. 그가 굴리려는 바퀴의 종착점은 기술의 완성이 아닌, 세상을 앞으로 굴려내는 데 있기 때문입니다.

2024년 4월, 종로 센트로폴리스의 한 오피스. '아홉 살 개발 신동', '열아홉 IT 창업가', '서른넷 대기업 최연소 임원.' 이력만 보면 포스 넘치는 기술 경영인이 떠오르지만, 정작 눈앞의 그는 천진한 소년 같았다. 밝지만 어딘가 어색한 미소, 조금 진지한 몸짓. 코딩에만 빠져 살던 앳된 소년의 모습이 스쳐 보이자, 나도 모르게 긴장이 풀리고 슬며시 웃음이 났다.

고작 아홉 살에 컴퓨터 프로그래밍을 시작하셨다고요.

그때 난생처음 컴퓨터를 접했어요. 우연히 누나를 따라 컴퓨터 학원에 놀러 간 덕분이었죠. 제게도 영어가 잔뜩 적힌 책 한 권을 주시더니, 거기 적힌 문구들을 그대로 입력해 보라 하시더군요. 알파벳도 모르던 꼬맹이한텐 그림 맞추기나 다름없었어요. 오류가 나도 어디서 틀렸는지 몰라 한참을 낑낑대다 겨우 입력을 마치고 엔터키를 눌렀습니다. 바로 그 순간, 모니터에 '정민영', 이름 석 자가 뜨더라고요. 알고 보니 그 문구들은 사용자 이름이 출력되도록 설계된 프로그래밍 코드였던 거예요. 화면 속 제 이름을 멍하니 보는데, 너무 신기하고 뭔가 뭉클하더라고요. 그 순간 프로그래밍에 홀딱 반해버렸습니다.

그런데 제가 시골에서 살았기에 주변에 프로그래밍을 알려줄 사람이 딱히 없었어요. 관련 서적은 제게 수준이 너무 높았고요. 그러던 어느 날, 누나를 통해 PC통신이란 걸 알게 됐어요. 접속해 둘러보니 프로그래밍 동호회도 있더군요. 거기서 정말 많이 배웠습니다. 입문자용 설명도 많았고, 어떤 질문을 던져도 쉽고 친절하게들 가르쳐주셨거든요. 고등학교 입학 전까진 그렇게 프로그래밍에만 빠져 지냈던 것 같아요. 밤새 개발을 하고 학교에선 잠만 자다 오는 그런 학생이었어요.

그만큼 개발 실력에 자신이 있으셨나 봐요. 열아홉, 대학 입학도 전에 IT 창업에 도전하셨더라고요.

실은 집안 형편이 안 좋아 빨리 돈을 벌고 싶었어요. 고등학교도 원래 안 가려 했으니 대학은 언감생심이었죠. 주변 만류로 일단 진학하긴 했는데, 돈부터 벌어야겠단 생각엔 변함이 없었습니다. 등록금도 필요했고요. 다행히 바로 먹고살 수단은 있었는데, 그게 개발이었죠. 프로그래밍 동호회를 하면서 용돈벌이로 개발 알바를 한 적도 있었거든요. 이때 알게 된 분과 동업도 하게 된 거예요. 기업이나 공공 기관의 전산망을 구축해 주는 일종의 SI(시스템 통합) 사업이었는데, 그분이 제 능력을 알아봐 주시고 직장까지 관두면서 함께해 주셨어요. 영업 수완이 뛰어나 대기업, 관청 곳곳에서 일감을 가져오셨죠. 나름 번창해 나중엔 직원 두엇을 두기도 했어요.

개발 신동의 도전쯤으로 짐작했는데, 실은 생계를 위한 선택이었군요. 어린 나이의 창업, 쉽지만은 않았을 듯한데 부딪쳐 보니 어땠나요?

세금 신고부터 직원 월급 주기까지 낯설고 어려운 일투성이였어요. 명함 하나 제대로 만들 줄 몰라, 직함에 엉뚱하게 '수석'이라 새겨 넣기도 했어요. '이사'나 '대표' 같은 직함은 왠지 멋없어 보였거든요. (웃음) 완전 좌충우돌이었습니다. 어리니까 겁없이 했지, 나이 좀 먹었으면 시작도 못 했을 거예요. 다만, 그 때문에 관두고 싶단 생각은 한 번도 해본 적 없었어요. 지치긴 했지만 일하다 한두 번 쓰러져 보는 것도 왠지 훈장일 것 같았죠. 그만큼 개발로 돈 벌고 인정받는 즐거움도 컸고요. '개발은 내 평생 천직이구나' 하고 깨닫는 순간들이었어요.

4장. 기술은 깊게, 시선은 넓게

요즘 말로 번아웃이 왔어요. 개발자들의 관심은 크게 두 가지로 나뉘어요. 하나는 '얼마나 어려운 개발을 해냈는가', 다른 하나는 '얼마나 쓰임새 있는 개발을 해냈는가.' 개발자로서 제 관심은 철저히 후자에 있었어요. 자기 개발품이 어떻게 쓰이고, 그 안에서 어떻게 상호 작용을 일으키는지가 중요한 개발자인 거죠. 근데 SI는 사업 특성상 한번 납품하면 그걸로 끝이거든요. 처음엔 고객들에게 인정받는 것만으로도 충분했는데, 언젠가부턴 너무 공허해졌어요. 그러던 어느 날 미투데이에 '도와줄 사람을 찾는다'라는 글이 올라온 거예요.

미투데이는 제가 매일 들를 만큼 정말 애정하는 SNS였어요. 개발자들이 즐겨 찾고 분위기도 편안해, 원체 내성적인 저도 부담 없이 전혀 다른 세계의 분들과 교류할 수 있어 좋았거든요. 당시 미투데이는 파일럿 단계였는데, 정식 서비스로 발돋움하려고 새로이 직원을 찾고 있었죠. 그런데, 저는 저 글을 곧이곧대로 해석해, '개발을 도와드리겠다. 돈은 안 주셔도 된다'라고 메시지를 남긴 거예요. 정말 순수하게 도움만을 요청하는 의미로 받아

■ 2007년 등장한 국내 최초 단문형 SNS로, '한국판 트위터'로도 불리며 인기를 끌었다. 2008년 말 NHN(현 네이버)에 인수된 뒤 급성장을 거듭해, 3만 명이 채 안 되던 회원 수는 2010년 말 300만 명을 돌파했다. 그러나 페이스북·인스타그램 등 글로벌 SNS에 밀리며 2014년 서비스를 종료했다.

들인 거예요. (웃음) 나중에 진짜 의도를 듣고 깜짝 놀랐습니다. 제 딴엔 뜻밖의(?) 입사 제의를 받게 됐으니까요. 한참을 고민하다 합류를 결심했어요. 동업자한텐 너무나 죄송한 상황이었는데 흔쾌히 응원하며 보내주시더라고요. 고작 스물두 살짜리의 새출발이었으니 어른의 마음으로 이해해 주신 것 같아요.

천생 개발자다운(?) 해석을 하셨군요. (웃음) 미투데이에선 구체적으로 어떤 역할을 맡으셨나요?

IT는 다 했어요. 서버 설치, 운영, 고객 대응에 이르기까지 디자인 빼곤 다요. 조직 규모가 작아 일당백을 해야 했거든요. 유저 사이에서도 '모든 문제는 정민영한테 가서 얘기하라'는 밈이 돌 정도였죠. 그만큼 서비스를 사랑했어요. 애정하는 이 소통 생태계를 발전시키는 모든 과정이 설레고 행복했거든요. 오죽하면 잘 때 늘 베개 아래 폰을 두고 잤어요. 단 하나의 서버 오류 알람도 놓치기 싫었거든요.

| Re:cap |

천직의 미덕은 그저 좋아하는 일을 즐겁게 하는 데 있지 않다. 그가 일하다 지쳐 쓰러지는 경험을 훈장처럼 여기고, 단 하나의 서버 오류도 놓치기 싫어 밤잠을 반납했던 건 단순한 즐거움만으로는 설명할 수 없다. 그 모든 어려움에도 일에 질리지 않고 계속 끌리는 마음, 우

리가 천직을 꿈꾸는 건 바로 그 낭만 때문이다.

그렇게 애정을 쏟으신 미투데이는 NHN에 인수된 후 급성장을 거듭했죠. 그런데, 불과 합병 1년 만에 회사를 그만두셨더군요. 그 이유는요?

아직도 그날을 잊을 수가 없어요. 2009년 8월 11일, GD의 메가 히트곡 〈Heartbreaker〉가 이날 미투데이에 단독 선공개된 거예요. 누적 가입자 3만 명이 안 되던 서비스였는데, 시간당 가입자가 10만 명으로 폭증했습니다. 네이버의 홍보 전략이 제대로 먹힌 거죠. 졸지에 엄청난 과부하가 걸려 애는 좀 먹었지만, 경이로운 순간이었습니다. 그런데, 시간이 갈수록 조직 안에서 제가 딱히 기여할 게 없다는 느낌이 들더라고요. 합병 이후 주로 가입자 증진 프로젝트에 참여했는데, 그건 마케팅 역량이 핵심이었으니까요. 때마침 병역을 이행할 시점이기도 해 회사를 관두고 산업 기능 요원으로 대체 복무를 하러 갔어요.

그 뒤 복학하려 했죠. 더는 휴학이 불가능했거든요. 그런 와중에 미투데이 때 함께한 박수만 대표님께 스카웃 제안을 받아요. 대표님은 조예가 깊은 음악 애호가셨는데 "요즘 다들 차트 음악밖에 안 들어 서글프다"라면서 "믹스 테이프 시절의 감성을 사람들한테 돌려주자"라고 하시더라고요. 그런 취지로 이용자들이 직접 자기만의 세트 리스트를 구성해, 연인·친구에게 노래를 선물하는 일종의 음악 앱을 구상하고 계셨죠. 저는 그 시절 감성을 몰라서 그런지 도저히 공감이 안 되더군요. (웃음) "음 그렇군요. 잘 들었습니다!"라고 말씀드리면서 차갑게 돌아 나왔습니다.

대표님이 구상하신 그 서비스가 바로 음악 앱 비트**아닌가요? 결국 합류하신 걸로 아는데요?

며칠 뒤 여기저기서 황당한 연락이 왔어요. 대뜸 "너 박수만 대표랑 창업했니?"라고 묻더라고요. 알고 보니 글쎄, 대표님이 블로그에 저랑 찍은 사진을 올리고, '세 번째 합류자'라고 적어놓으셨던 거예요! 전화해 따졌더니 "너 진짜 안 할 거야?"라면서 도리어 적반하장이시더군요. 결국 긴 설득이 이어졌고, 끝내 제가 넘어가 CTO(최고 기술 책임자)로 합류했어요. 물론 억지로는 아니었죠. 두 가지 이유가 있었습니다. 하나는 "벅스·멜론의 성공 이래 한국에서 음악을 듣는 방식이 한 번도 바뀐 적이 없다"라는 대표님의 말씀이었어요. 거대한 변화에 도전해 보겠다는 말이 개발자의 가슴을 울리더군요. 다른 하나는 대표님을 향한 신뢰였습니다. 미투데이 때도 이해 안 가는 대표님의 아이디어들이 여럿 있었지만, 만들고 나면 사람들이 좋아해 주더라고요. 또 한 번 대

■■　2014년 출시된 광고 기반 무료 음악 스트리밍 서비스. 출시 20개월 만에 회원 600만 명을 돌파했지만, 경쟁 심화와 수익성 한계로 2016년 서비스를 종료했다.

표님을 믿어보기로 했어요.

그 선택이 신의 한 수가 됐네요. 출시 2년이 채 안 돼 비트는 600만 명이 넘는 회원을 모았어요.

안타깝게도 초기 구상인 '어게인 믹스테이프' 전략은 대실패였어요. 보통 서비스 콘셉트가 좋아야 개발도 빨라져요. 그렇지 않으면 이것저것 고치느라 시간이 오래 걸리죠. 이때도 마찬가지였습니다. 다듬고 다듬느라 출시까지 1년이나 걸렸어요. 그러곤 바로 깔끔하게 망했죠. 모두 망연자실해 있던 와중에 솔직하게 한마디 던졌습니다. "잘은 모르지만 음악은 무조건 쉬워야 하는 것 아니에요?" 사실 대표님의 문제의식 자체는 여전히 유효하다 봤어요. 다만 해결 방식이 너무 번거로웠던 거죠. 그것만 덜어 내면 승산이 있을 거라 봤습니다. 여기에 공감대가 모였고 그래서 탄생한 게 비트였어요. 틀기만 하면 DJ가 골라준 노래들이 나오는 라디오처럼, 좋은 음악이 차트와 무관하게 랜덤으로 간편 재생되는 방식의 서비스였죠. 이번엔 개발에 딱 두 달밖에 안 걸렸습니다. 결과는 물론 대성공이었어요.

대박의 기쁨도 잠시, 비트는 출시 3년 만에 폐업 절차를 밟았어요. 그 원인이 무엇이었나요?

잘나갈 땐 시간 점유율도 2위까지 치고 올라갔어요. 차트에 없는 노래도 충분히 사랑받을 수 있음을 입증했죠. 이용자와 저작권자 모두에게 좋은 서비스였다고 지금도 자부해요. 이용료는 무료였고 저작권료는 높게 책정돼 지급되는 방식이었으니까요. 하지만 좋은 서비스가 곧 좋은 사업은 아니란 걸 뼈저리게 깨달았습니다. 높은 비용을 감당하려면 결국 광고로 승부해야 하는데 음성 광고 시장은 너무 작았어요. 그렇다고 영상 광고로 틀기엔 제약이 컸고요. 좋은 서비스를 만들면 돈은 절로 따라온다고 생각했는데 그게 아니더라고요. 사업성을 담보 못 하는 서비스는 결코 좋은 서비스가 아니었던 거죠. 사실 비트 폐업 이야기를 입밖에 꺼낼 수 있게 된 건, 그리 오래되지 않았어요. 너무 사무치게 아팠거든요. 영혼을 다 바친 회사가 무너지고, 전쟁 같은 시기를 함께한 전우들을 떠나보내는 건 이루 말할 수 없이 고통스러웠어요.

| Re:cap |

비트의 첫 실패는 그와 동료들에게 '음악은 결국 쉬워야 한다' 라는 본질을 돌아보게 했고, 두 번째 실패-폐업의 아픔은 '좋은 서비스가 반드시 좋은 사업이 되지는 않는다' 라는 현실을 일깨웠다. 어쩌면 머리로는 어렵지 않게 되뇔 교과서적 가르침들이지만, 그것을 온전히 내 것으로 삼는다는 건 전혀 다른 문제다. 그리고 바로 여기에 실패의 진짜 가치가 있다. 실패는 분명 아프지만, 같은 아픔을 되풀이하지 않도

록 그 쓰라림만큼 가르침을 뼛속 깊이 새겨준다.

그 이후엔 네이버의 AI 연구 조직 리더로 발탁되면서, 본격적으로 AI 서비스 분야에 발을 내딛으셨죠. 먼저 그 계기가 궁금합니다.

합류 시점이 2016년 말이었는데, 그즈음부터 네이버가 AI 서비스 개발에 주력하기 시작했어요. 조직별로 흩어져 있던 AI 연구 파트를 하나로 모아 합동 조직도 꾸렸죠. 다만 구성원의 대부분이 연구원이었기 때문에, 실제 사용자의 관점에서 '서비스'를 이해하고 만들 수 있는 인력이 별도로 필요한 상황이었어요. 미투데이 시절부터 인연이 있던 저와 비트 개발팀을 그 적임자로 보셨던 것 같아요. 면접을 거쳐 팀 전체가 함께 입사하게 됐습니다.

합류 5개월 만에 네이버 간판 AI 플랫폼 클로바를 출시하셨어요. 현재 음성 인식 비서를 넘어 AI 스피커, 스마트 TV 등 다양한 기기와 연결되는 플랫폼으로 활용되고 있죠. 당시 어떤 구상과 전략을 담은 서비스였나요?

제게 부여된 초기 미션은 AI 스피커의 상용화였어요. 그런데 저는 순서가 틀렸다고 봤습니다. 아무리 신기술이 뛰어나도 새로운 서비스가 하루아침에 만들어지진 않거든요. 사람들이 그 기술을 어떻게 인식하고 활용하는지 면밀히 추적하는 과정이 필요하죠. 그 빅데이터가 축적돼야 비로소 진짜 '쓰이는' 서비스를 만들 수 있어요.

AI 기술도 예외는 아니죠. 섣부른 제품 출시보다는, 빅데이터를 담아낼 플랫폼 구축이 먼저라 봤습니다. 그 방향으로 조직을 설득했고, 결국 그 판단이 받아들여졌어요. 클로바 앱이 먼저 나오고, 그 4개월 뒤 AI 스피커를 출시한 거예요. 클로바는 각종 소프트웨어를 담는 플랫폼이기 때문에, 유저들의 AI 사용 경향을 차곡차곡 파악해 갈 수 있었어요. 덕분에 쓰임새가 증명된 영역은 스마트폰, 자동차 등에 적용해 매우 완성도 높은 제품으로 발전시켜 나갈 수 있었습니다.

클로바 출시 3년 만인 2020년, 서른넷의 나이로 해당 부문 책임리더로 승진하셨습니다. 당시 네이버 최연소 임원이었죠. 그때 소회가 어떠셨나요?

"안 하면 안 돼요?"가 제 첫 반응이었어요. (웃음) 처음엔 왜 시키는지도 모르겠고 안팎의 관심도 좀 부담스러웠거든요. 하지만 회사는 인사를 통해 경영 방침을 간접적으로 피력하잖아요. 회사의 의도를 헤아리고 나니 수긍이 됐습니다. 사실 AI 기술자 중 저보다 역량이 뛰어나고 연차가 높은 분들이 많았어요. 그 때문에 거기서 임원이 나올 줄 알았죠. 그럼에도 엉뚱한 제가 발탁된 건, 결국 네이버가 기술 못지않게 서비스도 중시한다는 방침을 인사로써 표명한 것이나 다름없었어요.

이건 개발자로서 제 가치관과도 통했습니다. 개발을 영어로 엔지니어링이라 하잖아요. 전 이걸 '기계가 돌아가게끔 바퀴를 굴린다'라는 뜻으로 이해해요. 기술을 만드는 것도 개발이지만, 서비스로서 사랑받게끔 끝까지 쓰임을 고민하며 바퀴를 굴리는 것 역시 개발이니까요. 어렵지만 어느 하나 놓쳐선 안 되는 게 개발자의 책무예요. 그래서 승진 이후로도 '바퀴를 굴리는 일'이 제겐 계속 화두였어요. 실제로 클라우드 등 B2B AI 서비스를 상용화했고, 퇴사 직전까진 초거대 AI '하이퍼 클로바'를 기반으로 한 각종 서비스화 작업에 주력했어요.

2023년 4월, 네이버를 떠나 현재 몸담고 계신 국내 이동 통신사의 글로벌 AI 서비스 개발을 이끄는 부사장으로 발탁되셨죠. 그 배경이 궁금합니다.

어느 순간부터 네이버의 사업 무게 추가 서비스에서 다시 기술로 옮겨 가는 것 같더라고요. 그러면서 모든 문제 케이스를 AI로 다 풀려는 경향도 나타났죠. 물론 네이버는 원체 데이터도 풍부하고 기술력도 대단한 만큼, 기술로 승부를 보고자 하는 건 어쩌면 당연해요. 하지만 제 소신과 맞지 않았을 뿐이죠. 제게 기술은 어디까지나 인간을 도와 문제를 푸는 도구일 뿐이지, 그 자체로 신성한 게 절대 아니거든요. 더구나 안타깝게도, 한국과 글로벌 IT 기업들의 AI 기술 격차는 초기보다 훨씬 더 벌어져 있었어요. 이 상황에서 저는 기술보단 그 활용을 고민하는 데 더욱 시간을 쓰고 싶었습니다.

그래서 원래는 당시 제 보스였던 정석근 대표님과 창업에 나설 생각이었어요. 대표님도 비슷한 문제의식이 있으셨거든요. 그런데 그때 마침 현 소속사와 인연이 닿아 저희 생각을 공유하게 됐고, 적극 공감해 주신 덕에 합류하게 된 거예요. 든든한 파트너가 있다면 더 큰 스케일로 AI 서비스 개발에 도전할 수 있으리라 판단한 거죠.

그렇다면 지금 이끌고 계신 글로벌 AI 서비스는 구체적으로 어떤 방향성을 지향하나요?

애플 시리, 구글 어시스턴트 등 전 세계 PAA(Personal AI Assistant, 개인 AI 비서 서비스)를 보면서, 이제껏 모두가 주목한 건 '답변 생성 능력'이었어요. 어디서든 답을 가져와 높은 수준으로 척척 제시하는 데 감탄한 거죠. 반면 저희가 더 중요하게 본 건 '이해 능력'이었습니다. 사용자가 다소 어설프게 물어봐도, 의미나 뉘앙스를 거의 정확히 파악하잖아요. 기계가 인간의 말을 찰떡같이 알아듣는다는 것, 이거야말로 PAA의 기반인 LLM(Large Language Model, 거대 언어 모델)의 진짜 잠재력이라 봤습니다. 기

4장. 기술은 깊게, 시선은 넓게

계는 언제나 사람이 배우는 대상이었는데, 이제는 기계가 사람을 배우는 시대로 전환할 가능성이 열린 셈이죠. 그 변화가 본격화될 때, 이 잠재력을 가장 효과적으로 구현한 PAA를 선보이고자 합니다. 그것이 저희의 궁극적 목표예요.

기존에 출시된 PAA도 있잖아요. 이것과 아예 다른 서비스가 될까요?

고민의 결괏값에 달린 문제예요. 결론에 따라 비슷한 서비스가 나올 수도 있고 완전히 다를 수도 있죠. 다만 확실한 건 기존 그 어떤 PAA보다 기술이 아닌 쓰임새에 초점을 맞춘 서비스가 될 거란 점입니다. 아울러 훨씬 글로벌 지향적인 서비스가 될 거고요. 관련해 제가 CTO를 겸하는 AI 테크 자회사의 본사가 실리콘밸리에 있는데, 이것 역시 철저히 글로벌을 염두에 뒀기 때문이에요. 한국에서 시작해 글로벌로 가는 것보단 그 반대가 훨씬 수월할 거라 본 거죠. 비단 사업적인 목적뿐만 아니라, 제 개인적인 꿈과도 맞닿는 얘기예요. 10명보단 1,000명, 1,000명보단 1만 명, 1만 명보단 100만 명이 좋아하는 서비스를 만드는 게 제 꿈이거든요. 아주 많은 이들의 문제를 해결해 주는 AI 서비스를 만들고 싶습니다. 그로 인해 그들의 삶이 한 발짝이라도 더 좋아지면 좋겠어요.

기술을 깊이 파는 사람은 종종 자신만의 시야에 갇힌다. 특히 AI의 시대엔 더 그렇다. 기술의 진보가 워낙 현란해, 너도나도 그 수준에만 주목하기 쉽다. 하지만 언제나 그랬듯, 세상은 기술만으로 굴러가지 않는다. 그의 통찰대로 사람과 쓰임, 그 둘을 잇는 바퀴가 함께 돌아야 한다. 그리고 그 바퀴를 굴려내는 이는 결국 세상을 움직인다. 굴지의 대기업에서 숱한 베테랑을 제치고 리더로 신임받으며, 글로벌 AI 기업들과의 기술 격차 속에서도 '모두를 위한 AI'라는 담대한 꿈을 꿀 수 있는 건, 기술을 넘어 사람을 고민할 줄 아는 '넓은 시선'의 힘 때문이다.

수많은 이들의 문제를 해결하는 AI 서비스를 만들려면, 개발자로서 독보적인 내공도 뒷받침돼야 할 것 같습니다. 전문성을 기르는 본인만의 노력이 있으실까요?

'덕업일치'가 비결 아니었을까요. 그 어떤 기술도 맥락 없이 하늘에서 뚝 떨어지진 않아요. 평소 꾸준히 들여다보는 게 중요한데, 좋아하는 걸 업으로 삼다 보니 그걸 공부로 느끼지 않아 스트레스를 덜 받죠. 그래서 애초에 개발자들은 덕업일치인 경우가 유독 많아요. 하지만 개발자라고 반드시 개발만 하진 않잖아요. 협업도 필요하고 리더십을 발휘해야 할 때도 있으니까요. 근데 좋아하는 것 위주로 일하다 보니, 좋아하지 않는 것을 할 땐 특히 더 어려워들 하는 것 같아요. 사람을 읽어 내거나 인문학적 통찰을 발견하는 데 비교 열위에 있는 것도 같고요. 제가 그렇거든요. (웃음) 그래도 개발자로서든 경영자로서든 여전히 살아남고 있는 건 포기하지 않았기 때문인 듯해요. 당장 이해되지 않아도 꾸역꾸역 인풋을 넣다 보면, 어느 순간 연결되듯 이해될 때가 오더라고요. 기술이 그렇듯 사람 사이의 일도 일종의 딥러닝이 필요한 것 같아요.

챗GPT 등장 이후 개발 환경도 시시각각 달라지고 있죠. 그만큼 개발자의 역할과 태도 역시 계속 새롭게 정의되고 있는데, 후배 개발자들에게 특별히 전하고 싶은 말씀 있으실까요?

기술 그 자체를 목적으로 삼지 말아 달라고 말씀드리고 싶어요. 저도 천생 개발자라 여전히 현란한 최신 기술이 나오면 열광하고, 주말에도 가끔 고난도 코딩에 도전하며 마냥 행복해해요. 애초에 아홉 살 때 제 이름을 모니터에 나오게 만든 그 기술에 감동할 줄 몰랐다면 지금의 저도 없었을 거예요. 하지만 어떤 기술을 대하든 그 상위 목적을 반드시 염두에 두면 좋겠어요. 그래야 그 목적을 둘러싼 기술 이외의 방법론들도 보이기 시작할 거고, 결국 더 큰 목적을 성취해 내는 개발자가 될 수 있을 테니까요. IT 개발은 굉장히 승수 효과가 큽니다. 그 어떤 분야보다 몇백 배 더 큰 잠재력이 있어요. 개발자 모두가 기술에 앞선 다른 무언가를 함께 고민해 낼 수 있다면, 세상은 지금보다 훨씬 좋아질 겁니다.

기술 너머의 목표까지 바라볼 수 있는 넓은 시선은 프로에게도 중요한 자질일 듯합니다. 끝으로, 본인이 생각하시는 프로란 어떤 존재인지 말씀해 주세요.

프로는 목표를 향해 끊임없이 바퀴를 굴리는 사람이라고 생각해요. 목적지로 가다 보면 종종 길을 가로막는 한계들이 나타나잖아요. 이때 누군가는 거기서 멈추지만, 누군가는 한계를 뚫어내고 계속 바퀴를 굴리죠. 바로 이 멈추지 않는 모두가 각 분야의 프로가 아닐까 해요. 물론 바퀴를 굴리는 작업엔 무수히 많은 연구와 시행착오가 필요할 겁니다. 저 역시 마찬가지일 거고요. 무척 지난하고 어렵겠죠. 하지만 각자 그 과정을 인내하고 나아갈 방향성을 잃지 않는다면, 어느새 저마다의 바퀴로 세상을 이롭게 굴려내는 멋진 날들이 오지 않을까요?

| Re:cap |

코드, 개발, IT, AI. 그의 인생을 관통하는 단어들의 이미지와 달리, 인터뷰 내내 그의 이야기는 결코 딱딱하지도 단조롭지도 않았다. 열아홉에 창업에 나선 IT 신동, 네이버 최연소 임원, 국내 주요 이통사 부사장의 위치에 오른 고졸 출신 개발자. 그의 입지전적 이력만으로

도 충분히 흥미로웠지만, 그보다 더욱 인상 깊었던 건 그 안에 여전히 살아 있는 아홉 살 소년의 낭만이었다. 프로그래밍된 화면 속 이름을 바라본 그 순간의 뭉클함을 간직한 천진함, 실패할 때마다 기술의 이면에서 사람을 파고든 호기심. 그 자신은 "사람을 이해하는 데 젬병"이라 말하지만, 되레 그 겸양 속에서 끊임없이 그 한계를 극복해 기술과 사람을 이으려 애쓰는, 너무나 인간적인 모습이 비쳤다. AI가 모든 걸 집어삼킬 듯한 시대에도 그는 여전히 사람에 주목한다. 세상을 한 발짝이라도 앞으로 굴려내는 건 결국 현란한 기술이 아니라, 그 너머를 바라보는 인간의 시선에 있음을 그는 잘 알고 있기 때문이다. 기술의 홍수 속에서도 목표를 잃지 않고 조용히 바퀴를 굴리는 사람. 첨단을 달리는 이 시대가 찾는 프로도, 바로 그런 너무나 인간적인 존재들일 것이다.

프로는 멈추지 않는
사람들입니다

K-알파고 만든 행정학자

홍순만

現 연세대 행정학과 교수. 행정학 분야의 세계적 연구자.
하버드대 · JPART · 미국경영학회 · 미국행정학회 등에서
최우수 논문상을 수상하고 SSCI급 논문을 40편 이상 저술했다.
행정학자로선 이례적으로 첨단 기술과의 융복합적 연구를 시도해,
그 과정에서 바둑 AI 프로그램을 개발하기도 했다.
현재 연세대 국가관리연구원장으로도 재임 중이다.

©리멤버

전 세계 톱클래스 사회 과학 저널들이 주목하는 한국의 행정학자가 있습니다. 웬만한 연구자가 평생 한 편도 남기기 어려운, 행정학 분야 최고 수준의 SSCI급 논문을 40편 이상 발표하고, JPART · 미국경영학회 AOM · 미국행정학회ASPA 등에서 최우수 논문상을 잇달아 수상한, 국내외에서 정평이 난 석학이죠.

그런데, 이 잘나가는 행정학 교수님의 다음 연구 테마는 뜻밖에도 AI. 순수 '문돌이'로서 손수 코딩까지 배워가며 알파고 같은 바둑 AI를 뚝딱 만들어내더니, 급기야 세계 대회까지 출전해 쟁쟁한 AI들을 꺾어버리는 경지에 이르죠. 연세대 행정학과 교수, 홍순만 님의 이야기입니다.

**"도전을 멈추는 순간, 학자로서의 제 지식도 멈출 겁니다.
비단 학문에만 적용되는 이야기일까요?"**

행정학계 신성이자 이단아인 그의 첫 직업은 회계사였습니다. 범상치 않은 연구만큼 커리어 궤적도 예사롭지 않았죠. 잘 다니던 1등 회계 법인을 박차고 나와 돌연 행정 사무관으로 변신하더니 곧바로 한미 FTA 협상단에 합류합니다. 본격적으로 학문에 발을 디딘 건 서른을 훌쩍 넘긴 뒤였죠.

첫출발부터 지금껏, 종잡긴 어려워도 다채롭게 채워진 그만의 커리어 여정. 그 속엔 식지 않는 호기심과 한계를 모르는 탐구, 그리고 그 모두를 관통하는 바로 이 냉철한 법칙이 있습니다. "AI든 사람이든, 어떤 리스크도 감수하지 않으면 반드시 도태된다."

2025년 2월, 연세대 신촌캠퍼스. 진눈깨비가 흩날리는 교정을 지나 그의 연구실로 향했다. '바둑 AI를 만든 행정학자.' 낯선 이력의 조합이 호기심을 자극했다. 연구실 문을 열자 어수선한 진열장 한편에 제자들이 남긴 손 편지와 작은 선물들이 가지런히 놓여 있었다. 둥근 안경 너머 눈빛을 반짝이며 그가 말했다. "누가 이런 인터뷰를 하고 계시는지 너무 궁금했어요." 순간, 그 표정엔 학자의 관록이 아닌 학생의 호기심이 선명히 비쳤다.

첫 직업이 회계사셨죠. 연구자로서의 지금을 생각하면 의외입니다.

어려서부터 수학을 좋아하고 잘했어요. 적성도 이과에 가까운 편이었고요. 하지만 그땐 어려서 진로에 있어 아버지 권유를 그대로 따랐죠. 공무원 출신이셔서 그런지 제가 고시를 봐 똑같이 공무원이 되길 바라셨거든요. 법대 진학도 고려했는데 암기가 싫어 단념하고, 대신 숫자를 많이 보는 상경계열(연세대 경영학과)에 입학했습니다. 그런데, 학자로서 민망한 얘기지만 대학 공부가 너무 재미없더라고요. (웃음) 듣도 보도 못한 기업들의 경영·매출 전략을 논하고 있는데 어찌나 안 와닿던지요. 군 복무 마치면 딴생각하지 않고 행정 고시나 준비하려 했습니다.

그런데 왜 CPA 쪽으로 마음을 돌리셨나요?

복학 이후로 생각이 바뀌어요. 당시 총장님이 회계학과 출신이셨는데 그 때문인지 학교에서 '회계'를 세게 밀어줬어요. 각종 회계학 강좌는 물론 CPA 시험도 적극 장려했고 준비생도 많았죠. 분위기에 휩쓸려 고민하던 중, 저희 과의 한 원로 교수님께서 해주신 한마디가 결정타가 됐습니다. 진로 상담차 찾아뵌 자리였는데, "기왕 경영학과에 왔다면 CPA 시험을 한번 봐야 하지 않겠냐"라고 하시는 거예요. 회계사는 민간에 종사하지만 공공에 기여하는 면도 크다면서 "회계사는 자본주의의 파수꾼"이라고까지 말씀하셨죠. 표현이 폼 나서 울림이 컸던 것 같아요. 그날부터 CPA로 마음이 기울더군요. 나중에 합격해 삼일회계법인에서 5년간 회계사로 근무해요.

사실 회계사로 일한다는 게 처음엔 그다지 즐겁진 않더

라고요. 주변 분위기와 어른들 말씀에 이끌린 선택이었으니까요. 오히려 흥미가 생긴 건 업무를 충분히 익힌 다음부터예요. 그러면서 청개구리마냥 대학 때보다 공부 열정이 폭발하더라고요. 전공 시간엔 하품만 나오던 이론들도 현장에서 맞닥뜨리니 '그 얘기가 이 얘기였구나' 하고 이해하는 재미가 쏠쏠했거든요. 대학 땐 자격증 공부만 했지, 공부다운 공부는 해본 적이 없었잖아요. 그 필요성조차 느껴본 적이 없었는데, 일을 하면서야 비로소 공부의 중요성을 깨닫게 된 거예요.

회계사를 관두시곤 뜻밖에도 공무원이 되셨어요. 당시 외교통상부에 들어가 행정 사무관으로 근무하셨는데, 어찌 된 사연인가요?

원래 유학을 가려 했어요. 미국은 석사 학위 없이도 박사 과정을 밟을 길이 있어서, 거기서 곧장 박사 공부를 하려 했어요. 도의상 회사에 계획을 미리 말씀드렸습니다. 근데 계획이 그만 틀어져요. 스무 군데가 넘는 대학에 지원했는데 전부 떨어진 거예요. 차마 회사 복귀는 못 하겠더라고요. 어차피 다음 해 유학에 재도전하려 했거든요. 얌체가 되고 싶진 않았어요. 남은 1년을 어찌 보내나 고민하던 중에 외교통상부에서 근무하던 친구한테 행정 사무관 특채 소식을 듣습니다. 그때가 2006년인데, 한미 FTA 협상이 막 시작했을 무렵이거든요. 중차대한 사안이다 보니 민간 경력직도 대거 충원해야 했고, 마침 회계사도 경력 4년 이상이면 뽑고 있었어요. 역사적 협상의 한복판에서 일한다는 게 매력적이었어요. 홀린 듯 지원했습니다.

거기선 주로 어떤 업무를 하게 되셨나요?

통상교섭본부에 배치돼 예산 등 각종 살림살이를 책임지는 부서에 있었어요. 그런데, 사실 제 주력 업무는 그런 회계 부문이 아니었습니다. 생뚱맞게도 언론 대응이었어요. 많이들 기억하시겠지만, 그때 FTA를 향한 국민 여론이 엄청 부정적이었어요. 협상단 일거수일투족이 언론의 집중포화를 받았습니다. 더구나 정부-언론 갈등이 최고조이던 시절이니 오죽했겠어요. 언론 대응을 전담하는 고참 사무관이 한 분 계셨는데 혼자 감당할 수준이 아니었죠. 절 비롯한 주니어 서너 명이 일을 거들었습니다. 장관님이나 본부장님께 인터뷰가 잡히면 예상 질문지를 만들고, 대언론 의전이나 전반적 커뮤니케이션을 담당하기도 했죠.

하지만 무엇보다 주요했던 업무는, 부서마다 서로 다른 공보용 메시지들을 일정 톤으로 조율하는 일이었습니다. 당시 협상단 안에선 어젠다별로 담당 과가 여럿 있었는데, 협상 속도나 결과물이 달라서 내놓는 메시지도 중구난방인 경우가 빈번했죠. 그 때문에 메시지를 검토하며 나름의 전략에 따라 일관되게 다듬는 역할을 했어요. 특히나 협상 시즌엔 취재 열기가 훨씬 더 뜨겁거든요. 이 와중에 메시지부터 어설프게 나가면 경을 치는 거죠. 모두가 전투를 치르는 마음으로 집중하며 작업에 임했습니다.

전후 커리어를 돌아보면 굉장히 유다른 경험이셨군요. 그 경험이 커리어엔 어떤 의미로 남았나요?

세월이 흐를수록 그때 경험들이 소중하고 특별하게 느껴져요. 이때가 아니었다면 '세상을 보는 시야를 이만큼 넓힐 수 있었을까?' 싶거든요. 이전까지만 해도 전 오로지 재무만 다루는 전문직이었어요. 만약 그대로 학자가 됐다면 시야가 더 좁아졌을 거예요. 대개 한 우물만 열심히 파는 직업이니까요. 그러나 이 시기는 정말 폭넓은 주제의 사안을 다뤄야 했잖아요. 자연히 시야가 넓어질 수밖에요. 게다가 언론인들은 세상과 늘 호흡하는 이들이잖아요. 좌우 고루 다양한 언론과 소통하면서, 세상 흐름을 기민하게 파악하는 눈도 어느 정도 기를 수 있었던 것 같아요. 덕분에 훗날 행정학자로서 꽤 유다른 주제들을 발굴해 연구하는 데 큰 보탬이 됐다고 믿습니다.

| Re:cap |

아무리 머리가 좋아도, 교과서를 뒤져도, 막상 경험해 보기 전엔 절대 배울 수 없는 것들이 있다. 그중 하나가 '시야'다. 누구나 무엇에 끌리

는지, 무엇을 배워야 하는지조차 막막할 때가 있다. 지금은 탁월한 학자로 평가받는 그도 회계사로 현장에 나와서야 이론의 중요성을 실감했고, 공무원으로 일하며 직업의 틀을 넘어 세상을 바라보는 눈을 넓혔다. 시야는 앉아서 넓어지지 않는다. 부딪히고, 경험해 볼 때 비로소 시야는 트인다.

FTA 협상이 타결된 2007년, 공직에서 나와 본격적으로 학문에 발을 들이십니다. 하버드대 케네디스쿨에 진학해 공공정책학을 전공하며 석·박사 학위를 받으셨죠. 왜 하버드, 그리고 왜 케네디스쿨이었나요?

앞서 지원한 스무 대학 모두에게 저를 왜 불합격시켰는지 피드백을 달라고 요청했어요. 단 두 곳에서만 연락이 왔는데 그중 하나가 하버드였습니다. 여기서 "해외 유학생이 학부만 마치고 오는 케이스는 드물다"라면서 석사 지원을 추천하더군요. 그땐 저도 학문에 확신이 없던 시기라, 일단 석사부터 해보고 판단하자는 생각에 그쪽으로 맘을 굳혔습니다. 근데 정작 하버드엔 경제학 분야 석사 과정이 없더군요. 그래서 고민하다 케네디스쿨이란 곳을 알게 돼요. 제 관심 분야가 응용 경제학이었는데 케네디스쿨 공공정책학도 이 갈래로 분류될 수 있는 개념이거든요. 바로 이곳에서 석사를 시작하면 되겠다 싶었습니다.

케네디스쿨의 공공정책학은 어떤 학문인가요?

20세기 초까지 저명한 학자들은 경제학자·사회학자·정치학자처럼 타이틀이 여럿이었죠. 그러나 사회가 복잡해지면서 학문 갈래가 다양해졌고 지금은 같은 학문 안에서도 전공이 세분화돼 있어요. 이 때문에 역으로 이젠 통합적 관점이 부족한 시대가 됐습니다. 바로 이 문제의식에서 케네디스쿨 공공정책학도 탄생한 거예요. 여기선 공공정책학을 하나의 고정된 학문 영역이라기보다, 다양한 사회 문제를 해결하고자 여러 학문이 융합하는 실천적 분야로 이해하는 경향이 있어요. 시작부터 학문 외길만 걷지 않은 제게도 왠지 적격일 거라 봤습니다.

정책을 보다 더 다양한 관점에서 분석하는, 일종의 연구 프로그램에 가까운 개념이군요. 그렇다면 박사 논문은 어떤 주제를 다루셨나요?

'인터넷이 사회를 어떻게 바꿨고, 바꾸고 있고, 바꿀 것인가.' 이를 정치·경제 등 여러 분야에서 살펴보는 게 주제였어요. 논문 구상 시기가 2009년이었는데 이 무렵만 해도 장밋빛 전망이 넘칠 때였고, 연구도 긍정적 효과에만 초점을 맞춘 경우가 많았어요. 반면 제 생각은 좀 달랐습니다. 저는 부정적 영향에 집중해 보고자 했어요. 그게 시장 독점의 심화였고, 그 근거로 뉴스 데이터에 주목했어요.

독점과 뉴스, 언뜻 연결이 잘 안 되는 듯합니다.

인터넷으로도 판로가 열리면서 소상공인 파이가 커지고 대자본의 독점 현상도 완화할 거란 시각이 지배적이었어요. 그러나 전 오히려 독점이 심해질 거라 봤습니다. 다만 이커머스가 워낙 초창기다 보니, 이걸 예단할 데이터가 마땅치 않았죠. 그래서 우회적으로 뉴스 데이터를 살펴본 거예요. 인터넷 시대 진입 후 기성 언론사들의 독점이 약화됐는지 아니면 심화했는지를 먼저 추적해 본 거죠. 그 흐름을 통해 향후 이커머스에서도 소비자 선택이 어떻게 수렴될지 유추할 수 있을 거라 판단했어요.

이에 따라 미국 신문사별 기사 트래픽을 비교·분석했습니다. 우리가 온라인에서 뉴스를 접하는 방식은 크게 두 가지예요. 언론사 이름을 검색해 조회하거나, 포털 검색 도중 링크를 타고 들어가는 것. 전자는 물론 후자에서도 독점 지수가 심화하고 있더군요. 가령 '오바마'를 검색하면 상단에 뜨는 유명 언론사 뉴스로만 트래픽이 몰리는 거예요. 이로 미뤄볼 때 언론뿐 아니라 이커머스 영역에서도 독점이 심화하리라 예측한 게 제 박사 논문이었습니다.

예측이 상당수 현실로 들어맞았네요!

발간이 2012년이었는데 몇 년만 일찍이었다면 참 좋았겠다 싶습니다. (웃음) 여하간 케네디스쿨에서의 5년을 거치면서 학문에 뚜렷한 흥미와 확신이 생겨요. 처음엔 꼭 연구자가 되고 싶다거나 강단에 서야겠단 생각도 없었는데, 박사 과정을 마칠 즈음엔 이 길을 계속 걸어도 재밌을 것 같더라고요.

박사 논문 발간 이듬해 연세대 행정학과 교수로 발탁되셨어요. 임용이 상당히 빠른 편인데 특별한 이유가 있었나요?

처음엔 미국에 남으려고 했어요. 연구 환경이 원체 더 나은 데다, 친구들한테 "국내 대학원 출신이 아니면 한국서 교수 생활하기 어렵다"라는 괴담(?)도 들었거든요. 그러던 차에 모교에서 뜻밖의 임용 제안을 주신 거예요. 저희 과가 나름의 재도약을 준비 중이었거든요. 정통 행정학 쪽으로 강하게 트레이닝된 건 아니지만, 저처럼 이력과 시각이 독특한 신진 학자한테도 기회를 주면서 기존 틀을 과감히 깨고자 한 거죠. 원칙상 연세대는 박사 졸업 1년이 안 된 사람은 교수로 임용하지 않는데, 이를 깨면서 까지 절 스카웃해 주셨습니다. 큰 편의를 베풀어 주셨는데 사양은 예의가 아니라 생각해 감사히 받아들였습니다.

그 신임에 바로 보답하셨네요. 임용 첫해 전 세계 행정학 분야 최고 학술지 JPART에 논문을 등재하셨고 5년 뒤엔 최우수 논문상까지 받으셨죠.

논문을 써도 출판은 몇 년 뒤 이뤄지기도 해요. 제 경우엔 미국 박사 과정 때 연구가 교수 임용 초반까지 출간이 밀렸습니다. 말씀하신 논문은 케네디스쿨 시절 영국 정부가 의뢰한 컨설팅 참여 경험에서 비롯됐어요. 그때를 계기로 관심이 생겨 영국 행정 부문을 쭉 지켜보다가, 아주 흥미로운 연구 주제를 발견했죠.

〈푸른 제복을 입은 흑인(Black in blue)〉이라는 제목의 논문이었죠. 구체적으로 어떤 내용인가요?

90년대 말 영국의 한 흑인 젊은이가 20대 백인 청년들한테 구타를 당해 숨지는 사건이 있었어요. 경찰은 조사도 없이 가해자들을 무죄로 간주해 수사를 무마해 버렸죠. 이 사건은 큰 사회 이슈로 부상했고, 곧이어 흑인 경찰관의 구성 비중을 늘리는 개혁이 단행됩니다. 사회과학자 입장에서 이 이벤트는 매우 귀중한 연구 기회였어요. 애초에 공공 조직은 관찰해 봄직한 큰 변화 자체가 드물고, 그만한 개혁이 일어나도 효과 검증이 무척 어렵거든요. 가령 한 나라의 정권이 바뀐다고 가정해 봐요. 한두 요소만 바뀌나요? 손대는 게 정말 많잖아요. 특정 인과 관계를 세우기 어려운 거예요. 하지만 이 케이스는 다르죠. 개혁 조치가 경찰 조직이란 한 영역에서만 일어났고, 그 대상도 비교적 단일하잖아요. 더구나 영국은 지역별로 경찰 조직이 독립 운영돼 변화 정도도 제각각이었죠. 개혁 효과를 비교·분석하는 데 더없이 유리한 기회였던 겁니다.

결과가 무척 궁금하네요. 결론은 어떻게 도출됐나요?

기존 영미권 연구들에선 '흑인 경찰관 비중'과 '흑인에게 경찰이 얼마나 가혹한지'는 상관관계가 없는 걸로 나왔어요. 흑인 경찰관이라 해서 흑인들한테 더 잘해주지 않으니, 비중을 늘렸다고 풀릴 문제도 아니라는 거죠. 그런데, 제 연구에 따르면 이건 틀린 분석입니다. 물론 경찰관이 같은 인종이라고 봐주지 않는다는 전제는 저도 맞다고 봤어요. 하지만 이 연구들이 간과한 게 바로 조직 문화예요. 가령 한 경찰 조직의 60~70%가 흑인이라 가정해 봐요. 그럼 거기서 흑인 비하 농담이 오갈 수 있을까요? 바로 옆 동료가 흑인인데? 조직 안에서 특정 인종의 비중이 늘면 문화 자체가 바뀌면서 나타나는 효과가 커요. 이걸 데이터로 설득력 있게 보여 주려 한 게 제 연구였습니다.

2020년 'Black Lives Matter' 운동이 확산할 때 이 논문이 다시 큰 주목을 받았죠. 미국 현지 시민 단체나 언론은 물론 미 의회에서도 여러 차례 인용됐어요.

연구자인 제가 흑인도 백인도 아니란 사실도 한몫한 듯합니다. 객관적 입장에서 객관적 데이터를 통해 제시한 결과였다 보니, 그만큼 높이 평가해 주신 것 같아요.

잇따른 연구 성과에 힘입어 임용 4년 만에 테뉴어(정년 보장)를 받고, 9년 만에 정교수로 초고속 승격하셨어요. 그 사이 SSCI▪급 논문만 무려 40편 이상을 남기셨고요. 소장 학자로서 믿기 힘든 탁월한 성취로 회자되는데, 스스로 어떻게 평가하시나요?

코로나 사태 전까지만 해도 전공 연구에만 푹 빠져 살았어요. 그 후론 게을리해 반성 중이죠. 사실 제가 특별히 잘난 연구자라 그랬던 건 아니에요. 국내 대학에선 조용히 연구하고 논문만 쓰는 데 인센티브가 잘 주어지지 않거든요. 외려 외부 활동의 보상이 더 큰 편이죠. 물론 양쪽 다 중요하지만, 전 적어도 40대 중반까진 연구에 훨씬 더 집중하고 싶었어요. 상대적으로 젊을 때 더 잘할 수 있는 일이기도 하고, 제 수요자인 학생들 니즈에도 부합할 거라 봤거든요.

| Re:cap |

회계사, 공무원 그리고 학자. 직선이 아닌 우회로를 닮은 듯한 그의 커리어는 그에게 여느 학자와는 다른 시선을 갖게 했다. 대학원에서의 배움도 그 연장선이었다. 세분화된 틀에 갇히지 않고, 여러 관점이 교차하는 지점에서 문제를 성찰했다. 결국 그의 학문은 좁은 길이 아

▪   사회 과학 분야의 저명 학술지들을 인용도 기반으로 선정·등재하는 국제 학술 데이터베이스로, 여기에 실린 논문은 해당 분야에서 높은 학문적 신뢰도와 영향력을 인정받는다.

니라 넓은 시선 위에서 깊어졌다. 시선에 한계를 두지 않고 남들이 보지 못한 구석을 짚어내는 것, 그것이 세상의 복잡함을 한발 앞서 읽어내는 연구자의 힘이 아닐까.

2022년부터 이례적인 도전을 시작하셨습니다. 갑자기 바둑 AI 프로그램을 개발해 세계 대회까지 출전하셨어요. 2024년엔 쟁쟁한 AI들을 제치고 UEC배▪▪ 5위에 오르는 성과도 거두셨고요. 어떻게 AI에 연구 관심을 두게 된 건가요?

AI에 처음 관심이 생긴 건 2019년 즈음이었어요. 그때 학계에선 AI 연구가 이미 유행이라, 저희 과 학생들조차도 파이썬(프로그래밍 언어) 공부를 하고 있었죠. 근데 정작 교수씩이나 되는 사람이 세상 돌아가는 건 모르고 똑같은 내용만 강의 중인 건 아닐까 반성하게 되더군요. 그래서 연구년을 맞아 집중적으로 파본 거예요. 첫 프로그램인 홍고^{HongGo}는 이 과정에서 알파고 논문을 탐독하다 탄생했어요. 이공계 논문이라 생소하긴 했지만, 논문은 기본 논리 전개가 엇비슷하고 보조 서적도 출간돼 있었거든요. 어렵더라도 도전해 보자는 마음이었는데, 어느새 완전히 그 논문에 빠져들었고 나중엔 논문을 처음부터 끝까지 그대로

▪▪ 텐센트배·중신증권배 등과 함께 손꼽히는 세계 AI 바둑 대회. 2024년 대회에서 홍순만 님이 개발한 '노바(Nova)'는 우승작인 '엔가와'를 상대로 유일한 승리를 거두는 선전을 펼쳤고, 창의적 기보로 참가작 중 가장 혁신적인 AI에게 주는 독창상을 수상했다.

따라가며 리플리케이트(복제)하는 단계까지 나아갔죠.

알파고 논문을 보면 제작 방식이 아주 상세히 나와 있고, 개발 코드들도 오픈 소스로 공개돼 있거든요. 이걸 활용해 저만의 알파고를 만들어본 거예요. 사실 그대로 만드는 건 너무 막대한 돈이 들어 일종의 축소판을 제작했어요. 지금은 생성형 AI가 나온 덕에 무척 쉬워졌지만, 당시만 해도 그 과정이 만만치 않았습니다. 공부할 게 너무 많았고 돈도 꽤 들어갔죠. 연구비도 일부 받았지만 사비를 많이 써서 가족들이 "미쳤다"라며 혼도 많이 냈죠. 그럼에도 전 너무너무 재밌더군요. 매일 새벽 다섯 시만 되면 눈이 절로 떠졌어요. 이 공부 때문에 설레서요.

행정학과 바둑 AI는 너무 거리가 멀어 보이는데, 두 영역 사이에 어떤 학문적인 연결 고리가 있었을까요?

제 기존 연구를 관통하는 주제가 '공공 조직의 의사 결정자들은 어떻게 판단하고 선택하는가'예요. 공공 조직 내 의사 결정이란 게 늘 합리적이진 않거든요. 딱 욕먹지 않을 만큼만 성과를 내고 그 이상은 불확실성을 피하려는 태도, 그런 게 아주 많이 보이죠. 주류 미시 경제학이 상정하는 '완전한 합리성'과 배치되는데, 이걸 '제한적 합리성'이라 불러요. 제 필생의 연구 테마가 바로 이 제한적 합리성, 즉 합리성에서 벗어나는 다양한 공공 영역에서의 의사 결정들입니다.

바둑을 소재로 한 AI 연구는 그래서 대단히 흥미로웠어요. 바둑이라는 스포츠 자체가 불확실성과의 싸움이잖아요. 인간과 AI가 바둑 두는 패턴을 비교하면서, 그 기저에 있는 의사 결정 메커니즘을 더 세밀히 이해하고 싶었어요. 그 과정에서 논문도 하나 쓰게 됐죠. 투자에 '하이 리스크, 하이 리턴'이라는 표현이 있는데 바둑도 마찬가지예요. 큰 땅을 얻을 수 있는 위치는 리스크가 무척 크고, 집 짓기가 확실한 곳은 리턴이 아주 적죠. 이처럼 바둑 포석을 일종의 투자 의사 결정으로 간주하고 AI와 인간의 패턴을 비교 분석하는 논문을 썼어요.

불확실성에 대처하는 인간과 AI의 의사 결정 차이, 무척 흥미로운 주제네요. 그 연구 결론도 궁금합니다.

논문 제목이 〈Overconfident AI(지나치게 자신만만한 AI)〉예요. AI는 인간에 비해 너무 자신만만한 행동 패턴이 관찰된다는 게 골자죠. 포석 전략에서 양자는 극명히 대비돼요. AI는 리턴의 평균치를 극대화하는 전략을 고수합니다. 리스크를 고려하란 가이드가 없으면, 리스크가 얼마든 간에 승리만을 위해 돌진해요. 반면 인간은 일정 수준의 리턴을 취하고 나면, 이후론 가능한 불확실성을 줄이려 합니다. 감당 가능한 범위에서만 리스크를 지려는 경향이 일관되게 나타나죠. 그러다 보니 큰 실수는 오히려 AI에서 더 자주 나오더군요. 물론 어디까지나 둘의 실력이 같다는 전제에서의 연구지만요.

제한적 합리성이 어쩌면 인간 본성에 더 가깝겠단 생각이 듭니다. 꼭 나쁘게만 보이지도 않고요.

불확실성을 감수한 결과가 재앙으로 이어진다면 그쪽이 더 나을 수 있어요. 다만 반드시 특정 목표를 달성해야 하는 상황이라면, 그걸 극복할 기제를 마련하는 게 좋겠죠. 그 기제가 바로 성과 관리고, 그래서 이쪽 연구가 매우 중요하다 생각해요. 저 역시 이 분야를 주요 연구 영역으로 삼고 있어요.

| Re:cap |

바둑 AI를 개발하며 그는 초심자로 돌아갔다. 이른 새벽마다 논문을 탐독하고, 오픈 소스를 조립하며, 공부의 설렘에 다시 들떴다. 그리고 AI와 인간의 대국을 탐구하며 그는 또 한 번 깨달았다. 우리에게 더욱 중요한 건 '확실한 것들'이 아니라, '불확실한 것들'에 있다는 걸. 이미 학계에서 정평이 난 학자였지만, 그는 안전한 길에 머물지 않았다. 외려 AI라는 낯선 세계로 뛰어들었고, 리스크를 연구하며 동시에 리스크를 감수한 사람이 됐다. 그렇게 그는 익숙함을 딛고 다시 배우는 사람으로, 새로운 불확실성의 시대에 자신만의 시선을 던질 수 있는 연구자로 도약했다.

사회 과학 분야에서 아직 저 같은 괴짜 연구자는 못 만난 듯합니다. (웃음) 물론 사회 과학자들도 관련 연구를 어느 정도 해나가는 게 미래 트렌드에 부합할 거예요. 다만 이런 변화가 아직 미미한 듯해 아쉽습니다. 앞으론 AI가 민간뿐 아니라 공공 부문에서도 큰 변화를 일으킬 텐데, 국내는 물론 해외에서조차 관련 연구를 찾기 힘들어요. 사회과학은 돌 하나씩을 얹어가는 방식으로 발전한다고들 생각하거든요. 기존 연구가 부재한 상황에서 신생 분야 논문이 불쑥 저명 학술지에 실리기 대단히 어려운 거죠. 성과주의도 심해지면서 학술지에 실릴 논문만 쓰려는 관성도 커지고 있고요. 결국 이 관성을 깰 저력은 학생들한테서 나온다고 봅니다. 교수는 연구자이자 학생을 가르치는 선생이잖아요. 학생들의 요구를 받아 변화하지 못하면 뒤처지는 건 연구자 본인이에요. 물론 새로움에만 치우쳐서도 안 되겠죠. 그 적절한 균형을 찾는 게 현재 제 고민 중 하나예요.

후학들에겐 어떤 조언을 해주고 싶으신가요?

변화가 뚜렷한 시대예요. 정부 권한은 줄고 있는데, 민간 역할은 점점 커지고 있죠. 그러나 정부의 필요성까지 줄고 있을까요? 아닙니다. 오히려 더 커지고 있죠. 향후 기술 발전의 부작

용으로 나타날 온갖 사회 문제를 해결할 책임자가 바로 정부니까요. 이전보다 훨씬 능동적이고 섬세한 정책들이 필요한 시점인 거예요. 그리고 그러한 정부의 고민을 다루는 학문이 행정학이에요. 겉으로는 당장의 변화가 불리해 보여도 그 안엔 새로운 역할과 기회가 있을 겁니다. 그래서 이 분야를 연구하는 건 대단히 의미 있을 거예요. 학생들이 이런 관점에서도 행정학 공부를 많이 시도하면 좋겠습니다.

새로운 기술이 쉼 없이 등장하고, 그에 따라 저마다 기대하는 역할도 책임도 끊임없이 바뀔 수 있는 시대 같아요. 이런 흐름 속에서 본인이 정의하시는 프로란 어떤 존재인가요?

얼마 전 미국의 한 유명 투자자가 방송에 나와 이런 얘기를 하더군요. "여전히 내 포트폴리오에서 미국은 아주 큰 비중을 차지한다." 그 핵심 이유 중 하나가 대학이었어요. 미국에 가장 훌륭한 대학들이 모여 있으니 가장 우수한 인재도 몰릴 거고, 자연스레 경제도 그만큼 창창하지 않겠냐는 거였죠. 그 말을 듣는데 자문하게 되더라고요. '교단에 선 자로서 난 과연 제대로 해내고 있을까?' 부끄럽게도 아직 그 답은 잘 모르겠습니다. 다만 한 가지는 분명해요. 도전을 멈추는 순간, 학자로서의 제 지식도 함께 멈출 거란 사실이요. 비단 학계에만 적용되는 얘기는 아닐 겁니다. 어느덧 직장 생활 25년 차예요. 돌아보면 후회되는 건 딱

한 가지뿐입니다. 바로, 도전하지 않았던 것들이에요. 실패했더라도 시도해 본 건 하나도 후회되지 않더군요. 도전해야 변할 수 있고, 그래야 발전도 있는 거니까요. 그러고 보면 결국 프로란 끊임없이 멈추지 않는 사람들인 것 같아요. 아까 AI는 너무 큰 리스크를 감당하다 망하는 경우가 생긴다고 했죠? 그 반대의 경우도 있습니다. AI든 사람이든 어떠한 리스크도 감수하지 않으면, 반드시 도태된다는 거예요. 자, 여러분은 앞으로 어느 쪽의 리스크를 감수하시겠습니까?

| Re:cap |

인터뷰 동안 그는 종종 "제 이야기가 다른 분들에 비해 흥미가 있을까요?"라며 걱정했다. 현장에선 괜찮다며 달랬지만, 여기서 고백하자면 나 역시 인터뷰를 준비하며 비슷한 걱정을 했다. 다양하고 이색적인 커리어를 거쳐온 다른 주인공들에 비해, 학문의 이야기가 자칫 단조로울까 염려했던 것이다. 하지만 그것은 완벽한 기우였다. 회계사에서 공직으로, 다시 학자의 길로 이어진 초년의 여정도 흥미로웠지만, 압권은 그 우회로에서 길러진 그만의 드넓은 시야였다. 한계를 두지 않는 탐구로 세계가 주목하는 학문적 성과를 일궜고, 그 열린 시선은 바둑 AI 개발이라는 전혀 다른 도전으로 나아갔다. 그리고 그 도전은 기술과 행정학, 인간과 AI를 잇는 새로운 연구 지평으로 확장되고 있다. 그의 이야기는 전대미문의 불확실성 속에 사는 우리 모두에

게 울림을 남긴다. 그가 주목한 대로 중요한 건 언제나 불확실한 것에 있고, 그 불확실함을 대하는 태도가 결국 우리의 방향을 결정한다. 변화하는 환경 속에서 그가 자신이 해나갈 학문의 새 의미를 제시하듯, 저마다의 프로 역시 각자의 자리에서 자신만의 시선으로 일의 의미를 새로 써야 한다. 선택은 우리 몫이다. 도전의 리스크를 피할 것인가, 성장의 리스크를 감수할 것인가.

5장

신재평 / 공대 출신 천재 뮤지션

서필훈 / 한국 스페셜티 커피 개척자

김태성 / 충무로 대표 흥행 음악 감독

성장이란
자아의 접촉면이
넓어진다는 것

프로는 이번에도 잘해야 하지만
다음번에도 잘해야 하는 사람이에요

공대 출신 천재 뮤지션

신재평

2인조 밴드 '페퍼톤스' 소속 뮤지션.
카이스트 졸업 후 대학 동기 이장원과 그룹을 결성,
20년간 총 7편의 정규 앨범과 100여 곡 이상의 음원을 제작했다.
작·편곡과 레코딩은 물론 믹싱, 마스터링 등 페퍼톤스의 곡 작업 전반을 이끌고 있다.

©리멤버

—

지난 20년간 자신만의 음악색으로 청춘을 노래해 온 뮤지션이 있습니다. 여름날의 청량함을 떠올리게 하는 멜로디, 재기 발랄하고 긍정적인 가사, 실험적이면서도 탁월한 사운드로 대체 불가한 음악적 고유색을 만든 프로듀싱 유닛이죠.

"후배지만 존경하는 뮤지션(유희열)", "질투가 날 만큼 보석 같은 밴드(정재형)." 내로라하는 한국 대중음악인들의 찬사를 받는 뮤지션들의 뮤지션, 국내 대표 2인조 밴드 페퍼톤스 멤버, 신재평 님이 그 주인공입니다.

**"제 음악은 조용한 독방에서 시작됐어요. 그러다 평생의
음악 동반자를 만났고 마침내 저희 음악을 아껴주는 팬들과 만났죠.
이제 제 안에서 머물기만 하는 건 더 이상 음악이 아닌 거예요."**

기타, 프로그래밍은 물론 레코딩과 믹싱, 마스터링까지, 그는 페퍼톤스 곡 작업 전반을 총괄합니다. 경기과학고·카이스트를 졸업한 수재답게, 그의 음악은 마치 수학처럼 어렵고 수준 높은 화성과 리듬으로 유명하기도 하죠.

뛰어난 천재성으로 독보적 사운드를 완성해 내지만, 그에게 페퍼톤스는 "혼자가 아닌 둘, 둘이 아닌 모두의 음악"으로 정의됩니다.

고독한 독방의 음악가를 오늘날 수많은 관객, 청자와 호흡하는 베테랑 뮤지션으로 성장케 한 건, "멈추지 않는 우리들의 노래■", '나'를 넘어 '우리', 동시대 청춘들과의 공명이기 때문입니다.

■ 데뷔 20주년 기념 음반 〈Twenty Plenty〉(2024)의 수록곡 '라이더스'의 한 구절.

2024년 5월, 서울 논현동 안테나 사옥. 벽면엔 LP와 음반이 빼곡히 꽂힌 나무 장 선반이 늘어서 있었고, 푸르른 햇살 사이로 그가 들어섰다. 회색빛 재킷에 동그란 안경, 가지런한 태도까지, 말쑥하고 이지적인 뮤지션의 모습 그대로였다. 자리 앞에 앉으며 그는 내 노트를 한번 보고 웃었다. "준비 많이 하셨네요." "네, 조금요." "조금? 제가 알고 있는 뜻 맞죠?" 짐짓 무심한 듯 건넨 한마디에 긴장이 조금 풀렸다. 그 봄날의 햇살처럼, 그의 말엔 청량한 온기가 있었다.

방송에서도 '뇌섹남' 이미지로 자주 회자되시잖아요. 경기과학고, 카이스트까지 전형적인 이과 엘리트 코스를 밟으셨는데요. 음악에는 어떻게 관심을 두게 되신 건가요?

콤플렉스가 많은 아이였어요. '나는 대체 뭘 잘할까?'라는 의문이 많았죠. 그래서 유독 수학을 좋아했어요. 곧잘 하니까 칭찬도 쉽게 받고 그만큼 더 즐겁게 했죠. 문제 푸는 동안은 완전히 딴 세상에 가 있을 수 있으니 그 점도 맘에 들었고요. 한편으론, 무척 심심해하는 아이였어요. 외아들이었거든요. 고요한 방 안에서 멍때리며 공상하는 게 일상이었어요. 이 무료함에 처음 변주를 일으킨 게 음악이었습니다. 어느 날 아버지가 전축을 받아 오셔서 그 앞에 앉아 차이코프스키, 글린카 음악을 몇 시간이고 들었던 게 생각이 나요. 늘 조용하던 집안 분위기가 음악 하나로 확 달라지는 게 신나면서도 묘했죠. 나중에 라디오가 생긴 후론 맘에 드는 유행가를 공테이프로 녹음해 닳도록 들었어요. 더 클래식 '마법의 성'을 듣던 첫 순간은 잊을 수가 없네요. 제대로 악기를 시작한 건 중학교 2학년 때부터예요. 이때 용돈으로 기타를 샀거든요. 고등학교 땐 기숙사에 들어가야 했는데, 입학 날 다른 것 제쳐두고 기타부터 챙겼어요. 제 유일한 장난감이자 보물이었으니까요.

그 정도로 음악이 좋았다면 혹시 카이스트 대신 음악 관련 대학 진학을 고민해 보진 않으셨나요?

선택지가 딱히 없었어요. 당시엔 실용 음악과가 없었고 음대에 가자니 기본기가 부족했죠. 대신 여전히 음악이 너무 하고 싶어 대학 가서도 기회를 적극 찾아다녔어요. 그러다 우연히 학교 앞 지하 클럽에 드럼이 있단 걸 알게 됐죠. 다짜고짜 사장님께 간청해 공연 기회를 얻어냈습니다. 급히 멤버를 모아 서울 낙원상가에서 앰프 같은 장비도 샀고 곳곳에 홍보 전단지까지 붙였죠. 나름 보수를 받는 인생 첫 공연이니까 만반의 준비를 했어요. 물론 보수는 맥주와 구운 오징어 정도였지만요.

그 첫 공연, 지금도 기억나세요? 관객 반응이 궁금한데요.

한 명 앉아 있더라고요. 저희 친구 중 하나가요. (웃음) 그래도 실망하진 않았습니다. 공연 자체가 꿈꾸던 일이니 관객 수가 대수도 아니었고, 어릴 때니까 뭘 판단할 만큼 머리가 굵지도 않았죠. 그 뒤로도 자주 거기서 공연했어요. 신기하게도 관객 수가 점점 많아졌거든요. 열 명쯤 됐을 땐 "대박 났다"라며 호들갑도 떨었죠. 나중엔 다른 클럽들에서도 저희를 불러주더라고요. 그렇게 마음껏 음악을 즐겼더니 아이러니하게도, 음악에 그만큼 더 진지해지더라고요.

단출하지만 초라하지 않은 시작이었네요. 그럼 진지하게 음악을 업으로 삼아야겠다 마음먹은 건 언제쯤인가요?

음악을 하던 친구들 모두 3학년쯤 되니 다들 기로에 섰어요. '취업이냐 음악이냐.' 저는 병역부터 이행하잔 생각에 산업기능 요원으로 게임 회사에서 프로그래밍 일을 했고, 첫 월급으로 10만 원짜리 녹음용 중고 마이크를 샀어요. 그 무렵 롤러코스터 지누 선배가 쓴 한 칼럼을 읽게 됐거든요. 앨범 녹음 과정이 자세히 적혀 있었는데, 전곡을 스튜디오가 아닌 집에서 녹음했더라고요. '나도 할 수 있겠는데?'라는 생각이 들어 곧장 마이크부터 구한 거예요. 이불이나 옷으로 주변 소음을 틀어막고 저만의 그럴듯한 녹음실을 만들었습니다. 그 후론 매일 레코딩에 빠져 살았고요. 지금 보면 참 궁한 상황인데 그땐 그렇게 재밌었어요. 그게 시작이에요.

| Re:cap |

조용하던 집 안 공기를 일순간 바꿔 놓은 건, 전축에서 흘러나온 선율이었고, 책과 문제집이 전부이던 소년의 일상에 처음 파문을 낸 건 음악이었다. 그 방 안의 소년은 결국 무대 위에 섰다. 관객은 단 한 명뿐이었지만, 그는 마음껏 들떴다. 이불과 옷으로 막아 만든 조그만 방구석 녹음실에서도, 그는 녹음을 멈추지 않았다. 고요한 그를 밖으로 이끈 건, 음악의 가장 근원적인 힘, '즐거움'이었다. 어쩌면 우리 일도 다르지 않다. 대단한 목표보다 순간의 열중과 몰입이 우리를 설레게 하고, 미지의 다음 단계로 나아가게 한다. "우주를 향해 나는 풍선과 / 저기 거리를 낮게 스쳐가는 새들 / 아무도 멈출 수 없는 시간 / 라랄라랄라 랄랄라." - EP 〈A PREVIEW〉 수록곡 '21st century magic' 中

2003년 학교 동기이자 영혼의 음악 파트너 이장원 님과 페퍼톤스를 결성하며 전업 뮤지션의 길로 접어드셨죠. 결성 1년 만에 〈A PREVIEW〉라는 제목의 EP(미니 앨범)도 내셨어요.

애초에 장원이랑 각별한 친구 사이였어요. 같은 반 출신에 과(전산학과)도 같고 좋아하는 게임도 비슷해 금방 친해졌죠. 내성적인 저에 비해 활기 넘치고 재밌어 죽도 잘 맞았고요. 당시 베이스를 맡아줄 사람이 필요했는데 장원이밖에 안 떠오르더군요. 무엇보다 음악 취향이 잘 맞았습니다. 둘 다 시부야계 재기발랄한 일렉트로니카에 관심이 많았거든요. 이 장르 안에서 우리만의 새로운 음악을 해보자는 데 의기투합했죠. 그 뒤 저희가 작업한 데모곡들을 자랑하고 싶어 지인들한테 녹음 파일을 보냈고, 그중 인디 레이블과 접점이 있던 누군가가 곡 일부를 거기 보냈어요. 그걸 듣고선 먼저 연락을 주셨고, 덕분에 스튜디오에서 정식 녹음해 EP를 냈습니다. CD 포장부터 표지 부착까지 직접 저희 손으로 한 살뜰한 앨범이에요.

EP의 성공으로 탄력을 받으셨죠. 정식 유통 없이도 홍대 인디신에서 히트했고, 급기야 공중파 라디오에까지 소개됐으니까요. 이듬해 정규 1집 〈COLORFUL EXPRESS〉(2005)를 내놓으면서 평단에서도 주목을 받게 되셨고요.

인디 음악이 공중파 라디오에 소개되는 것 자체가 그땐 드문 일이었어요. 저희로선 상상의 한계조차 뛰어넘은 큰 성공이었고, 이후론 취업도 공부도 눈에 안 들어오더라고요. 대신 하루 종일 음악만 했어요. CD 한 장이 머리에서 팽팽 돌아가는 상태로 살았죠. 욕심도 많았어요. 초창기엔 굉장히 현란한 음악을 하고 싶었거든요. 피아노조차 없는 주제에 세상의 모든 악기가 다 담긴 음악을 만들고 싶었죠. 다행히 홈 레코딩 덕분에 어느 정도 가능했습니다. 디지털화된 기존 연주를 조각조각 나눠 새로 배치하는 '샘플링'이란 방식으로, 사람이 도저히 칠 수 없는 말도 안 되는 드럼 사운드 같은 것도 담아낼 수 있었어요.

그 덕인지 2집 때까지 제작비가 '0원'이었다면서요?

실제 악기를 써서 녹음했다면 엄청난 비용이 나왔을 거예요. 하지만 제작비 0원의 진짜 비밀은 따로 있습니다. 바로, 인건비가 책정되지 않았다는 거예요. 객원 보컬들과 세션들 모두 무보수로 참여했고, 앨범 사진·디자인 작업도 친구들이 그냥 해줬어요. '열정 페이'란 말도 나오기 전인데 참 극악무도한 짓을 했죠. (웃음) 레이블에서도 편의를 많이 봐주셨고요. 음악을 너무 사랑하면서도 저희를 아껴주는 사람들끼리 고맙고 순수한 마음으로 만든 앨범들이었습니다.

열정과 애정만큼은 가득한 명반들이었군요. 2집 〈NEW STAN-DARD〉(2008)는 흥행이 부진했지만, 이와 별개로 "작사에 자신감을 얻었다"라고 말씀하셨어요.

'소포모어 징크스'라는 말이 있죠. 창작력이 가장 셌던 시기라 이것저것 과감한 시도도 많이 했는데, 그 자신감이 독이 됐나 봐요. 실험적인 곡들의 비중이 높아 1집 대비 판매량이 확 준 거예요. 그럼에도 수확이 없진 않았어요. 제가 그런 맹랑한 얘길 했는지 기억나진 않지만, 이전까진 가사의 우선순위를 낮게 봤거든요. 반면 2집 타이틀곡을 만들 땐 처음으로 가사를 먼저 썼어요. 특히 '세상은 넓고 노래는 정말 아름다운 것 같아 / 인생은 길고 날씨 참 좋구나'라는 구절에서 핵심 멜로디 라인이 탄생하기도 했죠. 이런 작법을 통해 가사가 더 기억에 남는 곡을 만들 수 있더라고요. 이 발견이 값져서 대단한 통찰이라도 깨달은 것처럼 호들갑스레 말했나 봐요. 나중엔 또 달라지는데 말이에요.

| Re:cap |

불안한 길 위에서도 그를 버티게 한 건 음악만은 아니었다. 같은 꿈을 향해 나란히 걸어준 친구의 존재가 있었고, 제작비 '0원'의 앨범들 뒤엔 그의 음악을 믿고 마음을 보태준 이들이 있었다. 그 순수한 마음들이 쌓여 지금의 페퍼톤스가 됐다. 미지의 여정을 끝까지 걷게 하는 힘, 그건 혼자만의 열정이 아닌 서로 공명해 주는 마음이다. 좋은 음

악처럼, 좋은 일도 결국 '함께'일 때 오래 남는다. "쉼 없이 달려온 기나긴 이 길 위에 / 한 번쯤은 우리를 둘러싼 이 모든 걸 / 가볍게 웃을 수 있다면 / everything is ok, everything is alright." - 1집 〈COLORFUL EXPRESS〉 수록곡 'Everything is OK' 中

데뷔 5년 차인 2008년, 커리어의 중요한 변곡점을 맞으셨죠. 인디 레이블을 떠나, 현 소속사인 안테나(당시 안테나 뮤직)에 합류하셨는데요. 더욱 대중적인 음악을 지향하는 레이블의 아티스트로서 음악적 환경에도 변화가 컸을 듯합니다.

그때가 스물아홉이었어요. 여러모로 고민이 많았고 무언가 변화가 필요했습니다. 그래서 막연하지만 일단 둥지부터 바꿔보자는 결정을 내린 거예요. 일반 대중가요를 만드는 기획사에선 어떻게 일하는지 궁금하기도 했고요. 안테나로 온 건 다시 생각해도 잘한 선택이라 생각해요. 규모는 제일 작았지만 아티스트의 개성을 가장 존중해 준 곳이었거든요. 요구 사항도 가장 적었어요. (웃음)

3집 〈SOUNDS GOOD!〉(2009)은 앞선 1·2집과 확실히 결이 달라진 느낌이에요. 사운드도 한층 세련돼지고 대중적인 친근함도 더해졌죠. 이전과 달리 연애나 사랑을 주제로 한 가사들도 눈에 띄고요.

녹음 방식부터 변화가 컸어요. 소속사에서 어레인지해 준 덕에 처음으로 전문 엔지니어와 세션 연주자분들과 녹음했거든요. 바쁘고 귀한 분들인데 시간을 허투루 쓰게 할 순 없잖아요. 유희열·김동률 형 같은 선배들 괴롭혀 가며 악보 쓰는 법 등 편곡의 A-Z를 그때 배웠어요. 하지만 가장 큰 변화를 꼽으라면 그건 저희 마음가짐이었죠. 20대 끝자락의 저희는 무척 초조했어요. 친구 중 누구는 벌써 대학원을 졸업했고 누구는 대기업에 들어가 자리를 잡고 있었죠. 태연한 척하려 해도 잘 안 됐습니다. 공부도 잘했던 장원이는 당시 기업 면접도 봐 합격까지 했었죠. 응원하면서도 마음 한편은 어수선했어요. 이런 알 수 없고 불안한 시기의 감정들이 녹아 만들어진 게 3집이에요. 이전까진 거칠고 독하게 우리만의 음악을 하고자 했다면, 이땐 누구에게나 인정받고 잘 보일 수 있는 음악을 했죠. 그만큼 음악을 놓기 싫었고, 음악으로 계속 끝장을 보고 싶었어요.

2012년 발표된 4집부턴 객원 멤버 대신 두 분의 보컬 비중이 많이 늘었어요. 사운드는 이전보다 훨씬 단출해졌고요. 어떤 이유가 있었나요?

3집 당시 비용을 엄청나게 썼거든요. 이때 확실히 알았어요, 저희 음악이 저희만의 것이 아니란 걸요. 먹고살 수 있어야 음악도 계속할 수 있단 게 너무 명확해졌죠. 훨씬 진지하게 생존 방식을 고민했고, 그 해답이 바로 공연이었어요. 다만 객원 보컬들의 스케줄을 일제히 조정한다는 건 불가능했고, 직접 부른 곡들로만 공연하자니 그 수가 너무 적더라고요. 그래서 저희가 더 많이 노래한 거예요. 사운드를 밴드 악기 위주로 재편한 것도 마찬가지였고요. 음악이 현란할수록 라이브 구현이 어렵거든요.

앨범 제목이 〈beginner's luck〉(2012), 초심자의 행운이에요. 큰 변화를 맞아 자신에게 행운을 빈다는 의미를 담았던 걸까요?

4집을 보시고서 많은 분들이 깜짝 놀라셨고, 어떤 분들은 기존 스타일과 달라 실망하기도 하셨죠. 그만큼 변화의 진폭이 컸고 어쩌면 마지막이 될 수도 있겠단 불안을 느끼며 만든 앨범이었어요. 그래서 저희한텐 또 하나의 데뷔 앨범 같은 음반이기도 해요. 'beginner's luck'은 그런 저희처럼 무언가를 시작하는 모든 이들에게 행운이 깃들길 바라면서 붙인 제목이에요. 다행히 그 주문이 통했던 것 같아요. 저희의 변화와 새 시작을 갸륵히 여기고 응원해 주는 분들이 많았고, 덕분에 큰 사랑을 받고 공연도 열심히 하며 계획대로 관객분들을 많이 만날 수 있었습니다. '행운을 빌어요', '21세기의 어떤 날' 등 공연 때마다 늘 빼놓지 않고 부르는 곡들이 이 앨범에서 많이 나왔어요.

이후론 공연형 밴드의 색채가 훨씬 강해졌어요. 4집과 같은 해 발표된 EP 〈open run〉과 5집 〈HIGH-FIVE〉(2014)는 특유의 전자음을 덜어내고, 모든 사운드를 실제 악기로만 연주하셨죠. 특히 5집은 오토튠을 안 써 박자나 리듬 실수까지 고스란히 담겼다고요.

밴드 음악에 흠뻑 취해 있었거든요. 공연을 자주 하다 보니 '이런 게 좋은 기타 연주구나', '이게 진짜 드럼이었구나'를 비로소 알겠더라고요. 이 밴드 사운드 본연의 매력을 날것 그대로 담아내고 싶었어요. 근데 그게 좀 독이었던 듯해요. 저희가 꽂힌 대로만 잔뜩 힘을 줘 또 독하게 만든 앨범이 5집이었거든요. 그 탓인지 흥행은 부진했습니다. 4집이 재출발이었다고 치면 소포모어 징크스를 한 번 더 겪은 셈이에요.

하지만 이때를 기점으로 공연계 입지는 더욱 굳히셨어요. 주요 음악 축제의 개근 밴드이자 대표 헤드라이너로 자리매김했으니까요.

그 무렵 인연을 맺고 자리 잡은 5인조 밴드 체제가 지금껏 유지되고 있어요. 마니아들을 가장 많이 탄생시킨 앨범 중 하나가 5집이기도 하고요. 아쉬운 점은 있었지만, 저희가 원한 방향으로의 성장은 확실했던 시기라 자평합니다.

"20대 끝자락의 저희는 무척 초조했어요." 그의 솔직한 고백처럼, 좋아서 하던 일엔 어느새 '책임'이 덧입혀졌다. 커져버린 제작비를 메우려 무대에 더 자주 올랐고, 관객과 마주하며 음악이 단지 혼자만의 것이 아님을 실감했다. 마냥 신나고 즐겁기만 한 시절로 돌아갈 수는 없었지만, 대신 페퍼톤스의 노래는 그들만의 것이 아닌, 더 많은 사람의 이야기가 되어갔다. "삐걱거리며 늘 함께해 준 / 낡은 자전거야 안녕 / 아침마다 서둘러 달렸던 / 좁은 골목길도 안녕." - 3집 ⟨SOUNDS GOOD!⟩ 수록곡 '작별을 고하며' 中

6, 7집에 이르러 또 한 번의 음악적 전환이 느껴집니다. 멜로디와 사운드에 집중한 전과 달리, 두 앨범 모두 '이야기'를 중심에 둔 구성이 인상적이에요. 6집 ⟨long way⟩(2018)는 옴니버스식으로 서로 다른 화자의 이야기가 이어지고, 7집 ⟨thousand years⟩(2022)는 각 트랙이 챕터처럼 한 편의 소설로 흐르죠. 그 정도로 이야기에 주목한 특별한 계기가 있었을까요?

사운드적으로는 실험하고 싶은 것들을 이미 많이 해봤잖아요. 그 때문에 작업의 70%는 작사에 집중할 만큼 가사 쓰기에 무척 공을 들였습니다. 좋은 책을 읽으면 오래도록 마음에 남는 게 있잖아요. 저희 앨범도 한 권의 책처럼 무언가 느끼고 생각할 거리를 남기면 좋겠더라고요. 그리고 그 무렵 저한테 첫아이가 태어났어요. 이 친구가 제 인생에 나타나면서 저란 사람도 좀 바뀌더군요. 사소한 생활 패턴부터 사람을 보는 관점, 인생의 소중한 우선순위 같은 게 다 바뀌었죠. 음악을 대하는 태도마저요. 그러면서 앞으론 어떤 음악을 만들어야 할지도 원점에서 다시 생각하게 된 거예요.

7집에선 정서적 변화도 두드러집니다. 종전과 달리 유독 어둡고 절망적인 정서를 다루셨어요.

코로나 때 만든 음반이잖아요. 세상이 어찌 되는 건지 많은 사람이 불안해하고, 별의별 뉴스가 쏟아져 아무것도 믿지 못하는 그런 시기에 해맑은 음악을 할 순 없겠더라고요. 장고 끝에 나온 아이디어가 이 시기의 정서에 기반해 가사를 써보는 거였어요. 가사 속 등장인물들은 모두 디스토피아적 세상에 살고 있는 존재들이에요. 우리에 갇힌 사자('사파리의 밤'), 죽어 가는 사람('coma'), 기억을 잃은 사람('어디로 가는가'), 절망하는 사람('GIVE UP') 등 저마다 무언가 상실하고 지쳐 포기하려는 이들이죠. 하지만 그럼에도, 모든 이야기는 끝에 반드시 희망이 비쳐야 한다고 생각하거든요. 그래서 결말을 두고 고민이 아주 많았어요.

"마지막 가사 한 줄을 채우는 게 정말 어려웠다"라고 회고하신 이유가 그 때문이었군요.

마지막 곡 'GIVE UP' 가사를 계속 썼다 지우길 반복했죠. 단순히 '그래도 난 괜찮아. 다 잘될 거야'라는 메시지로 쉽게 끝맺음하는 건 아닌 것 같더군요. 한참을 고민하다 문득 오브제 하나가 떠올랐어요. 바로 첫 트랙 제목이자 중심 소재인 '우산'이었죠. 주저앉아 포기하려는 화자의 눈앞에 마침내 해가 비추고 천 개의 우산이 나타난 상황을 가사로 옮겼어요. 그 어떤 말 대신 시각적 오브제가 나타내는 장면만으로 메시지를 비추고 싶었거든요. 이처럼 앨범 전반의 서사와 그 짜임새에 주력하면서 작사에만 2년이 걸렸습니다. 저 가사 한 줄 때문에 나머지 곡들의 가사를 바꾸는 일도 많았고요. 각각의 완성도는 여전히 중요했지만, 앨범 전체를 하나의 작품으로 만들어가는 이야기도 저희에게 굉장히 중요해진 거예요.

| Re:cap |

어느덧 그의 시선은 달라져 있었고, 현란한 사운드로 채워졌던 음악의 한가운데 '이야기'가 자리 잡았다. 그 속엔 아이의 눈으로 다시 바라본 세상과 새로 배운 듯 낯설고도 따뜻한 일상, 그리고 서로의 불안을 견디던 사람들의 얼굴이 담겨 있었다. 결국 그에게 음악은 더 이상 자신을 드러내는 수단만이 아닌, 함께 살아가는 누군가의 시간을 비추는 창이 됐다. 자신을 넘어 누군가의 마음에 닿아가는 일. 자아의 접촉면이 넓어진다는 건, 어쩌면 우리 모두에게 주어진 성장의 한 모습일지 모른다. 어둠 속에서도 서로의 꿈과 하루를 지켜주는, 작고 단단한 '천 개의 우산'처럼. "오오 절망이여 / 나를 포기하여라 / 나지막이 중얼거렸던 / 해가 비춘 어느 날 / 그가 마침내 멈춘 곳 / 거기 남겨져 있는 / 천 개의 우산." - 7집 ⟨thousand years⟩ 수록곡 'GIVE UP' 中

데뷔 20주년 기념 음반 ⟨Twenty Plenty⟩(2024)를 발표하셨죠. A사이드와 B사이드로 구성된 독특한 콘셉트가 눈에 띄는데, 어떤 의도가 담겨 있나요?

B사이드 앨범 발표는 저희 버킷 리스트 중 하나였어요. B사이드는 뭔가 마이너틱한 곡들이 들어가잖아요. 가령 록밴드 앨범의 B사이드엔 엉뚱한 발라드풍 노래가 나온다든지 하는 식으로요. 어릴 적 비틀즈나 라디오헤드의 B사이드 곡 모음집을 들으면 '이 노래로 표현하려던 게 뭘까?', '왜 이 노래는 B사이드에 들어갔을까?' 생각하게 하는 매력이 있었죠. 저희 앨범 B사이드는 예전에 만들어졌지만 저마다의 사연으로 발표되지 않은 곡들로만 채워져 있어요. 이 노래들만의 매력이 한번 빛을 봤으면 하는 게 이 앨범을 만든 이유 중 하나예요.

A사이드엔 잔나비·LUCY·스텔라장 등 동료들의 리메이크 곡들이 배치됐어요.

이번 앨범을 내고서 가장 많이 느낀 게 '우린 혼자가 아니었다'라는 점이에요. 20년이라는 꽤 긴 시간이 흐르며 음악을 하는 동료들이 많이 사라졌어요. 몇 년 새 부쩍 외롭단 기분도 자주 들었죠. 그런데 이렇게 많은 뮤지션이 저희 음악을 아껴주고 페퍼톤스의 스무 살을 축하해 줄진 몰랐어요. 회사한테도 고마웠고요. 저흰 부끄러움이 많아서 자축 앨범을 스스로 기획할 만큼 뻔뻔하질 못하거든요. (웃음) 시간이 갈수록 페퍼톤스의 음악이 페퍼톤스만의 것이 아님을 느껴요. 진부한 말일 수 있지만 선후배, 회사, 무엇보다 저희 음악을 들어 주는 팬들이 없다면 우리 음악은 아예 존재조차 할 수 없음을 느끼죠. 음악은 제게 늘 하고 싶은 것이었지만, 그 욕심만으로 할 수 있는 일이란 세상에 많지 않잖아요. 하고 싶은 걸 하면서 살 수 있다는 데 형언할 수 없는 고마움을 느껴요. 이런 감정이 창작에도 녹아드는 것 같고요. 지금까진 고집대로 밀어붙이는 경우가 많았는데 이젠 다른 의견들에도 귀가 열려요. 점점 더 그리 살아야겠다고 다짐합니다.

스무 살의 페퍼톤스, 앞으로의 20년은 어떻게 내다보세요?

음악이 제일 재밌을 때는 감수성이 예민한 사춘기예요. 이땐 맨날 이어폰 끼고 음악 듣고 다니잖아요. 그러다 어른이 되고 더 나이가 들면 음악을 잘 안 듣게 되죠. 결국 음악이란 어리거나 젊은 사람들의 재밌는 유행과도 같은 거예요. 이 때문에 창작자도 나이가 들면 왕성히 창작을 이어가는 게 쉽진 않은 듯해요. 생물학적 한계가 있는 거죠. 그럼에도 저는 앞으로의 20년도 여전히 창작이란 걸 해나갈 수 있길 바라요. 불가능에 도전하겠단 말 같기도 한데 정말 진심으로요. 그래서 지금부턴 저희만의 어떤 철학을 마련해야 할 시기인 듯해요. 아이디어를 떠올리는 것도 중요하지만, 어떤 방향과 태도로 정리하느냐도 중요하거든요. 이 지점에 더 주력하려 합니다.

실력에 더해 자신만의 철학도 필요한 존재가 프로인 거군요. 그렇다면 본인이 생각하시는 프로란 구체적으로 어떤 존재인가요?

프로란 이번에도 잘해야 하지만 다음번에도 잘해야 하는 사람이라고 생각해요. 프로라는 소리를 듣는 분들은 대체로 그 직업과 완전히 동화돼 있더라고요. 살면서 깨닫는 생각, 크고 작은 변화 등 온갖 다양한 자극을 일에 투영하죠. 어떻게든 더 잘하고 싶어서요. 그만큼 책임감을 온 마음으로 감내하는 이들의 호칭인 거죠. 제 음악은 고요한 독방에서 시작됐어요. 그러다 평생의 음악 동반자 장원이를 만났고, 울타리가 되어주는 회사를 만났죠. 그리고 마침내 저희 음악을 아껴주는 팬들과 만나 여태껏 음악인으로 살아가고 있어요. 이제 제 안에서 머물기만 하는 건 절대 음악이 아닌 거예요. 자아의 접촉면이 넓어진 만큼 더 많은 걸 보고 생각하게 되죠. 더 잘하고 싶으니까요. 누구나 각자의 길에서 이 과정을 거칠 거라 봐요. 잘하고자 하는 순수한 마음, 그걸 내려놓지 않고 걷고 있는 모두를 응원합니다. 행운을 빌어요.

| Re:cap |

어린 날의 즐겁고 청량한 꿈으로 우리는 저마다의 무대를 향해 나아간다. 그 빛으로 세상을 향해 첫발을 내딛지만, 프로가 된다는 건 언제나 말처럼 쉽지 않다. 때로는 꺾이고, 서툴고, 무거운 책임 앞에 자신을 단단히 다잡아야 한다. 그럼에도 그 길은 결코 혼자가 아니다. 그의 곁엔 동료와 가족, 음악을 아껴주는 회사와 팬들이 있었고, 바로 그들과의 공명이 고요한 독방에서 시작된 노래를 '우리의 음악'으로 성장시켰다. 마찬가지로 우리도 각자의 무대에서 더 큰 시야와 더 넓은 마음을 배우며, 자아의 접촉면을 넓혀간다. 그렇게 더 큰 꿈과 더 많은 사람을 품는다. 그래서 그와 페퍼톤스의 성장 이야기는 같은 여정을 걷는, '빛나기 시작한' 우리 모두에게 작은 '행운'처럼 머문다. "빛나기 시작한 별 / 세차게 부는 바람 / 눈물은 흘리지 않을게, 굿바이 / 오랜 시간이 흘러 / 쓰러질 듯 벅찬 날 / 이 서툰 노래가 닿기를 / 긴 여행의 날들 / 끝없는 행운만이 / 그대와 함께이길." - 4집 〈beginner's luck〉 수록곡 '행운을 빌어요' 中

프로란 어떤 상황에서든
책임지는 사람이에요

한국 스페셜티 커피 개척자
서필훈

現 커피리브레 대표.
대학원 재학 중 즐겨 찾던 카페에서 커피의 매력에 빠져 커피 일을 시작했다.
2009년 스페셜티 커피 브랜드인 커피리브레 창업 후 현재 15개국, 250여 개 농장과
직거래하며 다양한 스페셜티 커피를 국내외 소비자에게 선보이고 있다.

—

20년간 외길을 묵묵히 걸어온 스페셜티 커피 전문가가 있습니다. 흐드러지게 카라꽃이 핀 니카라과의 농장을 인수해 직접 커피를 재배하고, 때론 정세가 불안한 여러 나라를 돌아다니며 좋은 생두를 골라 들여옵니다. 아직도 직접 커피를 로스팅하고, 품질 관리를 위해 1년에 5,000개 정도의 커피 맛을 감별합니다.

그는 국내 스페셜티 커피 시장의 개척자입니다. 2005년 이름조차 낯설던 스페셜티 커피의 세계로 뛰어들어 2년 만에 국내 최초 큐그레이더 자격을 획득하고, 급기야 세계 커피 로스팅 대회에 출전, 2연패를 달성하며 국제적 명성까지 쌓죠.

어느새 그가 연간 수입하는 생두만 국내 수위권 규모인 1,600톤. 에스프레소 1억 6,000만 잔 분량의 원두가 그의 손을 거쳐 시중에 공급됩니다. 스페셜티 커피 브랜드 '커피리브레' 대표, 서필훈 님의 이야기입니다.

**"우리는 커피를 통해 사람과 사람을 잇는 일을 하고 있습니다.
그 과정에 있는 사람들의 얼굴을 알리고 싶었습니다."**

그가 커피 일을 시작하기까지 나름의 우여곡절이 있었습니다. 명문대 대학원까지 진학하지만 이내 학업에 회의를 느껴 방황했고, 장교 복무 중 진주 남강의 잔잔한 파도 곁에서 돌연 일식 요리사를 꿈꾸기도 했죠. 그러던 서른 즈음, 커피는 운명처럼 그에게 찾아왔습니다.

커피는 그에게 단순한 사업 수단이 아닙니다. 밸류 체인에 속한 모두가 노력의 가치를 인정받고, 어제보다 더 나은 삶과 행복을 누리도록 하는 매개죠. 결국 커피란 그가 자신과 다른 '얼굴' 들을 마주하게 한, 세상을 들여다보는 렌즈입니다.

2024년 8월, 한여름의 서울 연남동. 불볕더위로 푹푹 찌던 날, 시원한 커피 한 잔이 간절한 마음으로 '커피리브레' 매장 문을 열었다. 곧이어 내 앞에 놓인 아이스 아메리카노. 첫 모금의 카페인에 더위가 스르르 가셨다. 한숨을 돌린 뒤 문득 커피잔에 새겨진 푸른 마스크의 레슬러가 눈에 들어왔다. 어딘가 투박한 인상. 바로 그 순간, 이 레슬러를 닮은 듯한 그가 나타났다.

어릴 적 꿈이 고고학자였다면서요?

저는 평생 자유로운 영혼이었어요. 관심 있는 무언가를 연구하고, 더 깊은 진실을 찾으려 훌쩍 탐험을 떠나, 끝내 이를 발견하고 미소 짓는 인디아나 존스 같은 사람을 선망했죠. 이처럼 마냥 낭만적으로 보이는 꿈 이면엔, 타고난 반골 기질도 작용했던 것 같아요. 학창 시절 대단한 말썽꾸러기였거든요. 못된 짓을 많이 해 부모님이 학교에 불려 다니기 일쑤였어요. 어른들이 하지 말라는 일엔 매번 "왜요?" 토를 달고 그런 일만 골라서 했죠. 정말 내키는 대로 산 것 같아요.

대단한 말썽꾸러기였지만 공부는 놓지 않으셨나 봐요. 고려대에 진학하셨잖아요.

공부만 잘하면 모든 게 용서되던 시절이었어요. 사실 성적이 좀 괜찮은 것 빼곤 지지리도 말 안 듣는 학생이었죠. 대입도 제 맘대로 했어요. 부모님은 경영학, 법학 같은 잘나가는 전공을 택하길 원하셨지만 가볍게 무시하고, "서양사학과 원서 넣었어"라고 통보만 했습니다. 입학하고선 곧바로 운동권이 됐고요. 부모님 속 참 많이도 썩인 자식이었죠.

독불장군이 따로 없네요. (웃음) 대학 공부는 꽤 재밌으셨나 봐요. 동 대학원에서 석사까지 마치셨죠. 그런데 왜 갑자기 커피로 진로를 트신 걸까요?

대학원에서도 말 안 듣긴 마찬가지였죠. 한 학기만 마치고 공군 학사 장교로 입대해 버렸어요. 군 생활 대부분을 진주 교육사령부에서 근무했는데, 부대에서 살기 싫어 독신자 숙소 대신 진주 시내 건물 옥탑방에 세 들어 살며 출퇴근했죠. 퇴근하면 혼자 심심하니까 건물 1층 횟집에 자주 놀러 갔어요. 자연스레 주인 형님과 친해져 일손도 조금씩 도왔고요. 배달도 가고 주말엔 새벽같이 일어나 삼천포로 가서 생선을 떼왔죠. 도매 시장에서 펄떡이던 물고기는 제가 느껴보지 못한 생생함, 그 자체였어요. 그때까진 미처 몰랐던 다른 세상의 존재를 눈치챘습니다. 학교와 책에선 만나지 못한 날것의 느낌이 횟집과 새벽 시장에 있었어요. 훗날 복학해 '직업으로서의 학문'이 내게 무엇인가라는 큰 질문을 맞닥뜨렸는데, 방황하다 막연히 몸 쓰는 일을 하고 싶어 일식을 배우기로 했습니다. 자격증 따면 진주로 내려가 횟집 형님한테 일을 더 배우려고 했어요.

갑자기 일식을요? 진지하게 임하신 듯한데 왜 금세 접으셨나요?

일식은 맛뿐만 아니라 형식미도 대단히 중요한데, 태생이 자유분방한 저랑 전혀 안 맞았어요. 게다가 자격증 시험 때 하필 닭 버터구이가 과제로 나왔죠. 어려서부터 닭을 안 먹고 냄새조차 싫어했는데, 생닭 뼈를 바르라니 정신을 놓을 수밖에 없었어요. 칼에 손을 베였습니다. 그 길로 시험장을 뛰쳐나와 곧장 학교 앞 단골 카페로 갔어요. '한국 1세대 바리스타' 박이추 선생님의 제자, 최영숙 점장님이 운영하는 '보헤미안(현 라플루마 앤 보헤미안)'이라는 카페였죠. 실망감에 젖은 채 평소처럼 커피 한 잔을

시켜 마시다가 문득 생각이 떠올랐어요. '왜 커피 일을 해볼 생각은 안 했을까?' 그날 강배전 쿠바 커피를 마셨는데 유난히 맛있고 신비로운 기운이 깃들어 있었어요. 그리고 그 커피 한 잔이 제 '인생 커피'가 됐죠.

그 커피가 왜 그리 특별했던 걸까요? 인생 커피로까지 꼽으신 이유가 궁금해요.

생두를 볶아 맛을 끌어내는 작업을 로스팅이라고 해요. 볶는 시간, 열의 세기 조절에 따라 같은 생두라도 맛이 달라지죠. 강배전은 말 그대로 강하게 볶은 것, 즉 다크 로스팅이에요. 생두 고유의 향을 살리려면 약배전으로 가는 경우가 많죠. 근데 그 커피는 강배전이라 풍미가 화려하진 않았어요. 하지만, 누군가의 인생 커피가 꼭 맛으로만 결정되는 건 아니잖아요? 커피의 맛과 향도 중요하지만, 커피를 마시는 순간의 기억과 기분, 분위기가 더 결정적이라 생각하거든요. 마음에서 멀어지던 공부, 고배를 마신 일식 자격증, 불확실해진 미래, 그 모든 고민이 뒤엉킨 순간에 털어 넣은 그 한 잔이 제게 실마리를 주는 듯했어요. 머릿속 안개가 걷히면서 마치 감전된 듯한 기분이 들었습니다. 며칠을 고민하다 "여기서 커피를 배우고 싶습니다. 일하게 해주세요"라고 점장님께 말씀드렸습니다.

인생을 바꿔준 커피이기도 하네요! 그런데 남은 학업은 어쩌시고요?

커피에 미쳐 놔버렸죠, 뭐. (웃음) 교수님들은 노발대발하셨고, 부모님은 커피 일을 한다는 게 무슨 의미인지도 아예 이해하지 못하셨어요. 나중에 안 사실이지만 주변 친지에겐 제가 "미국으로 박사 학위 따러 유학을 갔다"라고 거짓말을 하셨더라고요. 아무튼 커피에 미쳐 시간 가는 줄 모르다가, 그래도 졸업은 해야겠다고 마음먹었어요. 원래 전공하려던 분야는 러시아 경제사였는데, 논문 주제를 쿠바 여성사로 바꿔 시시한 석사 논문 한 편 쓰고 간신히 학위만 땄어요.

그렇게 들입다 뛰어든 커피 일, 시작은 어떠셨나요?

공부만 하던 제가 무슨 기술이 있었겠어요. 처음엔 설거지, 청소, 홀 서빙 등 잡일부터 했죠. 그러다 핸드 드립, 에스프레소, 로스팅 등 배움의 범위를 점점 넓혔고, 그러면서 커피에 깊이 빠져들었어요. 밤마다 인터넷과 전자 저널에서 온갖 자료를 뒤지며 공부했습니다. 자려고 침대에 누웠는데 좋은 로스팅 방법이 떠올라 새벽에 다시 출근하는 일도 종종 있었죠. 그렇게 1년쯤 지나 2005년, 미국과 북유럽을 중심으로 확산 중이던 '스페셜티 커피'라는 존재를 알게 됐습니다. 보통 고급 커피라는 의미로 쓰이는데, 정확히는 스페셜티커피협회SCA에서 규정한 점수 기준을 넘어서는 커피를 지칭하는 거예요. 이 '커피 신세계'를 탐구하고 싶은 열망에 가슴이 두근거렸습니다. 곧 제 몸이 움직이더라고요.

'커피 신세계', 말 그대로 당시 스페셜티 커피는 대중적으로 무척 생소했죠.

그때는 국내엔 거의 알려지지도 않았고 로스팅하는 업체도 별로 없었어요. 고급 커피라 해봤자 일본에서 인기 있던 '블루마운틴', '하와이안 코나' 정도였죠. 보헤미안도 박이추 선생님께서 볶은 원두만 받아 썼고, 제가 입사하고 시간이 좀 지난 후에야 로스팅 기계를 도입했습니다. 점장님께선 제가 로스팅을 전담하게끔 배려해 주셨어요. 다만 경험이 일천하다 보니 제가 로스팅한 커피 품질이 좋지 않았죠. 제 커피가 나갈 때면 손님들이 맛이 형편없다고 항의하는 일도 종종 있었고요. 그때마다 점장님은 자기 잘못인 양 죄송해하며 매번 말없이 커피를 다시 내줬습니다. 그럼에도 한 번도 절 나무라시지 않아 더 죄송했어요.

저는 어려서부터 겁이란 게 없었고 학교나 군대에서도 마찬가지였어요. 할 말 있으면 하고 잘못했으면 혼나면 되는 건데, 죽을 것도 아니고 무서울 게 뭐냐는 식이었죠. 그런 제가 처음으로 무섭다는 생각을 한 게 점장님 때문이었어요. 커피에 관해선 지독할 정도로 털끝 하나 허투루 하는 일이 없으셨죠. 남에게만

이 아니라 자신한테도 엄격하셨고요. 그런 분이 제 엉터리 같은 커피엔 일절 나무람이 없으셨던 거예요. 그게 저 스스로를 더 다그치게 했고, 급기야 저 같은 자유로운 영혼에게도 모종의 책임감을 불러일으켰어요. 지금 와서 생각해 보면, 제가 느낀 무서움은 존경의 마음 아니었나 싶어요.

좋은 스승과 열정 덕분이었을까요. 스페셜티 커피 입문 2년 만인 2007년, 국내 첫 큐그레이더Q-Grader■가 되셨어요.

단번엔 못 붙고 재수 끝에 합격했어요. 도입 초기라 시험이 매우 엄격했고, 평균 합격률이 10%가 채 되지 않았거든요. 게다가 시험 과목이 무엇인지도 모르고 무작정 미국에 간 거예요. 맛을 보고 향을 감별하는 시험인데, 전날 추운 겨울 날씨에 싸구려 호텔에서 자다가 감기까지 걸렸고요. 그럼에도 실 · 필기 총 스물두 과목 중 기적적으로 딱 세 과목만 떨어졌고, 이듬해 그 과목들만 재시험을 쳐 자격증을 땄어요. 그렇게 '한국 첫 큐그레이더'가 되긴 했는데, 딱히 자랑할 데도 없더군요. 아무도 그게 뭔지 몰랐을 때니까요. (웃음) 제 커피 실력은 이제 걸음마를 뗀 것에 불과했기에 오히려 자격증이 부끄럽기도 했죠. 어쨌든 이후로

■　SCA가 운영하는 커피 품질 평가 자격을 보유한 국제 공인 커피 감별사. 전문 심사관으로서 원두의 품질과 향미를 평가해 등급을 판정한다.

도 미국을 틈틈이 오가며 수업을 듣고, 매일 밤늦게 혼자 남아 로스팅을 하며 조금씩 실력을 늘려갔어요. 그러면서 차츰 스페셜티 커피에 인생을 바쳐도 되겠다는 확신이 생겼습니다.

| Re:cap |

보헤미안에서 털어 넣은 한 잔의 커피는 그에게 단순한 위로가 아니었다. 마음에서 멀어지던 공부, 고배를 마신 일식 자격증, 불확실해진 미래. 그 모든 고민이 뒤엉킨 순간 그가 삼킨 건, 끝내 제멋대로이겠다는 꺾이지 않는 '고집'이었다. 머릿속 안개가 걷히며 감전이라도 된 듯한 찰나, 그는 깨달았다. 세상은 여전히 불확실하지만, 그걸 버티는 힘은 결국 자기도 어쩌지 못할 그 안의 고집뿐이란 것을. 그 고집이야말로 알아주는 이 하나 없던 시절에도, 그를 무작정 앞으로 걷게 한 뚝심이 되어주었고, 불확실을 마침내 확신으로 바꾸는 힘이 되어주었으리라.

그 확신이 커피리브레의 출발로 이어졌군요. 2009년, 보헤미안에서 독립해 스페셜티 커피 브랜드를 세우셨죠. 어떤 마음으로 창업을 결심하셨나요?

스페셜티 커피를 집중적이고 전문적으로 다루는 브랜드를 만들고 싶었어요. 5,000만 원으로 창업했습니다. 5년간 보헤미안에서 일하면서 1,000만 원을 모았고, 나머지는 자취방 보증

금을 뺐죠. 사무실 보증금 넣고 중고 로스터기까지 구매하니 금방 돈이 사라지더군요. 그래서 처음엔 매장은 엄두도 못 냈고, 스페셜티 커피 교육과 직접 로스팅한 원두만 판매하는, 작은 커피 공방으로 시작했어요.

커피리브레, '자유로운 커피' 정도로 직역할 수 있을까요?

맞아요. 애초에 제가 추구한 게 자유였고 파는 건 커피였으니까요. 다만, 구체적으로 영감받은 건 〈나쵸 리브레〉(2006)라는 영화예요. 주연인 '잭 블랙'이 신부이자 '나쵸'라는 예명의 레슬러로 나와요. 어려서 레슬러를 꿈꿨지만 부모님 뜻대로 수도자의 길을 걷는 인물인데, 돌보던 보육원 아이들이 자금난으로 끼니도 못 챙길 위기에 처하자 결국 마스크를 쓰죠. 대전료로 아이들을 보살피려 신분을 숨긴 채 프로 레슬러가 된 거예요. 이후 번번이 상대 선수한테 얻어터져 괴로워하며 이렇게 외치죠. "주여, 왜 제게 레슬링을 향한 열정과 거지 같은 재능을 함께 주셨나요?"

이 대사는 저 자신에게 하는 이야기로도 받아들여졌어요. 커피를 사랑해서 시작한 일이고 쉽지 않으리라 예상했지만 현실은 더 냉혹했죠. 커피 실력도 생각만큼 늘지 않았고 회사는 매년 적자에 매출은 미미했거든요. 그래서 회사 모토를 '우린 아마 안될 거야'로 정했어요. 아예 실패를 목표로 삼은 거죠. 그러면 실패가 반복돼도 늘 목표를 달성한 게 되잖아요. 더 빨리, 많이 실패하고 그로부터 많은 것을 배우고 싶었어요. 회사 로고도 비슷한 의미입니다. 나쵸에게서 따온 이 로고는 승리에 도취된 의기양양한 모습이 아니에요. 1라운드 때 처참히 얻어맞고 2라운드에도 다시 링 위에 올라야 하는, 복잡한 심경의 레슬러를 표현한 모습이죠.

실패를 목표로 삼다니, 언뜻 자조적이지만 그 어떤 말보다 발칙하고 패기 넘치게 들리네요. 그러고는 창업 이듬해, '운명을 바꿔 준 은인'을 만나셨다고요. 그게 누구였나요?

일본 스페셜티 커피 업계 대모, '유코 이토이' 선생님입니다. 세계적 스페셜티 커피 구매 그룹 '타임스클럽'을 이끄는 분이죠. 첫 만남부터 드라마틱했어요. 한국에도 스페셜티 커피를 하는 사람이 있다는 얘기를 들으시곤, 안면도 없는 저를 덜컥 니카라과로 초대하셨거든요. 커피 산지를 가본 적도 없고 스페셜티 커피에 빠삭할 때도 아니었는데, 커핑(커피 맛 감별)부터 산지에서의 예의, 커피나무 보는 법, 가공 방식과 품종, 농가와 직거래하는 법까지 하나하나 가르쳐주셨죠. 미국에서 열린 커피 박람회에도 데려가 주셨어요. 선생님 소개로 다양한 국가의 스페셜티 커피 업계 관계자, 커피 생산자들과 안면을 틀 수 있었습니다. 일본 문화에서 누군가를 남에게 직접 소개하며 "앞으로 잘 부탁한다"라고 말하는 건, 그 사람을 '자신처럼 대해 달라'는 의미라 해요. 선생님은 20년간 쌓은 자신의 소중한 네트워크를 아무 대가 없이 공유해 준 셈이에요. 정말 큰 은혜를 입었습니다.

그분의 가르침이 큰 시야와 기회를 함께 열어준 듯하네요. 그해 컵 오브 엑셀런스CoE▪▪ 국제 심판관으로 발탁되셨어요.

CoE도 선생님 덕분에 참가했죠. CoE는 상당수 커피 바이어들이 국제 심판관으로 참여해 뛰어난 커피를 선별하고, 동시에 그 농가들과 직거래 관계를 맺으며 판로를 개척해요. 바이어로선 너무 좋은 기회죠. 워낙 쟁쟁한 행사라 전 엄두도 못 내고 있었는데, 선생님 권유 덕에 용기 내 지원한 겁니다. 사실 그땐 대회가 얼마 안 남은 시점이었고 심사 위원들도 모두 정해졌을 때인데, 다짜고짜 CoE 회장에게 참가 허락을 구하는 메일을 보냈어요. 무모한 부탁이었음에도 답장을 주더군요. '이미 자리가 다 찼다. 하지만 자리를 마련할 테니 와도 좋다.' 그 뒤 매년 CoE 심사 위원으로 활동하며 많은 것을 배웠습니다.

월드 로스터스 컵에도 출전해 2연패(2012·2013)를 하셨어요. 영국 스퀘어마일스, 일본 마루야마 커피, 덴마크 커피 콜렉티

▪▪ '커피계의 오스카'로 불리는 세계 최고의 원두 경연 대회. 1999년 시작해 매년 브라질·에티오피아·콜롬비아 등 주요 산지에서 개최되며 국가별 최고 품질의 커피를 선발한다.

그전까지 세계 커피 업계엔 바리스타 대회만 열렸고 로스팅 대회는 없었어요. 근데 당시 대만을 중심으로 여러 나라의 대표적 스페셜티 커피 브랜드를 모아 '로스팅 국가 대항전' 같은 대회를 개최하자는 아이디어가 나왔고 곧 현실화됐어요. 절 빼면 모두 세계적으로 이름난 로스터들이었는데, 운 좋게 제가 2년 연속 1등을 했네요. 그러면서 자연스레 회사도 조금씩 빛을 본 것 같아요. 2012년, 드디어 첫 매장을 냈으니까요. 연남동 동진시장 골목 한편에 월세 30만 원짜리, 7평도 안 되는 조그만 매장이었지만요. 여전히 스페셜티 커피는 생소한 시절이었고 위치가 후미져 장사도 시원찮았지만, 월세가 워낙 싸서 그럭저럭 유지는 했어요. 다만, 제 주된 관심은 매장 장사보단 로스팅 사업, 즉 질 좋은 해외 생두를 직거래로 들여와 로스팅해 판매하는 데 있었죠. 지금도 기조가 같아서 매장은 네 군데밖에 없어요. 코로나 이후로 납품 경쟁이 더 치열해져서 영업이나 마케팅을 잘해야 하는데, 저흰 그쪽 능력이 부족해요. 그럼에도 회사 규모를 더 키우고 싶은 마음은 그다지 없습니다. 밸류 체인에 속하는 모두가 우리와 함께 행복하길 바랄 뿐이죠. 여전히 좋은 품질을 만드는 게 사업에서 가장 중요한 일이라 고집하고요. 요즘 세상 잣대로는 안 일하고 뒤떨어진 생각이죠.

겸허하게 말씀하시지만 현재 커피리브레는 에스프레소 1억 6,000만 잔에 달하는 생두를 직거래하는, 국내 스페셜티 커피 시장의 대표 주자이자 '한국 스페셜티 커피의 문을 연 선구자' 로도 평가됩니다. 이제는 시장 전체 규모도 2조 원에 육박할 만큼 성장했는데, 그 소회가 어떠신가요?

첫 생두 직거래 땐 구매량이 워낙 적어 화물 컨테이너를 따로 쓸 수도 없었어요. 제 구매분을 유코 선생님 컨테이너에 함께 실어 먼저 일본에 보내고서야 한국으로 들여올 수 있었죠. 모든 과정이 번거롭고 힘들었지만 처음으로 구매한 생두가 트럭에 실려 도착했을 때의 환희와 설렘은 아직도 생생합니다. 이런 시작을 거쳐 직거래를 시도하는 회사들이 하나둘 늘었고, 한국 스페셜티 커피 시장도 점점 성장 궤도에 올랐다고 봅니다. 그 과정에서 감사하게도, 저희 매출도 창업 이래 조금씩이라도 꾸준히 늘었고요. 커피리브레, 나아가 스페셜티 커피의 존재 가치가 시장에서 갈수록 인정받고 있다는 뜻이니 뿌듯할 뿐입니다.

| Re:cap |

좋아하고 사랑하는 일이라도 끝까지 밀어붙인다는 건 쉽지 않다. 그럼에도 어떻게든 밀고 나가면 성공일까? 천만의 말씀. 현실은 냉혹하고 실망투성이다. "1라운드 때 얻어맞고도 다시 2라운드에 올라야 하는" 처지일 뿐이다. 그래서 우린 받아들여야 한다, '우린 아마 안 될

것'이라는 사실을. 그럼 다시 의문이 남는다. 성공도 보장할 수 없는데, 우리는 왜 도전해야 하나? 그건 바로, 그 모든 좌절에도 끝내 걷고 있는 사람만이 만들어내는, 묵직한 '감동' 때문이다. 그 감동은 뜻밖의 조력자를 만나게 하고, 닫힌 길을 열며, 가장 중요한 기회의 물꼬를 튼다. 때로 앞이 보이지 않아도 묵묵히 걷는 일이 우리에게 의미 있는 이유다.

1년 중 약 90일을 해외에서 체류하며 커피 농가를 직접 방문하신다고요.

예전엔 100일 이상 있었어요. 나이가 들어 좀 줄인 거예요. 장거리 출장이 힘들긴 하지만, 그저 할 일을 하는 것뿐이라 생각합니다. 거래 농장의 커피밭부터 가공 과정 전부를 일일이 확인하고, 지난해 생두에 관한 의견을 전달하며 감사의 말을 전해요. 아직도 커핑만 1년에 5,000번 정도 하는 듯해요. 저는 회사 대표이기 이전에 로스터이자 생두 바이어이기에 기본에 충실하려고 합니다. 사실 고상함과는 거리가 먼 일들이에요. 깨끗하고 안락한 호텔에서 아침 햇살을 느끼며 마시는 커피 한 모금? 이런 낭만적 장면은 드물죠. 커피 농가 대부분이 제3 세계의 깊은 산골에 있거든요. 가끔은 내전이 벌어지거나 무장 게릴라와 마약 카르텔이 활동하는 지역을 통과하기도 하고, 바주카포를 든 무장 요원이 정문을 경비하는, 세상에서 가장 '안전한' 호텔에 묵기도 합니다. (웃음) 체력도 중요해요. 낮에는 긴 시간 차를 타고 이동해 가파른 농장을 오르내리고, 오래 서서 많은 샘플을 커핑하며, 밤엔 숙소에서 낮에 방문한 농장과 커핑 데이터를 기록하거나 밀린 이메일에 답장하다 잠들기 일쑤입니다. 70%가 오랜 거래처라 매번 농가를 일일이 방문할 이유가 이젠 별로 없지만, 그럼에도 매년 현지를 찾는 건 산지 상황을 가까이 살피고 생산자들의 얼굴을 마주하기 위해서예요. 그러면서 배우는 것도 많고 서로 신뢰도 쌓습니다.

그래선지 농가와의 관계가 단순 구매자-판매자 사이로는 보이지 않아요. 가령 엘살바도르에선 가치가 떨어진 커피를 외려 웃돈을 주고 구매하고, 온두라스 농가엔 장비 지원까지 하셨다고 들었어요. 단순한 거래라면 설명이 안 되는데, 왜 그렇게까지 하시나요?

그 엘살바도르 농장 이름은 '놈브레 데 디오스'인데, '신의 이름으로'란 뜻이에요. 저희 첫 직거래 농장이죠. 2012년 40년 만의 기록적 폭우가 쏟아지면서 그해 농사를 완전히 망쳤어요. 수확량이 40%나 줄고 품질도 떨어졌지만, 어쩔 수 없이 이 농가는 생두 가격을 올려야만 했죠. 이런 사정의 이메일을 받고 잠깐 망설였지만, 결국 생산자가 제시한 금액에 5%를 더 얹어 구매하기로 했어요. 눈앞의 이득만 생각했다면 다른 농장을 찾아보는 게 나왔겠지만, '신의 이름'을 농장에 붙일 만큼 간절한 마음으로 농사짓는 이들이란 걸 잘 알기에 그럴 수 없었어요. 분명 이 위기를 넘기면 더 좋은 커피를 길러내리라 믿었죠. 그리고 믿음은 틀리지 않았어요. 이 농장은 15년이 지난 지금도 저희 중요 거래처로 남아 있거든요. 온두라스 차기테 마을 생산자들도 마찬가지예요. 처음 찾아갔을 땐 단돈 100달러면 살 수 있는 펄퍼(원두 껍질을 벗기는 장비)가 없어 헐값에 커피 열매를 넘기고 있더군요. 안타까웠습니다. 그 마을은 생두 잠재력이 높아 보였거든요. 그래서 장비를 지원하고 커피 가공법을 차근차근 알려줬어요. 그 결과 모든 농장의 커피 품질이 빠르게 좋아졌습니다. 저흰 매년 좋은 커피를 안정적으로 구매하고, 생산자들은 이전보다 서너 배 높은 가격에 커피를 판매하니 모두가 행복하답니다.

농가와의 상생이 비즈니스에도 도움이 되는군요. 그런데 2015년부턴 직거래를 넘어, 아예 현지 농장 경영에도 나서셨어요. 니카라과에 약 17만 평 규모의 커피 농장을 매입해 직접 커피 재배를 시작하셨습니다.

원래는 저희 거래 농장이었는데, 어느 날 농장주가 농장을 처분하고자 제게 관심이 있냐 물어보더라고요. 처음엔 둘러나 볼까 해서 방문했는데 그날따라 농장이 너무 아름답게 느껴졌어요. 카라꽃이 지천에 흐드러지게 피어 있는데, 마치 농장을 인수하라는 하늘의 계시 같더군요. (웃음) 그간 각국의 커피 농장을 방문하며 어깨너머로 배운 경험을 직접 테스트해 보고 싶은 욕심도 들었습니다.

절반은 보호림이라 재배가 불가능한 땅으로 알고 있어요.

니카라과는 중미 최빈국이라 농장 가격 자체는 크게 비싸지 않았어요. 하지만 주변에선 다들 미쳤다고 했죠. 좋은 생두만 골라 구매하면 되는 일인데 굳이 농장 경영까지 할 이유가 없으니까요. 그렇다고 커피 농사를 지을 줄 아는 것도 아니고, 현지에서 오래 머물며 관리할 수 있는 것도 아니잖아요. 더구나 농장 경영에 전력투구해도 수지타산 맞추기가 쉽지 않아요. 실제로 농장 인수 후 9년간 내리 적자였습니다. 그래서 전 세계적으로 커피 농장을 직접 운영하는 스페셜티 커피 회사가 극히 드문 거예요. 그래도 인수 5년 만인 2020년부터 싱가포르를 시작으로 일본 · 프랑스 · 미국 등 여러 국가의 스페셜티 커피 회사에 생두를 수출하고 있어요. 커피는 심고 수확하기까지 4~5년은 걸리는데, 인수 당시는 농장 상태가 워낙 좋지 않아 생산량이 적고 품질 좋은 커피는 더 적었거든요. 새 품종을 다양하게 심고 농장에 많은 투자를 하면서 수확량도 품질도 좋아진 거예요. 작년 니카라과 CoE에서 게이샤 품종이 8위에, 올해는 게이샤 · 에티오피아 품종으로 각각 3 · 9위에 올랐어요. CoE 성적이 농장을 판단하는 전부는 아니지만, 그래도 오랜 노력이 결실을 봐서 뿌듯했습니다.

판매하는 원두 봉투에 누군가의 얼굴들이 인쇄돼 있어요. 현지 생산자들의 얼굴일까요?

그렇습니다. 저는 커피가 공장에서 찍어낸 공산품이 아니라, 개별 생산자가 정성 들여 재배한 농산물이자 작품이란 걸 그 '얼굴'을 통해 알리고 싶었어요. 한 잔의 스페셜티 커피가 테이블 위에 오르기까지는 바리스타, 로스터, 커피를 운송한 사람들, 커피 생산자까지 많은 이들의 노력과 열정이 담겨 있거든요. 이들의 정체성을 저는 얼굴로 표현하려 했고, 그 얼굴이 제대로 드러나지 않은 채 커피를 소비하는 현실에서 그것들을 복원해 내고 싶었어요. 그런 의도에서 회사 모토도 바꿨습니다. '얼굴 있는 커피'로요. 저희는 커피 회사지만, 결국 사람과 사람을 이어주는 일을 한다고 생각합니다.

'얼굴 있는 커피', 그 철학이 인상적입니다. 그렇다면 20년 넘게 커피와 함께해 오신 지금, 자신에게 커피란 어떤 의미인가요?

제게 커피는 '세상을 보는 렌즈'예요. 아는 게 커피밖에 없다 보니 커피를 통해서만 세상을 보게 되는 것 같아요. 커피라는 범주 안의 것에 더 관심을 두고, 자꾸 많은 것을 커피와 연관 지어 생각하죠. 쉽게 말해 커피라는 색안경을 끼고 세상을 보는 거예요. 물론 제겐 익숙하고 편안한 렌즈지만, 그게 이 세상을 보는 단 한 가지 관점이라고 생각하지는 않아요.

사랑하는 일을 렌즈 삼아 세상과 더 넓게 맞닿아 가는 과정이 인상적입니다. 저마다의 영역에서 프로의 길을 걷는 이들도 비슷한 여정을 거치리라 봐요. 끝으로 본인이 생각하는 프로란 구체적으로 어떤 존재일까요?

프로란 책임지는 사람 아닐까요? 자신이 선택한 길 위에서 일어나는 모든 성공·실패에 대해 남 탓하지 않고 책임지는 태도를 갖는 사람 말입니다. 말은 이렇게 하지만 제게도 여전히 너무 어려운 과제예요. 서른쯤까지 저는 겁 없이 하고 싶은 일만 하며 살았어요. 제 안의 목소리에만 응답하면 그만이었죠. 하지만 이젠 마냥 '자유로운 영혼'일 수 없어요. 정신을 차리고 주위를 둘러보니 저 혼자만의 힘이 아니라 정말 많은 사람의 노력과 기대로 여기까지 왔다는 걸 깨달았거든요. 그래서 지금은 즐겁지만 책임감을 갖고 계속 마스크를 쓰려고 합니다. 영화 〈나쵸 리브레〉에선 주인공이 몰래 레슬링복을 입다가 들통나는 장면이 나와요. 그 순간 외친 대사는 이렇습니다. "다 큰 사람도 때론 쫄쫄이를 입는 법이에요."

'자유로운 영혼.' 그의 삶을 이보다 더 잘 표현할 말이 있을까. 아무도 그를 말리지 못했고, 누구의 시선에도 자신을 맞추지 않았다. 오직 자신의 길만 걸을 뿐. 그렇게 자기 내면만 비추던 고집은, 어느 날 '커피'라는 렌즈로 세상을 바라보면서 점차 달라졌다. 자신만의 시선으로는 결코 보이지 않던 것들(동료들의 피땀, 현지 농가의 얼굴, 한 잔의 커피에 깃든 수많은 손길)을 마주한 것이다. 그러면서 그 고집은 어느새 새로운 얼굴을 떠었다. 자신이 걷는 길에 몰두하되, 거기서 마주친 타인의 얼굴을 끝까지 외면치 않는 묵묵한 '책임' 말이다. 지금은 당연해 보이는 성공, 점심시간 뭇 직장인의 손에 들린 스페셜티 커피 한 잔엔 그처럼 무모한 걸음과 묵직한 책임이 스며 있다. 좋아하는 일을 끝까지 해나간다는 건 결국, 그 일의 무게를 온전히 떠안는 일이다. 그렇게 우린 프로가 된다. 각자에게 주어진 '마스크'를 쓰고, 때로는 스스로 '쫄쫄이'를 당당히 입으면서.

프로란 좋아하는 일을
끝까지 좋아할 수 있는 사람이에요

충무로 대표 흥행 음악 감독

김태성

現 모노폴 대표.
국내 역대 박스오피스 1·2위 흥행작 〈명량〉, 〈극한직업〉을 비롯,
총 네 편의 '천만 영화'를 탄생시킨 충무로 대표 영화 음악 감독.
2002년 〈안녕! 유에프오〉를 시작으로 현재까지 총 70편 이상의 영화 음악을 제작했고,
2014년부터 영역을 넓혀 〈SKY 캐슬〉, 〈나의 해방일지〉 등
다수의 히트 드라마 음악 작업을 총괄했다.

〈명량〉, 〈극한직업〉, 〈범죄도시2〉, 〈파묘〉. 무려 네 편의 '천만 영화' 음악을 만든 작곡가가 있습니다. 지금껏 그가 음악을 책임진 영화는 70여 편, 도합 7,000만 명이 넘는 관객을 극장으로 이끈 충무로 최고 흥행 음악 감독이죠.

영화뿐만이 아닙니다. 〈SKY 캐슬〉, 〈멜로가 체질〉, 〈나의 해방일지〉 등 다수의 히트 드라마 음악을 총괄하기도 했습니다. 음악 스튜디오 모노폴 대표, 김태성 님의 이야기입니다.

"좋아하는 일이지만 싫어지는 순간이 너무 많잖아요.
그래서 좋아하는 일을 끝까지 좋아한다는 건 어쩌면 기적이에요."

비길 데 없는 필모그래피지만 처음부터 성공 가도는 아니었습니다. 잘나가는 예고편 음악 감독으로 기세 좋게 본편 음악에도 뛰어들지만 10년 가까이 손대는 작품마다 실패, 때 이른 은퇴마저 결심할 정도였죠.

긴 슬럼프와 좌절, 좋아하던 일이 싫어지는 그 순간, 그가 택한 건 집착이 아닌 포기였습니다. 음악가로서 욕심과 아집을 내려놓고, 울타리를 벗어나 작품에 온전히 녹아든 순간, 그의 길도 다시 열렸죠. 좋아하는 일을 끝까지 좋아할 수 있는 그의 '기적'은 그렇게 시작됐습니다.

2024년 4월, 서울 논현동의 음악 스튜디오 '모노폴.' 초인종을 누르기 전, 잠시 걸음을 멈췄다. 〈명량〉, 〈극한직업〉, 〈SKY 캐슬〉…. 머릿속으로 그의 화려한 필모그래피가 스쳐 지나가며, 팬스레 문턱이 높게만 느껴졌다. 하지만 문이 열리자, 새벽까지 작업하다 막 깬 듯 부스스한 얼굴의 그가 나타났다. "늦게까지 작업하다 지금 막 일어났네요." 힘없이 웃는 그의 모습은 비범한 거장이라기보다, 영락없는 마감 전날의 제작자였다. 묘한 동질감이 들었다.

중학생 때부터 작곡을 시작해 동네 인기 작곡가로 유명하셨다고요. 이후 음대에 진학해 클래식 작곡을 전공하셨고요. 지금의 커리어를 보면, 흔히 말하는 음악 엘리트 코스를 밟아 오셨네요.

솔직히 말하면 음악을 제도권 안에서 제대로 공부한 적이 한 번도 없어요. 어려서부터 음악을 평생의 업으로 삼고 싶었던 건 맞지만, 막연한 꿈이었지 체계적인 준비를 한 건 아니에요. 고등학교도 인문계를 나왔고 음대 진학도 뒤늦게 결심했죠. 성적이 애매해 공부로 좋은 대학 가긴 어려웠거든요. 대신 어려서부터 깨작대며 음악을 듣고 만든 경험이 있었고 혼자서도 곧잘 하니, 부모님이 음대를 추천해 주셔서 작곡과에 들어간 거예요. 입학하고 보니 예중-예고를 나온 '진짜' 음악 엘리트들이 많더군요. 어차피 저도 클래식을 배우려던 게 아니다 보니, 학과 공부는 내팽개치고 원하는 음악을 하러 밖으로 많이 나돌았습니다. 1학년만 마치고 바로 휴학도 했어요. 군대부터 가려고요. 근데 사람 일은 정말 몰라요. 계획이 전혀 다른 쪽으로 흘러가 버렸거든요.

예상을 완전히 깨는 이야기들이군요. 여하간 그때 무슨 일이 생겼나요?

어느 날 신문에서 '로보트 태권V가 부활한다'는 기사를 봐요. 그때가 1999년 세기말이었거든요. 21세기 버전으로 〈로보트 태권V〉를 리메이크하자는 민간 프로젝트였는데 보자마자 '이거다!' 싶었어요. 곧장 신문사에 전화해 스튜디오 감독님을 소개받았습니다. 그리고 면담에서 바로 "어떤 음악이든 만들어드리겠다"라고 질러버렸어요. 정 안 되면 입대하면 되니까요. 당연히 거절하실 줄 알았습니다. 새파란 스무 살짜리한테 덜컥 뭘 맡길 리가 없잖아요? 근데 웬일로 "한번 만들어 와보라" 하시는 거예요. 발등에 불이 떨어졌습니다. 실은 그때 미디(디지털 작곡 툴)조차 다룰 줄 몰랐거든요. 부랴부랴 아는 형한테 배워 죽을 둥 살 둥 3일 만에 열다섯 곡을 만들어갔어요. 끽해야 한두 곡 만들 줄 아셨는지 놀라시더군요. 제 패기를 믿어보기로 하셨던 것 같아요. 파일럿 에피소드 음악 감독 자리를 제게 주셨습니다.

그야말로 맨땅에 헤딩으로 기회를 잡으셨네요. 근데 그 프로젝트는 무산되지 않았나요?

맞아요. 반년쯤 지나 프로젝트에 제동이 걸렸어요. 판권 문제가 정리되지 않아 다른 제작사에서도 비슷한 리메이크를 추진하고 있었던 거예요. 법정 다툼으로 결국 프로젝트 자체가 흐지부지됐습니다. 휴학하고 입대까지 연기해 가며 음악을 잔뜩 만들어놨는데 허무하게 붕 떠버린 거죠. 당장 할 게 없는데 가만히 있을 순 없잖아요? 국내 제작사들한테 무작정 전화를 돌렸어요. "무조건 마음에 들 음악을 만들어드리겠다" 호언장담하면서요. 당시 사람들은 다 착했던 것 같아요. 어린애 말이라고 무시하지 않고 하나같이 다 와보라 하셨거든요. 곧장 제 데모 음악 CD들을 싸 들고 찾아가 PD님들한테 나눠 드렸습니다. 그 CD가 흘러 흘러 당시 픽셀이라는 가장 유명한 예고편 제작사에 들어갔어요.

이곳이 바로 영화 〈챔피언〉(2002)의 예고편 음악을 맡은 회사였죠. 절 한참 잊고 계시다가 어느 날 급히 찾으시더군요. 믹싱 하루 전 돌연 투자사가 곡이 마음에 안 든다며 교체 지시를 내렸다는 거예요. 하루 만에 곡을 써줄 수 있겠냐 물으셔서 덥석 알겠다고 했습니다. 밤새 죽어라 곡을 만들었고 그게 다행히 채택됐어요. 이 작품으로 영화 음악계에 첫발을 들이게 됐네요.

곧이어 〈연애소설〉(2002), 〈라이터를 켜라〉(2002), 〈황산벌〉(2003) 등, 이른바 한국 영화 르네상스기의 주요 작품 예고편 음악을 연달아 맡게 되십니다. 2년 만에 무려 100편이 넘는 작업을 해내셨어요.

당시 예고편 음악 시장은 픽셀과 모팩, 두 회사가 양분 중이었어요. 그 나머지를 제가 다 맡았다고 보시면 됩니다. 제대로 된 인프라 없이, 모든 게 주먹구구로 알음알음 이뤄지던 때니까 가능한 일이었죠. 지금은 아마추어 대학생한테 예고편 음악을 맡기는 데가 아예 없을 거예요. 여하간 편당 200만~300만 원을 받고 한 달에 서너 편씩은 작업했으니 벌이는 짭짤했어요. 나중에 본편 음악을 맡은 초창기보다 이때 돈을 더 많이 번 듯해요. 하지만, 아무리 잘 만들어도 예고편 음악은 작품으로 인정 못 받더군요. 갈수록 본편 음악을 하고 싶단 갈망이 커졌습니다. 자신감도 있었고요. 예고편을 잘하니까 본편도 잘할 거라 믿은 거예요.

원하신 대로 머잖아 영화 본편 음악 감독으로도 데뷔하셨어요. 〈안녕! 유에프오〉(2004)가 그 첫 작품이었죠.

그땐 닥치는 대로 일거리를 찾아다녔고, 덕분에 단편 영화 쪽으론 꾸준히 작업 경험을 쌓고 있었어요. 그러다 우연히 큰 기회가 찾아온 거예요. 당시 〈안녕! 유에프오〉 음악 감독이 제작진이랑 견해차로 관두는 일이 있었는데, 바로 그 자리에 제가 지원 제안을 받게 된 거죠. 예고편 쪽에서 나름대로 평판을 잘 쌓아둔 덕이었어요. 쟁쟁한 베테랑 감독님들도 지원하셨는데 결국 제가 뽑혔습니다. 너무 영광스러운 자리였어요.

예고편이든 본편이든, 직접 부딪혀 기회를 스스로 만들어오셨군요.

당시는 주변에서 저를 다 비웃고 욕했어요. "쟤는 아직도 철이 없다", "언제 정신 차릴까"라고요. 영화 음악을 하고 싶으면 대학원에서 학위를 따거나, 유명 작곡가 밑에 조수로 들어가 배우는 일이 다반사였거든요. 왜 그리 무모하게 맨땅에 헤딩만 해댔는지 아직도 잘 모르겠어요. 어쩌면 제가 만화를 좋아해서인지도 몰라요. 어려서부터 〈H2〉 등 아다치 미츠루의 소년 만화에 빠져 살았거든요. 거기 주인공들은 하나같이 무모해요. 밑도 끝도 없이 도전하고 꺾이죠. 하지만 스스로 개선점을 찾아내 각성하고 마침내 극복해 내죠. 이런 삶을 동경하다 보니 없던 용기도 낼 수 있던 게 아닌가 싶어요. 원래 겁도 수줍음도 많은 성격인데 음악 앞에서라면 기라성 같은 제작자, 감독님들도 무섭지가 않더라고요.

| Re:cap |

그의 첫인상처럼 그의 커리어 여정도 내 예상을 비껴갔다. 성공 가도만 달린 흥행 음악 감독이라기엔, 첫출발은 너무 엉뚱하고 무모한 이 단어에 가까웠다. 겉으론 다소 수줍어 보이는 전형적 내향형의 인상인데, 정작 어디서 그런 용기가 나왔나 싶었다. 본인조차 "왜 맨땅에 헤딩만 해댔는지 모르겠다"라고 할 정도였으니. 그러나 이유야 어떻든, 무엇보다 그에게 기회를 열어준 건 그가 즐겨 읽던 소년 만화처럼 '부딪혀 보는 용기'였다. 닥치는 대로 문을 두드리고, 실패를 감수하며 부딪혀 보는 것. 그러고 보면 기회란 대단한 이에게 절로 굴러들어오는 것이라기보다, 그렇게 두드리는 이들이 스스로 만들어내는 것일지 모른다.

지금껏 들려주신 이야기도 정말 소년 만화의 초반부 같네요. 그래서였을까요. 시련도 연달아 찾아옵니다. <안녕! 유에프오>는 물론 <백만장자의 첫사랑>(2006), <눈부신 하루>(2006) 등 당대 충무로 기대작을 연이어 맡으셨지만 흥행엔 계속 실패였어요.

〈안녕! 유에프오〉는 모든 면에서 큰 기대를 받았던 작품이에요. 데뷔작이긴 했지만 감독님은 이 바닥에서 잔뼈가 굵은 베테랑 조감독 출신이셨고, 각본가님들도 유명하고 실력 있는 분들이셨죠. 배우님들 연기력이야 더 말할 것도 없었고요. 그 때문에 제작사에서도 야심 차게 준비했던 작품이에요. 덕분에 저도 금방 잘될 줄 알았어요. (웃음) 하지만 제가 너무 서툴렀어요. 지금도 TV에서 가끔 이 작품을 보면 떼굴떼굴 굴러요. 부끄러워서요. 초창기 영화들은 결국 저 때문에 실패한 겁니다.

흥행 실패가 음악 감독만의 책임은 아닐 텐데요.

음악 자체로는 좋았다고도 생각해요. 그러나 좋은 음악이 전부 좋은 영화 음악이 되는 건 아니에요. 영화 음악은 그만의 작법과 미션이 있습니다. 그걸 모르고 아무 전략 없이 음악을 만들었으니 도움이 안 될 수밖에요. 그럼에도 일이 안 끊겼으니 정말 운이 좋았죠. 다들 뭘 몰랐던 때니까 가능했던 일 같아요. 그러니 그냥 망해가면서 배운 거죠. 우연하게도 저와 한국 영화는 성장의 궤를 같이했네요.

실패가 거듭되던 와중에 유독 2008년을 커리어의 큰 전환점으로 꼽으세요. 그해 개봉한 〈가루지기〉와 〈크로싱〉 모두 흥행이 저조했는데, 어떤 의미에서 그렇게 평가하시나요?

그땐 제가 영화 음악을 관두려던 시절이에요. 꿈이고 뭐고 예고편 음악만 하며 먹고살아야겠다고 좌절하던 무렵이죠. 특히 〈가루지기〉는 제 모든 걸 쏟아부은 작품이거든요. 전형적 섹시 코미디물이지만, 저나 감독님 모두 그저 그런 유치하고 저렴한 영화로 소비되지 않길 바랐어요. 한국에서 성을 다루는 코미디는 나름 족보 있는 장르라 생각했거든요. 〈가루지기〉를 한국 성인 영화계의 새 고전으로 만들고 싶었습니다. 그래서 음악도 굉장히 수준 높게 들려주려 했어요. 불가리아 소피아 필하모닉이란 세계적 오케스트라까지 동원했고, 그 어느 때보다 흡족한 음악이 나왔죠. 그러나 결과는 대실패였어요. 관객들은 야하고 웃긴 영화 한 편을 보려고 극장에 왔는데, 쓸데없이 너무 고퀄리티인 데다 분위기랑 안 맞는 진지하고 슬픈 음악들이 곳곳에 깔려 있으니 당황할 수밖에요. 결국 제가 하고 싶은 음악만 들려주려다 영화의 본질을 무시한 게 패인이었죠. 이땐 그걸 미처 몰랐습니다.

〈크로싱〉 때는 좀 달랐을까요?

맞습니다. 제게 〈크로싱〉은 단순히 실패로만 기억될 수 없는 작품이에요. '영화 음악 감독'으로서의 김태성은 이 전후로 나뉠 만큼, 아주 큰 터닝 포인트를 선물해 준 영화거든요. 사실 한창 작업할 땐 감독님과 정말 많이 싸웠어요. 당시 동유럽 클래식 음악에 빠져 있었는데, 그 영향으로 낯선 사운드나 불협화음도 써 가면서 세련된 음악을 만들고자 했죠. 반면 감독님은 "왜 그리 음악을 어렵게 만드느냐"라며 매일 따지셨고요. 그러던 어느 날, 감독님이 여느 때처럼 화를 내시다 갑자기 우시더군요. 제가 너무 말을 안 들으니까요. 순간 벙쪘습니다. 너무 심하게 굴었나 싶어 죄송했어요. 결국 그 일을 계기로 제 고집을 꺾어, '어차피 이 영화 끝나면 관둘 거잖아? 원하시는 대로 한번 해드리자' 하고 생각을 고쳐먹었죠. 복잡한 음악은 대부분 없애고 감독님 뜻대로 음악을 다시 깔았어요.

그럼에도 흥행은 실패였지만, 기분 좋은 변화가 일어나기 시작해요. 우선 이 영화로 큰 상들을 받아요. 그해 영평상(한국영화평론가협회상), 춘사국제영화제 음악상을 탄 거예요. 거기서 끝이 아닙니다. 제 음악이 해외로 알려지기 시작해요. 녹음 때 뵀던 체코 필하모닉 오케스트라 지휘자님이 〈크로싱〉 음악을 너무 좋아해, 방송국 관계자들한테 뿌리고 다니신 거예요. 급기야 HBO(미국 드라마 제작사)에까지 흘러가 사장님이 절 만나겠다고 한국에 찾아오는 일까지 벌어져요. 생각 하나 고쳐먹었을 뿐인데 많은 결과가 달라지더군요. 그러면서 제 아집도 점점 무너지기 시작해요.

자기만의 신념, 고집은 누구나 쉽게 버리지 못한다. 더구나 자신이 잘한다고 믿는 분야, 이미 인정받던 영역에선 더더욱 그렇다. 예고편 음악계를 주름잡던, 거칠 것 없던 그에게도 예외는 아니었다. 기라성 같은 선배들조차 그 철옹성 같은 '아집'은 어찌하지 못했다. 하지만 결국 그 아집을 무너뜨린 건, 성공이 아닌 수많은 '실패'였다. 실패는 뼈아프지만, 그 어떤 성공도 가질 수 없는 묘한 힘이 있다. 원점으로 돌아가 다시 시작해 끝내 변화를 맛보게 하는 힘, 실패가 주는 강력한 효용이 바로 거기에 있다.

신기하게도 그 후론 흥행 실패작이 거의 없으세요. 〈시라노; 연애조작단〉(2010), 〈최종병기 활〉(2011), 〈바람과 함께 사라지다〉(2012), 〈타워〉(2012). 모두 연달아 수백만 흥행을 터뜨렸죠.

〈시라노; 연애조작단〉은 아예 힘을 빼고 쉽게 만든 작품이에요. 실제 연주 없이 처음부터 끝까지 미디로만 만들었거든요. 그럼에도 평이 괜찮더군요. "음악 좋다"는 전화를 여기저기 많이 받았죠. 차츰 깨닫습니다. '시나리오를 잘 따라가기만 해도 성공이구나.' 제가 놓치고 있던 영화 음악의 아주 중요한 미션이 있던 거예요. 어쩌면 음악은 영상보다 더욱 중요한 이야기 전달자라는 거죠.

음악이 영상보다 더 중요한 이야기 전달자라니, 구체적으로 설명해 주신다면요?

영화 음악은 관객들이 어느 신에서 몰입하고, 어디에서 힘을 빼야 하는지, 장면마다 어떤 생각을 해야 하는지 알려주는 핵심 표지예요. 연기나 대사만으론 저변의 맥락을 모두 담아낼 수 없거든요. 가령 코미디 영화에 악당이 나와 주인공을 위협하는 장면에 음악을 입힌다고 해봐요. 예전의 저라면 별생각 없이 무서운 음악을 깔았을 거예요. 반면 지금의 저라면 음악을 아예 안 깔 겁니다. 자칫 음악의 무거운 에너지가 그 후로도 영향을 미쳐 분위기를 쭉 가라앉힐 수 있거든요. 그러면 코미디라는 이 영화의 본질은 망가지죠. 이를 깨닫고 나니 그제야 음악, 영상 너머의 관객이 보이더라고요. 작품에 임할 때마다 '관객이 이 영화에 기대하는 본질은 뭘까'부터 고민하게 된 거죠. 물론 시나리오, 감독, 배우 등에 따라 구현 방식은 천차만별이지만 고민의 요점은 지금도 똑같아요. 이렇게 차근차근 깨닫는 것들을 하나둘 작품에 접목했더니 실패가 거의 없네요.

거의 없다 정도가 아니에요. 역대 한국 영화 흥행 1위 〈명량〉 (2014)의 음악 감독이시잖아요.

〈명량〉은 하늘이 내린 기회였어요. 〈시라노; 연애조작단〉

이 잘되고 나서, 두 편의 시나리오를 받아요. 하나가 김한민 감독님의 〈최종병기 활〉, 다른 하나가 〈7광구〉였죠. 저는 김 감독님 각본 특유의 에너지가 좋아 전자를 골랐는데 주변에선 미쳤다는 반응이었어요. 당시만 해도 〈7광구〉가 워낙 기대작이었으니까요. 그때 선택을 잘못했다면, '이순신 3부작'과도 못 만났을 겁니다.

이후로도 〈극한직업〉(2019), 〈범죄도시2〉(2022), 〈파묘〉(2024)까지 연이어 '천만 영화'에 이름을 올리고 계시죠. 이야기 전달에 있어 음악의 역할도 특히 중요하다고 하셨는데, 장르와 결은 다르지만 이런 흥행작들엔 어떤 공통점이 있었다고 보시나요?

연출자들도 자기 영화 이해가 완벽하진 않아요. 작품의 객관화가 안 된 경우도 많고요. 이때 음악이 나서 영화의 본질을 끄집어내 줄 수 있어요. 감독의 무의식에만 있던 중요한 무언가가 음악을 듣고서야 이끌려 나오기도 하고요. 제 블로그에선 저를 '음악으로 연출하는 사람'이라는 문구로 소개해요. 영화 음악은 그 나름의 작품 해석을 반영한, 엄연한 연출이에요. 음악과 영상의 연출이 서로 조화를 이루며 영화의 본질을 구현할 때, 비로소 흥행도 뒤따라오는 듯합니다.

업계 안팎에선 '장르 영화 음악의 귀재'로도 불리시죠. 〈파묘〉는 물론 〈검은 사제들〉(2015), 〈사바하〉(2019)까지 장재현 감독의 '오컬트 3부작'에 모두 참여해 흥행을 이끄셨는데, 오컬트 장르와의 인연은 어떻게 시작된 건가요?

이제껏 한국에서 오컬트라 칭하며 나온 영화 대부분은 그 진면목을 제대로 못 보여줬다고 생각했어요. 귀신이나 괴물이 나온다고 오컬트가 아니거든요. 저와 장 감독님이 바라보는 오컬트는 지극히 현실에 기반한 장르예요. 초자연적 현상을 다루지만 공포와 자극에만 초점을 맞추는 게 아니라, 평범한 일상에 나타나는 찰나의 이질성과 거기서 파생되는 미묘한 균열에 주목하는 장르죠. 그 때문에 어느 장르보다 생생해야 해요. 감독님과 그런 생각의 결이 잘 맞아 의기투합했어요.

그래선지 이 영화들은 음악으로 리얼함을 배가하려는 시도가 두드러졌던 것 같아요.

매일 고민한 게 '어떻게 하면 이 세계를 관객들이 더 실제라고 믿게 할까'였으니까요. 그래서 〈사바하〉 땐 구태여 티베트까지 찾아가 고산 지대 수도승들의 목소리와 연주를 직접 담았고, 〈파묘〉 속 주술 장면들에선 실제 일본 현지 스님들의 소리를 담아냈죠. 상당수 관객이 그저 음향 효과로만 생각했던 대부분의 소리도, 알고 보면 세심히 디자인하고 설계한 음악인 경우가 많아요. 가령 〈파묘〉의 이글대는 불꽃이나 흐르는 물소리는 전부 규칙적 리듬과 음가로 구현한 음악이에요. 단순히 불, 물의 소리를 잠깐 들려주고 끝내려던 게 아니거든요. 일련의 장면으로 이 영화만의 오묘한 분위기를 잡아야 했기에, 일정 플로우가 있는 음악으로 구현해 낸 겁니다. 첫 무덤 등장 신에 삽입된 정적조차 철저히 설계된 음악의 일부예요. 등장 직전까지 흐르던 베이스 사운드를 확 끊어, 관객이 느낄 낯섦을 극대화하려는 전략이었던 거죠.

언뜻 지나칠 자연의 소리, 심지어 침묵까지도 설계된 음악이라니 놀랍습니다. 그 세밀한 접근 덕분에 작품마다 흥행을 넘어 음악적 완성도 면에서도 높은 평가를 받아오셨죠. 특히 〈사바하〉는 〈기생충〉을 제치고 청룡영화상 음악상을 수상했어요.

실은 티베트로 떠나기 직전까지도 안 갈 궁리만 하고 있었어요. 그 과정이 너무 귀찮고 힘들었거든요. 모든 주변인, 심지어 장 감독님까지 만류했죠. 그럼에도 반드시 가야 할, 그 전부를 압도하는 이유가 있었어요. 바로, 이 영화의 본질은 리얼함에 있고 그래서 진짜를 담아야 한다는 믿음이었죠. 이 앞에서 다른 건 다 하찮아지더라고요. 전처럼 저만의 허영 때문에 생떼를 쓴 거랑 완전히 다른 차원의 얘기입니다. 그 무렵부터 제겐 그 어떤 대단한 오케스트라 연주도 본질과 무관하면 아무 쓸모가 없게 느껴졌어요. 반대로 본질에 부합하면 세계 어디로든 달려가야 한다고 봤죠. 그런 기준을 우직하게 밀어붙인 점이 주효했던 것 같아요.

| Re:cap |

아집이 무너진 자리에서 그는 영화 음악의 본질을 보기 시작했다. 근사하고 세련된 사운드만 고집하던 음악가는, 이제 그 어떤 대단한 연주도 작품의 본질에 어긋나면 과감히 덜어낼 줄 알게 됐다. 음악인은 그렇게 영화인으로, 연출가로 거듭났다. 이처럼 본질을 짚는 새로운 시선과, 음악을 위해서라면 세계 어디로든 달려가겠다는 여전한 집념. 이 둘의 결합은 결국 폭발적 성취들로 이어졌고, '충무로 대표 음악 감독'이란 수식어는 바로 이 과정에서 탄생했다.

2014년부턴 드라마로도 활동 영역을 넓히셨어요. JTBC 〈SKY 캐슬〉, 〈멜로가 체질〉, 〈나의 해방일지〉, 티빙 〈유미의 세포들〉 등 다수의 히트 드라마 음악 감독을 맡으셨죠.

예전엔 휘발성이 너무 강한 듯해서 드라마에 회의적이었어요. 시대가 지나도 영원히 남는 드라마가 있을까 싶었죠. 근데 박해영 작가님의 〈나의 아저씨〉라는 드라마를 보고 선입견이 깨져요. 긴 호흡의 이야기가 남기는 마음 깊은 여운이 존재하더군요. 그렇게 마음이 열려 드라마 작업을 시작했는데, 감사하게도 그간 필모그래피 덕분에 작업 기회가 곧잘 주어졌어요. 창작자로서 너무 설레고 복 받은 일이죠. 박 작가님의 또 다른 작품인 〈나의 해방일지〉도 그래서 함께할 수 있었어요.

영화와 드라마는 작업의 결이 사뭇 다를 듯한데, 어떤 주요한 차이가 있나요?

영화는 음악이 몰입을 깨선 안 됩니다. 멜로디가 튀면 안 되는 건 기본이고, 관객들이 따라오지 못했는데 음악이 먼저 무언가를 설명해서도 안 돼요. 반면 드라마는 순간 몰입도가 덜한 편이죠. 이야기 호흡도 원체 길고요. 그래서 음악이 나서 장면을 이끌어야 하는 경우가 많고, 그만큼 전체 스토리를 대변할 대표곡이 중요하기도 합니다. 가령 〈SKY 캐슬〉 작업 때 대본을 받자마자 한 게 드라마의 전체적 콘셉트를 확인하는 일이었어요. 여기서 파악된 콘셉트, '모든 인물은 양면성을 갖고 있다'에 착안해 나온 곡이 'We All Lie'예요. 곡의 가사와 분위기에 이 드라마의 많은 이야기가 함축돼 있어요.

방금 말씀하신 〈SKY 캐슬〉은 주변의 참여 만류가 많았다고 알려져 있더군요. 무슨 사연이 있던 건가요?

주변 반대가 유독 심했던 작품이에요. 교육이 주 소재인

드라마가 흔치 않고 성공 사례도 거의 없으니까요. 영화 쪽에서 잘나가는데 굳이 모험하지 말라고들 하더라고요. 다만 제가 약간 반골 기질이 있어요. 사회에 노이즈를 불러일으키는 것에 관심이 많죠. 기존 사고 프레임을 부수는 것 자체가 창작자로서 너무 재밌거든요. 작품의 막이 내린 후 종전과 전혀 다른 생각이나 감정이 환기되는 데서 묘한 미감을 느껴요. 〈SKY 캐슬〉도 교육을 다루는 지루한 드라마일 거란 예상을 보기 좋게 깨는 이야기라 망설임 없이 참여했어요.

비슷한 이유로 〈82년생 김지영〉도 너무 해보고 싶던 영화였어요. 원작부터 이 작품에 가해지는 욕이 엄청났잖아요? 영화 때도 마찬가지였고요. 특히 '저 영화는 전달 태도부터 분명 잘못됐을 거야'라는 선입견이 많았죠. 하지만 막상 보신 분이라면 그리 안 느꼈을 거예요. 감성에 호소해 무턱대고 특정 성별을 피해자로, 다른 한편을 가해자로 부각하는 작품이 아니거든요. 음악적으로도 그걸 잘 조명하려 했어요. 모두가 주목하는 그 프레임엔 전혀 관심 없다는 듯, 무심히 흘러가는 음악들을 깔았죠. 이처럼 이야깃거리가 많은 작품을 하면, 그만큼 배우는 것도 많아요. 작품 안팎으로 뻗는 눈도 깊고 넓어지고, 표현이나 접근법도 더 섬세하고 세련되어질 수 있죠. 나아가 '나는 음악을 통해 무엇을 만들고 전하는 사람인가'를 진지하게 고민할 수도 있고요. 물론 너무 어려워 끝이 있는 고민인진 모르겠지만요. (웃음)

누구보다 그 길의 어려움을 잘 아실 텐데, 혹시 후배 음악가들에게 전할 말씀이 있을까요?

비슷한 질문을 받을 때마다 이렇게 말해요. "안 했으면 좋겠다. 너무 힘드니까." 이렇게 솔직히 말해 줘도 계속할 녀석들은 결국 꾸역꾸역 남아 있더군요. 바로 이런 친구들만 이쪽 일을 하면 좋겠습니다. 하지 않고선 못 배길 만큼 이 일을 너무 좋아하는 사람들만요. 물론 어느 일이든 잘하려면 다 힘들겠죠. 근데 창작 계통 일은 적당히 잘한다는 말이 성립하지 않아 더 힘든 듯해요. 연출진이나 제작사는 물론 관객이라는 불특정 다수에게도 호된 심사를 받잖아요. 죽을 둥 살 둥 해도 될까 말까 하는 처절히 힘든 분야죠. 그 와중에 버티는 힘의 원천이 바로 간절히 좋아하는 마음인 거예요.

더 잘하고 싶어 끝까지 버티게 하는 힘이 바로 그 간절히 좋아하는 마음이군요. 그렇다면 프로의 조건도 결국 여기서 비롯될까요? 본인이 생각하는 프로란 어떤 존재인지 듣고 싶습니다.

프로란 좋아하는 일을 끝까지 좋아할 수 있는 사람이에요. 저는 어려서부터 지금껏 음악 말곤 한 게 없어요. 그만큼 좋아서 하는 일이긴 하지만 어려움이 늘 많습니다. 다른 창작물도 마찬가지겠지만 음악이 어디 뚝딱 나오나요? 20년이 훌쩍 지났지만 여전히 처음처럼 너무 어렵죠. 어쩌면 여기까지 버틴 것도 기적이에요. 하지만 이 바닥도 버티다 보면 기회는 와요. 이야기는 마르지 않거든요. 끊임없이 작품은 나옵니다. 그러니 좀 망해도 괜찮아요. 사실 잘된 작품에선 배울 것도 별로 없어요. 반면 실패한 작품은 배울 게 천지죠. 지금 제게 주어지는 성공은 하나씩 망해가며 얻은 대가라 해도 과언이 아니에요. 그래서 저는 작품이 잘 안되면 모든 걸 음악 탓을 하는 경향이 있어요. 어떻게든 더 배울 수 있으니까요. 그러니 그 모든 과정이 얼마나 괴롭겠어요? 이걸 버티려면 좋아하는 일을 미워하지 않고 끝까지 좋아할 수 있는 사람이어야죠. 전 제가 싫어하는 일은 정말 1초도 못 해요. 정말 좋아하니까 음악은 20년도 넘게 해온 거죠. 운이 잘 따라 준 덕에 롱런하고 있는데, 좀 더 오래하고 싶어요. 좋아하는 일을 끝까지 좋아할 수 있게요.

| Re:cap |

좋아하는 일을 끝까지 좋아한다는 건, 그의 말대로 기적에 가깝다. 어떤 일이든 그 과정엔 실패와 상처, 견디기 힘든 부담이 따라붙기 때문이다. 그럼에도 '좋아하는 일'이기에 끝내 두드리고 부딪히며, 다시 깨질 수 있다. 또 다른 의미의 기적은 바로 여기서 시작된다. 부서질 때마다 새로운 시야로 출발선에 설 수 있고, 이내 조금씩 다른 결과물을 맞이하니 말이다. 그 달라짐이야말로 성장이자 작은 기적이다. 그

역시 그런 작은 기적들을 통과해 왔다. 예고편 음악으로 이름을 알린 패기 어린 청년 음악인은 숱한 실패와 좌절을 겪고서야 음악 너머의 영화와 관객을 보기 시작했다. 그러면서 차츰 근사한 사운드보다 작품이 무엇을 말하려 하는지에 시선을 옮겼고, '음악으로 연출하는 사람'이라는 소개처럼 이야기 · 인물 · 세계관까지 궁리하는 창작자로, 소리 너머에 자신의 철학과 메시지를 담는 예술가로 거듭났다. 인터뷰가 끝난 뒤, 부스스한 그의 얼굴이 전과는 다르게 보였다. 멋쩍게 웃던 담담한 표정 속엔, 좋아하는 일을 여전히 좋아하는 사람만의 조용한 확신이 있었다.

6장

나만의
대성공을 빚어낼
가장 큰 힘은

프로는 무아지경으로 몰입할
사명을 찾은 존재죠

한국의 음료왕

조운호

前 하이트진로음료 대표 이사, 前 웅진식품 대표 이사.
'한국의 음료왕', '음료계 미다스의 손'으로 불리는 국내 최고의 음료 기획자.
10년 차 은행원이던 1990년 돌연 웅진식품으로 이직해
'아침햇살 · 초록매실 · 하늘보리 · 자연은'을,
이후 하이트진로음료에선 '블랙보리 · 하이트 제로' 등을 모두 히트시켰다.

ⓒ리멤버

아침햇살 · 초록매실 · 하늘보리 · 자연은 · 블랙보리. 한국인이라면 누구나 한 번쯤 마셔 봤을 이 초히트 음료들을 직접 기획해 탄생시킨 '한국의 음료왕'이 있습니다.

'출시 7개월 만에 1억 병 판매', '첫해 매출 1,000억 원.' 국내에서는 코카콜라도 넘지 못한 대기록을 세우고, 급기야 자신이 만든 음료들끼리 시장 1위를 다투는 진풍경까지 만들어냈죠. 자타공인 국내 최고의 음료 기획자, 조운호 님의 이야기입니다.

"한국의 음료로 코카콜라를 이겨 보자….
음료에 미친 내 30년 휘모리를 이끈 사명입니다."

업계에선 아무리 신제품을 내고 광고를 퍼부어도 "음료 하나로 연간 1,000억 매출을 올리기란 불가능하다"라고들 말합니다. 광고 하나 내기 어렵고 음료 사업의 불모지였던 작은 기업에서 연이어 메가 히트작을 쏟아 냈으니, 그 성취는 가히 입지전적이죠.

그러나 그의 성공에서 가장 주목해야 할 건 천재적 영감도, 숱한 곡절을 견딘 초인적 열정도 아닙니다. 바로 그 모든 것의 원천, 그가 평생을 바친 '한국 음료의 세계화', 그리고 그를 무아지경으로 몰아넣은 식지 않는 사명의 힘입니다.

2023년 12월, 리멤버 사무실. '한국의 음료왕'이 쾌활한 미소를 지으며 들어왔다. 한두 마디 인사도 나눌 틈 없이, 그는 앉자마자 몸을 성큼 앞으로 기울이며 곧장 입을 열었다. "자, 시작해 볼까요?" 그땐 몰랐다. 대낮에 시작한 인터뷰가 늦은 밤까지 이어질 줄은. 지치는 쪽은 듣기만 한 나뿐일 거란 걸. 그리고 익숙한 한 병의 음료 뒤에 그토록 많은 곡절과 집념이 숨어 있다는 걸.

첫 직업이 뜻밖에도 은행원이에요.

열다섯 살 때 아버지가 교통사고로 돌아가셨어요. 전교 상위권을 놓친 적 없는, 판검사를 꿈꾸던 학생이었지만 바로 꿈을 접어야 했습니다. 형편이 어려워 맏이인 제가 빨리 돈을 벌어야 했거든요. 따박따박 돈 잘 버는 은행원이 되고자 인문계는 포기하고 상고에 진학했습니다. 하지만 사무치게 대학에 가고 싶더군요. 야간 대학에라도 들어가잔 결심으로 매일 코피 나게 공부했고, 결국 은행과 대학에 모두 붙었습니다.

그런 의지라면 은행에서도 틀림없이 승승장구하셨을 텐데, 왜 안정된 직장을 두고 전혀 다른 길을 선택하신 건가요?

아마 별일 없었다면 평생 은행원으로 살았을 거예요. 근데 엉뚱한 곳에서 인생의 변곡점이 찾아옵니다. 8년 차 때 졸업 여행으로 전국을 돌다 한 민속촌에 들렀고, 거기서 풍물패와 마주쳐요. 미칠 듯한 신명을 뿜어내는데, 순간 심장이 멎을 것 같더군요. 여행에서 돌아오자마자 홀린 듯 장구를 배웠습니다. 사내 풍물패 동아리까지 만들어 연습했어요. 장구에서 제일 빠른 장단이 휘모리인데, 그걸 꼭 치고 싶었죠. 짧은 박자들 사이에 수없이 많은 잔가락을 채워야 하는 초고난도 장단인데, 아무리 해도 쉽지 않더라고요.

하루는 '죽을 때까지 해보자'라는 결심으로 연습했습니다. 한여름이라 탈수 지경으로 땀이 쏟아지고, 손마디에선 피가 철철 흘렀죠. 그럼에도 멈추지 않았습니다. 시간이 얼마나 흘렀는지도 모를 어느 순간, 머릿속이 하얘지며 모든 잡념이 사라지고, 제가 쪼개려는 박자와 잔가락만 남아 들리더군요. 바로 그때 휘모리에 성공했습니다. 무아지경의 몰입과 희열을 뼈가 저리도록 느꼈죠. 이토록 무언가에 몰입하는 감각이 제 남은 인생 전부를 이끌었다 해도 과언이 아닙니다. 2년 후 이직 제안을 뿌리치지 못한 것도 그 감각 때문이었어요. 당시 은행은 일반 기업보다 훨씬 좋은 직장이었어요. 그럼에도 새 회사(웅진그룹)는 경력 인정을 안 해 줘 오히려 연봉을 깎더군요. 하지만 아무 상관없었습니다. 은행은 군대로 치면 후방이지 전투 부대는 아니잖아요. 무아지경으로 일하리란 희망에 이직을 택했습니다. 모두 말리는데 아내만 찬성해 주더군요. "은행원 같지 않아 결혼했는데 내가 잘 봤구먼!" 이 한마디하면서요.

인생을 바꿔준 강렬한 체험이었군요. 휘모리에 성공한 순간은 듣기만 해도 압도적입니다. 그럼 이직하자마자 곧장 음료 기획을 맡으셨나요?

아니요, 첫 5년은 본사에 있었는데 지방대 은행원 출신이 야무지게 일하니 회장님 눈에 들었나 봐요. 어느 날 절 불러 "차장 특진시켜 줄 테니 웅진식품에 가서 신제품을 만들어봐라" 하시더군요. 본사에서 잘 자리 잡고 있는데 적자만 연 50억 원 넘는 계열사로 가라니 처음엔 섭섭했어요. 하지만 알고 보니 새 공장까지 짓는 데다, 회장님의 체면을 위해서라도 반드시 살려야할 회사더군요. 속사정을 듣고선 이렇게 말씀드렸어요. "1년 안에 히트 상품 들고 공장 앞에서 사진 찍게 해드리겠다." 그 호언

장담, 부임 직후 바로 후회했습니다. (웃음) 사업 계획은 백지인데, 1만 평 부지에 2,000평짜리 공장이 떡하니 서 있으니 막막하더군요. 명색이 식품 회사니까 음식을 만들긴 만들어야겠는데 된장을 담가야 할지, 고추장을 담가야 할지 통 모르겠더라고요. 그 가운데 결국 선택한 게 음료 사업이었습니다.

수많은 선택지 중 왜 하필 음료였나요?

리스크가 가장 적었거든요. 제조업에선 기존 제품이 실패해 다른 걸 만들 경우 설비를 다 바꿔야 합니다. 반면 음료는 그럴 필요가 없었죠. 용기가 표준 규격으로 생산돼 제조사들은 내용물만 서로 다르게 담아 팔면 되니까요. 문제는 그다음이었어요. '과연 어떤 음료를 만드느냐?' 골몰하던 중 한 영업직 동료에게서 힌트를 얻습니다. 자사 약국용 대추 드링크가 부쩍 잘나간다는 거예요. 다른 드링크 매출은 그대론데 유독 대추만 오름세더라고요. 이걸 음료화한 게 1995년 제 인생 첫 번째 히트작 '가을대추'였는데, 출시 과정은 가시밭길이었습니다.

당시 '대추 음료' 붐을 일으킨 히트 상품으로 기억합니다. 어째서 출시조차 어려웠던 걸까요?

모두가 반대했어요. "삼계탕에나 들어가는 대추를 누가 돈 주고 음료로 사 먹냐"라면서요. 연구소장은 시제품 개발조차 안 해줬죠. 그래도 전 확신이 뚜렷했습니다. 그 시절 또래 30대 남성 직장인에겐 마땅한 일상 음료가 없었어요. 콜라·사이다는 입맛에 안 맞고, 어른들이 잡수는 인삼 음료 같은 건 고리타분해 손이 잘 안 갔죠. 그 틈을 가을대추가 파고들 수 있을 거라 봤습니다. 대추나무는 어느 고향에나 있고, 적적한 가을에 열매 맺잖아요. 그 이미지가 타향살이에 고단한 30대 남성들한테 위로가 되어줄 거라 믿었습니다. 그 확신이 가시질 않았고, 언제 어디서든 가을대추 생각뿐이었어요. 근데 시제품 테스트조차 못 한다니, 도저히 못 참겠더라고요. 그래서 결국 저질렀습니다. 시음료 없이 소비자 조사를 감행한 거예요.

시험할 대상이 없는데 어떻게 소비자 조사를 했다는 말씀이세요?

'꼭 맛이 1순위 기준일까?' 싶었거든요. 시음료를 대신해 맛이 얼추 비슷한 대추 드링크를 음료병에 채워 조사를 했습니다. 반응은 폭발적이었어요. "왜 이런 음료가 진작 안 나왔냐"라며 전부 반기더군요. 드링크라 액상이 진하니 "맛이 살짝 가벼워지면 좋겠다"는 일부 개선 의견만 있었죠. 이 조사 결과를 기습 공개하며 본사 경영진 앞에서 신제품 계획을 발표했어요. 그 자리에서 연구소장은 왕창 깨졌고, 그 뒤 부랴부랴 음료를 개발해 오더군요. 결과는 대성공이었습니다. 출시 첫 달 40만 개가 팔렸고, 첫해 매출을 170억 원이나 올렸으니까요. 회장님 기분은 째졌죠. 1년 전 약속도 보란 듯 지켜냈습니다.

| Re:cap |

'무아지경의 몰입', 남은 인생을 뒤바꿨다던 그 감각은 사실 그 어떤 방해도 난관도 무화無化시킬 수 있는 힘을 의미했다. 잔가락을 끝까지 밀어붙이면 결국 장단이 열린다는, 몸으로 먼저 체득한 그 힘은, 일의 성사를 가로막는 온갖 조건과 잡음을 자연스레 그의 시야에서 지워버렸다. 그래서 연봉이 어떠한지, 반대가 얼마나 거센지 등은 그에게 걸림돌이 아니었다. 오직 그의 관심은 '일을 성공시키는 것'만을 향해 있었고, 휘모리를 닮은 그 집념이야말로 허허벌판에서 가을대추를 일군 원동력이었다.

통쾌한 반전이네요. 하지만 대성공을 거뒀는데도 이후 서너 해 동안 새 음료 기획이 없었어요. 어떤 사정이 있었던 건가요?

성과에 탄력을 붙이려 영업 이사를 뽑아 달라 부탁드렸더니, 해태제과 사장 출신 거물급 인사가 대표로 내려오더군요. 그분 경영 방침과 제 의견이 너무 엇갈렸어요. 회장님께선 서른넷의 어린 저 대신 그 대표에게 힘을 실어주셨고, 전 본사로 쫓겨 와 3년을 보내야 했습니다. 그사이 웅진식품은 누적 450억 원의 적자 회사로 추락해 버렸죠. 바로 그때 와신상담하던 제게 기회가 다시 주어져요. 다만 반쪽짜리로요. 받은 직책이 영업부장이었거든요. '신제품 투자는 없으니 영업으로 기존 제품들만 살려놓으라'는 메시지였죠. 저는 신제품이 꼭 필요하단 입장이었는데, 핑계 댄다고 할까 봐 불평 한마디 없이 죽어라 일했습니다. 3개월간 밤낮없이 전국을 돌았어요. 온몸에 염증을 달고 살았고, 쓰러지면 링거만 맞고 다시 나갔죠. 그래도 안 되더군요. 그제야 경영진한테 신상품 개발이 필요하다 강변했고, 겨우 허가를 받아 냅니다. 그러나 이런 조건으로요. '초도 생산 이외엔 어떤 비용도 못 내준다. 제품 출시회와 광고는 물론 소비자 조사조차 안 된다.'

그런 악조건 속에서 내놓은 게 '아침햇살'이었던 거예요?

그렇습니다. 아침햇살은 누가 봐도 한국 향이 물씬 나는, '한국의 시그니처 음료'가 콘셉트였어요. 그 방향에 맞춰 주원료부터 제품 디자인까지 하나하나 정했죠. 이름도 마찬가지입니다. 한국을 대표하는 이미지와 주원료를 합친 거예요. '아침', 그리고 '햅쌀'. 자신 있게 3개월 만에 시제품을 완성해 회장님 승인을 받고, 부회장님께도 보고를 올렸습니다. 근데 맛을 살짝 보더니 병을 던져버리지 뭡니까! "망해가는 회사 정리하라고 보냈더니, 듣도 보도 못한 음료로 고집부린다"면서요. 다른 경영진도 비웃더군요. 두고 보라 다짐하며 나왔습니다. 그 뒤 출시 첫 달 매출이 25억 원, 광고 한 편 없었단 점을 감안하면 쾌조의 출발이었어요. 더 기뻤던 건 바로 다음 달이었죠. 재구매율이 상당히 높았거든요. 광고로 승부수를 띄워도 되겠다는 확신이 섰습니다. 곧바로 소비자 조사에 나서 고대하던 결과가 나왔는데, 100점 만점에 겨우 60점을 받은 거예요.

수치만 보면 실망스러운데요. 어떻게 광고까지 밀어붙이셨나요?

저는 '옳거니!'였습니다. 내용을 자세히 보면 이런 반응들이었거든요. '처음엔 쌀뜨물이 떠올라 기대가 낮다. 근데 막상 마셔 보니 맛은 괜찮더라.' 재구매 반응이 좋았던 이유가 분명해진 거죠. 애초에 기대치가 낮으니 '혹시?' 하고 마셔본 고객들에게 반전을 준 거예요. 모두가 한 번만 맛보게 하면 대성공은 시간문제라 봤습니다. 그래서 사고부터 쳤죠. 회장님 결재도 없이 당대 최고 스타 김국진·강호동을 무작정 광고 모델로 섭외한 거예요. 나중에 빌고 빌어 겨우 촬영 3일 전에야 결재를 받았습니다.

과정 하나하나가 전부 아슬아슬했군요. 결과를 알고 들어도 손에 땀을 쥐네요. 다행히 결과로 보상을 받으셨습니다. 엄청난 히트를 쳤죠.

온 동네 꼬마들이 아침햇살 CM송을 따라 불렀어요. 그야말로 열풍이었죠. 출시 첫해엔 400억 원, 이듬해엔 1,000억 원 이상의 매출이 났습니다. 이 성공이 제게 큰 도약이 돼줬어요. 불과 서른여덟에 역대 최연소 대표 이사로 임명되는 큰 영광을 누렸으니까요. 하지만 그보다 훨씬 중요한 의미가 있었어요. 제가 평생토록 몰입할 필생의 사명을 깨닫게 해준 순간들이거든요. 당시 국내 음료 90%가 외산이었어요. 코카콜라처럼 직접 등판한 경우를 빼고서라도, 썬키스트·델몬트처럼 판권을 구매해 파는 제품이 압도적으로 많았죠. 사업을 하면 할수록 이해가 안 됐고 화까지 났어요. '왜 우린 남의 나라 음료를 즐겨 마실까?'

며칠간 이 궁리만 하다가 해답을 찾았습니다. 음료는 캔이나 페트병 같은 용기가 나오고서야 발명된 개념이에요. 용기에 각 민족은 먼저 무엇을 담았을까요? 아마 주식과 가장 잘 페어링되는 걸 담았을 겁니다. 미국은 느끼한 햄버거와 어울리는 콜라, 일본은 생선 음식과 잘 어울리는 떫은맛의 녹차를 말이죠. 그렇게 두 음료는 그 문화권의 오랜 시그니처로 자리 잡았습니다. 결국 하나의 음료가 널리 사랑받으려면, 맛을 넘어 그 문화가 지닌 코드까지 헤아려야 하는 겁니다. 근데 국내 음료 회사들은 해외 음료 따라잡기에만 급급했고, 그래서 우리 고유의 시그니처 음료도 전무했던 거예요. 이를 깨달으며 '한국인의 시그니처 음료를 내 손으로 만들어 코카콜라를 이겨 보자'라는 꿈이 생겼습니다.

가을대추에 이은 아침햇살의 성공은 그 가능성을 확실히 보여준 사건이었다고 자평합니다.

그래서 대표 흥행작들 역시 한국적 재료를 토대로 한 음료들이었군요. 아침햇살과 같은 해에 출시된 또 다른 메가 히트작 '초록매실'도 그 연장선에 놓여 있어요. 국내 최초로 출시 첫해 매출 1,000억 원을 돌파한 음료가 됐죠.

코카콜라도 못 해본 기록이죠. 아침햇살이 출시 10개월 만에 1억 병 판매를 넘었는데, 초록매실은 단 7개월 만에 넘겼어요. 광고 모델 조성모도 "널 깨물어주고 싶어"로 국민 스타가 됐고요. (웃음) 초록매실은 매실청에서 출발한 아이디어였어요. 어느 날 홈쇼핑 납품업자가 매실청을 대량으로 만들어 달라 요청하더군요. 개봉하면 금방 상한대서 없던 일이 됐지만, 그날부터 자꾸 아른거리더라고요. '왜 그는 매실청이 성공하리라 봤을까?' 또 궁리가 시작됐죠. 매실은 동북아에서만 재배되는 거의 고유한 과일이잖아요. 예부터 생과일로는 아니지만 절여서라도 먹을 만큼, 한국인에게 유독 끌리는 맛이 있는 과일이리란 확신이 들더군요. 매실청은 상품화가 어려워도 매실 음료는 가능하지 않겠나 싶었어요. 그 예상이 적중해 대히트를 쳤죠. 기뻤지만 그보다 더 뿌듯한 게 있었어요. 이삼십 년 전만 해도 웬만한 식당의 후식 음료는 사이다·콜라·커피가 대부분이었거든요. 근데 초록매실

이후엔 국산 음료로 다양화됐어요. 초록매실 원액을 식당마다 납품한 게 그 출발점이었죠. 한국에 맞는 새 식문화를 조성하는 데 보탬이 됐단 게 무엇보다 뜻깊습니다.

이듬해 국내 최초의 보리차 음료 '하늘보리'를 내놓으셨어요. 누적 판매 7억 병이 넘는 스테디셀러가 됐고, 주요 음료사들도 앞다퉈 보리차 음료를 내놓을 만큼 시장 전체를 크게 확대시켰죠.

일본에선 이미 녹차를 소재로 한 음료가 많았죠. 한국인도 차를 즐겨 마시는데, 왜 음료로는 만들지 않을까 의아했어요. 사실 처음 기획할 땐 다들 시장 잠재력을 겨우 보리차 티백 시장 정도로 추산했는데, 저는 완전히 틀렸다고 봤습니다. 한국은 전체 음료 시장 규모가 고작 5조 원인 반면, 일본은 차 음료 시장만 따져도 10조 원이었어요. 인구 차를 감안해도 갭이 너무 크죠. 전 그 원인을 '한국에 차 음료 시장이 제대로 형성 안 됐기 때문'이라 봤어요. 단순한 직감이 아니었습니다. 보리차 티백 연간 판매량을 500ml 음료로 치환해 잠재 시장 규모를 따져보면 최소 1조 원은 나왔으니까요. 결국, 예상대로 성공을 거뒀죠. 로컬 제품은 만들지 않던 코카콜라마저 보리차 음료엔 뛰어들 정도였으니까요. 이렇게 시장 전체를 흔드는 성공은 하나의 문화를 형성할 수 있음을 느꼈어요. 옛날엔 집마다 입가심으로 숭늉을 마셨

듯, 오늘날은 콜라나 오렌지 대신 우리만의 보리차 음료로 입가심할 수 있는 문화를 만들었으니까요. 이 사실이 가장 절 설레게 합니다.

| Re:cap |

이 정도로 숱한 곡절이 숨어 있을 줄은 몰랐다. 보란 듯 성공을 거두고도 한동안 자리를 비켜줘야 했고, 절치부심해 돌아왔을 때 주어진 건 뜻밖의 영업부장 직책과 기존 제품만 살려 놓으라는 명령뿐. 악조건에서 어렵사리 밀어붙인 시제품엔 비웃음이 쏟아졌다. 실패하지 않는 게 더 이상할 만큼의 난관이었다. 그럼에도 그를 굴하지 않게 한 건, 마음속에 어느덧 자리한 '사명'이었다. 너무도 간절한 꿈이었기에 많은 고비에도 궁리를 멈추지 않고 끝내 해답을 찾았으리라. 이처럼 사명이 뿌리내린 성공은 결코 반짝 성취에 머물지 않는다. 하나의 성공은 꿈으로 가는 과정이기에, 앞선 성취가 다음 성취의 발판이 되고, 그것들이 차곡차곡 힘을 모아 끝내 한 시대의 문화를 바꿀 대사건이 돼 간다.

2004년 과채주스 '자연은' 출시로 또 한 번 연 매출 1,000억 원을 넘기는 성과를 거두셨죠. 그런데 바로 다음 해 대표 이사 자리에서 물러나, 돌연 의료·헬스케어 기업 세라젬그룹에 부회장으로 합류하십니다. 이 '외도'는 어떠한 결심이셨을까요?

어느 날 부회장직 제안이 왔어요. 그게 대표에선 물러나란 표현이었죠. 이유는 아직도 잘 모르겠어요. 여하간 그때가 한창때인 마흔넷이었어요. 여기저기 심지어 정치권에서도 러브콜이 왔지만 죄다 거절했죠. 근데 하루는 세라젬 회장님이 절 몹시 만나고 싶다며 지인을 통해 연락을 주시더라고요. 골프도 한번 친 사이라 뵈러 갔는데, 제게 "신사업을 좀 꾸려 달라" 하고 강력히 부탁하시더군요. 절 3년이나 유심히 지켜보고 '자유의 몸'이 될 때까지 기다렸다는 거예요. 간절함에 동해 흔쾌히 수락했어요. 하지만 외도는 그리 길지 않았습니다. 제 버릇 개 못 준다고, 신사업으로 건강 음료를 제안했거든요. 회장님은 찬성했지만 다들 반대가 심해 채택이 불발됐습니다. 몇백만 원짜리 기기를 팔던 회사한테 몇천 원짜리 음료를 팔자는 제안은 구미가 안 당긴 거죠. 음료 빼곤 아무것도 하기 싫어서 물러났습니다.

때문에 음료 회사를 직접 차리신 거군요?

맞아요, 2009년 '얼쑤'라는 이름의 회사를 설립해 7년 정도 운영했죠. 초반엔 잘나갔어요. 친환경을 특색으로 '자연한끼'란 신제품을 내놨는데, 일본 홈쇼핑에서까지 연락이 와 방송 일곱 번에 100억 원 매출을 올렸죠. 그러나 경쟁사들의 덤핑과 광고 공세를 당해 낼 재간이 없더군요. 그새 매출은 줄어 직원 봉급 걱정만 하게 됐고, 심지어 돈을 빌리러 다녔어요. 어느덧 '한국 시그니처 음료로 세계 시장에 도전하겠다'라는 사명은 바래지고, 그저 그런 생계형 일꾼이 돼 있더라고요. 초심을 찾고자 천 일간 108배를 했습니다. 도중에 양을 늘려 급기야 하루 3,000배까지도 했죠. 열두 시간에 걸쳐 절을 올리는데, 별안간 과거 휘모리장단을 칠 때와 비슷한 경험을 했어요. 머리가 하얘지며 '음료' 두 글자만 남더군요. 그때 다시 깨달았습니다. '오너로서 이름을 빛낼 회사가 필요한 게 아니다. 내겐 몸 바쳐 일할 사명이 더 중요하다.' 그래서 결국 후배에게 회사를 넘겨주고 나왔습니다.

결국 음료가 과업을 넘어 숙명이 되셨군요. 그리고 2017년 하이트진로음료 CEO로 발탁되며 다시 음료업계로 복귀하십니다. 그쪽과는 어떻게 인연이 닿았나요?

천일기도를 다 마칠 무렵, 절묘하게 하이트진로에서 연락이 왔어요. 창립 100주년을 앞두고 고민이 깊더라고요. 음료에서 사업 돌파구를 찾아보려 했는데 자체적으론 잘 안됐던 거죠. 이쪽 전문가를 찾다가 저랑 연결이 된 겁니다. 음료에 목말라 있던 저로서도 여기가 맘에 들었어요. 100년간 줄곧 술이나 물 같은 범음료만 다뤘더라고요. 뚝심 있게 한길만 판 거죠.

부임 직후 선보인 '블랙보리'가 큰 히트를 치며 재기의 신호탄이 됐죠. 왜 다시 보리차 음료였나요?

하늘보리가 약 20년간 보리차 음료 왕좌에 있었어요. 온갖 회사가 경쟁에 뛰어들었지만 아무도 점유율 10% 이상을 뺏지 못했죠. 덩달아 연간 시장 규모는 고작 수백억 원대로 지지부진했습니다. 그 무렵 블랙보리 출시 소식이 돌자 웅진에서 제게 푸념을 늘어놓더군요. 그래서 한마디 해줬습니다. "걱정 말라. 우리끼리 파이를 뺏는 게 아니라 코카콜라랑 싸우고 있을 테니까." 장담이 어느 정도 현실이 됐습니다. 출시 직후 블랙보리가 점유율 30%를 가져갔는데, 하늘보리의 파이를 뺏는 방식이 아니었죠. 보리차 음료 시장 전체가 두 배 가까이 커졌거든요. 출시 2년 만인 2019년엔 보리차 음료가 전체 차 음료 시장에서 1등을 차지했고요.

후발주자인 블랙보리가 그런 발군의 성과를 낸 요인은 무엇이었을까요?

차별화입니다. 육종을 통해 탄생한 최초의 검은 보리를 주원료로 쓴 게 주효했죠. 기존 누런 보리에 비해 식이섬유, 항산화 물질이 몇 배씩 많으니 '이젠 까만 보리의 시대가 왔다!'라는 메시지가 통한 거죠. 근데, 참 재미없는 설명이죠? (웃음) 기존 경쟁사들은 왜 차별화에 실패했을까를 봐야 해요. 그들은 고작 맛이나 디자인만 살필 줄 알았지, 보리차 음료가 왜 부상했고 왜 더 잠재력이 있는지 통찰하지 못한 거예요. 숭늉은 한국인의 주식과 잘 어울리는 명실상부 최고의 페어링 음료예요. 밥이 주식인 나라는 많지만, 숭늉을 끓여 먹는 건 한국밖에 없어요. 김치 같은 발효 음식을 즐겨 먹는 우리에겐, 입냄새를 잡아 주고 개운하게 입가심할 숭늉이 찰떡이었으니까요. 오죽하면 곡식 한 톨이 아까운 시절에도 굳이 밥을 눌러 붙여 숭늉을 만들어 마셨겠어요. 전 숭늉을 음료화해 낸 일을 평생의 자부심으로 안고 살아요. 이런 마음으로 보리차 음료를 대하는 것과 아닌 것은 천지 차이일 겁니다.

2023년 여름, 하이트진로음료 고문으로 자리를 옮기며 6년 만에 경영 일선에서 물러나셨습니다.

임기는 마쳤습니다. 실적도 한창 좋았고요. 좋은 경험이었지만, 조직 생활을 오래 하다 보니 '오너십'이 능사는 아니란 깨달음이 오더군요. 늘 제가 주인인 듯 일했지만, 오너가 아니고서야 진짜 주인이 될 순 없더라고요. 멘탈로 극복할 문제가 아닙니다. 한계를 인정해야 하죠. 때문에 오너십을 뛰어넘는 자기만의 존재 가치를 헤아릴 줄 알아야 해요.

프로는 자기 존재 가치를 어떻게 헤아려야 할까요? 본인이 생각하시는 프로란 무엇인지 들려주시면 좋겠습니다.

샐러리맨도 주인처럼 온 마음을 다해 일할 수 있어요. 어쩌면 주인보다 더요. 제가 찾은 해법이 바로 '아너십'입니다. 오너십보다 못한 개념이 절대 아니에요. 오히려 주인은 회사에 묶여 아너십을 발휘하며 일하기 어려워요. 반면 샐러리맨은 오너십에서 자유로우니 가슴 떨린 과업에 더 충실히 집중할 수 있죠. 결국 제가 생각하는 프로란 일생을 바쳐 몰입할 사명을 찾고 언제나 거기서 자부심을 느끼는, 즉 아너십을 발휘할 줄 아는 사람이에요. 저는 초년부터 지금껏 전혀 다른 업종으로 이직도 해보고, 제 손으로 살린 회사에서 쫓겨나기도 하며 여러 소속을 전전했어요. 그러나 저만의 과업에 무아지경으로 몰입하며 살았기에 늘 설레고 행복했습니다. 후배 직장인 분들도 저마다 가슴에 아너십을 새기며 일할 수 있다면 좋을 듯해요. 은퇴를 앞둔 동년배들도 마찬가지고요. 나이가 든다고 사명을 바꿔야 할까요? 저는 아닙니다. 몸에도 좋고 맛도 좋은 한국 시그니처 음료를 세계적으로도 성공시켜 언젠가 코카콜라를 밀어낸다는 꿈, 저는 계속 꿀 겁니다. 제 생에 안 된다면 후배들이 해낼 수 있게 발판이라도 마련하고 죽을 거예요. 제 인생의 휘모리는 아직 끝나지 않았거든요.

| Re:cap |

점심 무렵 시작한 인터뷰는 어느새 저녁이 돼 있었다. 긴 시간 내 앞에 앉아 있던 건 한 점의 꿈을 향해 쉼 없이 몰아치는 '휘모리' 같은 생이었다. 마지막까지 환한 얼굴로 "인터뷰가 부족하진 않았나요?"

라며 지친 기색 하나 없는 그 모습은, 그가 30년 넘게 일을 대해온 자세와 저력을 대변했다. 우리는 일을 하며 크고 작게 흔들린다. 일의 난도나 제한된 여건은 물론 연봉이나 주변의 시선까지, 자의든 타의든 과업 바깥의 요소에 마음이 흐트러진다. 그러나 그는 한 곳이 달랐다. 어떤 악조건에서도 그의 관심사는 오로지 단 하나, '어떻게 하면 그 일을 성공하게 할 것인가.' 그 질문 외의 것은 철저히 잡음이 됐고, 치려는 장단에만 몰두하는 그 집중은 잇따른 성취를 떠받치는 근간이 됐다. 그가 온몸으로 써 내려간 한국 시그니처 음료의 서사는 그래서 더욱 소중하다. 우리가 꿈꾸는 대성공이란 천재적 영감이나 초인적 열정에 앞서 자신의 과업을 소중히 섬기는 마음에서 비롯된다는 사실을, 무엇보다 생생히 일깨워 주기 때문이다. 쉽게 길을 찾고 어려움은 우회하려는 시대다. 그러나 이 태도는 외려 지금, 더욱 외면해선 안 될 지침으로 다가온다. 그 우직한 마음가짐이야말로, 우리를 저마다의 무아지경으로 이끌고 사명을 섬기는 프로로 거듭나게 하는, 가장 강력한 힘이 될 테니 말이다.

프로는 겉멋 부리지 않고
묵묵히 책임을 다하는 사람이에요

국민 명차 디자이너

이강

現 KG모빌리티 디자인 센터장, 前 기아자동차 내장 디자인 실장, 前 현대자동차 외장 디자인 팀장.
1991년 현대자동차 외장 디자이너로 커리어를 시작, 외장 디자인 팀장까지 지낸 뒤
2004년 기아자동차로 적을 옮겨 내장 디자인 팀장·실장 등을 역임했다.
2020년 쌍용자동차에 합류, 토레스·액티언 등 인기 SUV 디자인 기획을 총괄했다.

©리멤버

2020년은 KG모빌리티(당시 쌍용자동차)엔 혹독한 시련의 해로 기억됩니다. 코로나 사태로 모기업이 신규 투자를 중단하고 경영권을 포기하는 최악의 경영난에 시달린 데다, 연간 4,235억 원의 적자를 내 이듬해 봄 법정 관리마저 들어갔기 때문이죠.

벼랑 끝 위기였던 이 자동차 회사에 부활의 신호탄을 쏜 신차가 있었으니, 그게 2022년 출시된 SUV 토레스입니다. 코란도·무쏘 등 역대 쌍용차 명차 계보를 잇는다는 찬사를 받으며 주문 대기만 6만 대에 육박, SUV의 새 흥행 신화를 써낸 모델이죠. 바로 이 토레스의 성공에 힘입어 KGM은 1년 6개월 만에 법정 관리를 졸업하고 이듬해 연간 흑자 전환에 성공합니다.

이 드라마틱한 반전의 중심엔 30년 넘게 자동차 디자인 한길만 걸어온 베테랑이 있었습니다. 2020년 KGM에 합류해 옛 쌍용차 시절 헤리티지를 되살리고, 토레스 탄생과 흥행을 진두지휘한 인물이죠. KGM의 모든 차량 디자인을 총괄하는 디자인 센터장, 이강 님이 바로 그 주인공입니다.

"디자이너가 겉멋 든 직업이라고들 생각하죠?
천만에요. 오히려 아주 고통스럽고 우직해야만 하는 일입니다.
수십만의 생계가 달린 게 저 종이 위 디자인이니까요."

아반떼·그랜저·모닝·스포티지·씨드·세라토·포르테·토레스·액티언. 국내 도로를 달리는 차량 절반에 손길이 닿았다 해도 과언이 아닐 만큼, 그는 업계 최고의 자동차 디자이너 중 하나로 꼽힙니다.

그럼에도 그는 자신을 이끈 힘이 비단 "예술적 감각만이 아니"라고 말합니다. 수많은 히트 차량을 탄생시키고, 위기의 자동차 브랜드를 디자인으로 되살린 저력의 8할은 "돌덩이 같은 책임감"에 있었기 때문입니다.

2024년 11월 경기도 평택의 KGM 공장. 26만 평의 드넓은 부지 곳곳에 수만 대의 자동차가 빼곡히 들어서 있었다. 늦가을 햇살에 물든 차들을 바라보고 있자니, 한 줄의 선에서 출발한 누군가의 디자인이 이토록 거대한 풍경으로 완성된다는 게 새삼 묘했다. 자신의 손끝에서 탄생한 결과물이 수만 대의 차로 거듭나 세상을 달린다는 건, 디자이너에게 어떤 의미일까.

영남대 응용미술학과에서 산업디자인을 전공하셨어요. 그 안에서도 분야가 다양한데, 왜 하필 자동차 디자인이었나요?

직감적으로 가장 끌렸어요. 건축 도면을 그리듯 펜을 들고 제도하는 모습이 멋져 보였죠. 현실적으로 유리한 선택이라고도 봤고요. 자동차 제조사는 대부분 대기업이잖아요. 입사만 하면 탄탄대로라 생각했습니다. 다만 워낙 레드 오션인 게 문제였죠. 예나 지금이나 국내 자동차 회사는 손에 꼽을 만큼 적어요. 어떻게 그 바늘구멍을 뚫어야 할지 연구를 참 많이 했습니다. 걱정도 많았고요.

걱정과 달리 현대자동차에 입사하셨어요. 당시에도 가장 잘나가는 자동차 회사였죠.

원래 기아(당시 기아자동차)를 선호했어요. (웃음) 현대차 입사가 1991년인데 당시 자동차 회사는 대부분 지방에 있었거든요. 반면 기아는 서울 근무가 가능하니 촌놈 입장에서 얼마나 끌렸겠어요. 하지만 현대차에서 인턴을 하다 덜컥 채용이 됩니다. 가릴 처지가 아니라 그저 감사한 마음으로 입사했습니다. 자동차 디자인은 크게 외장, 내장, CMF(색상 · 소재 · 마감)로 구분하는데, 현대차에선 외장 디자인을 맡았어요. 인턴 내내 했던 게 자동차 그리기였거든요. 아침 일곱 시부터 밤 열 시까지 온종일 차만 보고 그렸죠. 이골이 날 만큼 힘들었지만 인이 박일 정도로 온갖 부품과 그 생김새에 빠삭해졌어요. 나중에 인턴 평가에 기반해 부서 배치가 됐는데, 솜씨가 제일 두드러진 신입들이 외장 디자인 팀으로 발령이 났습니다. 자동차 하면 가장 먼저 떠오르는 게 외관이잖아요? 우쭐해지더라고요.

아반떼 RD, 그랜저 XG 등 90년대 현대차 명차 디자인에 다수 참여하신 걸로 압니다. 특히 '구아방' 아반떼 RD는 출시 이듬해에만 무려 19만 대나 팔린 전설적 모델이었죠. 이런 차들의 외관 디자인도 직접 그리셨겠군요?

솔직히 제가 들을 칭찬이 없어요. 구아방 외관 중 제 디자인은 딱 하나, 휠에만 들어갔거든요. 보통 주니어는 부품을 맡고, 메인인 차체 디자인은 경험 많은 선배들이 그려요. 하지만 그건 계급이 아닌 실력의 결과입니다. 디자인은 위아래가 없거든요. 까마득한 막내의 그림도 얼마든 뽑힐 수 있죠. 저도 매번 최선을 다했는데 번번이 메인에선 떨어졌어요. 어느 날은 스스로 끝내주게 만족스러운 그림이 나왔는데 그마저도 탈락이었죠. 팀장님의 한마디가 비수로 꽂혔습니다. "넌 그리는 게 어째 매번 똑같냐? 발전이 없어." 절망감에 1년, 2년 해가 갈수록 조바심이 커졌어요. 그러던 제게 인생의 첫 터닝 포인트가 찾아와요. 바로, 입사 5년 차 때 영국 런던 왕립예술대학RCA으로 1년여간 유학을 떠난 일이었죠. 기본적으로 무척 성실한 편이고 맡긴 일만큼은 곧잘 해내 평판이 좋았거든요. 무엇보다 상대적으로 영어를 잘했고요. 제대하고 6개월간 영어 공부만 했거든요. 그게 빛을 발해 사내 해외 연수자로 뽑히게 됐죠.

RCA는 세계 3대 자동차 디자이너(피터 슈라이어·크리스 뱅글·이안 칼럼)를 배출한 명문 디자인스쿨로 꼽히죠. 그곳에서의 배움이 구체적으로 어떻게 전환점이 돼줬나요?

첫 수업이 가장 기억에 남아요. 교수님이 학교 마당에 대뜸 차 한 대를 내놓더니 "보이는 대로 한번 그려보시오"라는 거예요. 처음엔 이걸 왜 시키나 싶었어요. 전부 비슷한 방식으로만 그릴 줄 알았거든요. 근데 그게 전혀 아니더군요. 저처럼 자동차 기업에서 연수 온 친구들이 많았는데, 열이면 열 전부 표현이 다르더라고요. 폭스바겐·아우디·BMW 등 너 나 할 것 없이요. 잘나가는 선배들 그림을 무작정 따라 그리며 디자인을 배웠던 저로선 큰 충격이었습니다. 그게 제 화풍이자 유일한 정답이라 믿었는데 잘못된 생각이었죠. 그때부터 시야가 확 트였고 미처 보이지 않던 요소들이 하나둘 눈에 들어왔어요. 이를테면 태양의 위치나 밝기, 비치는 주변 사물에 따라서도 느낌이 천차만별이더라고요. 사실 소비자가 차를 보고 느끼는 것도 그렇잖아요. 도면 위에서처럼 언제나 정형화된 게 아니에요. 차를 음미하는 정말 다양한 시선이 존재하고, 디자이너로서 그 각양각색을 정교히 표현할 수 있어야 함을 그때 절실히 깨달았습니다.

단순한 기술이 아니라 새로운 시선을 배우신 셈이군요. 이후 작업 방식이나 디자인에도 실제 변화가 있었나요?

경차 아토스, 준중형 아반떼 XD 5도어를 기억하시나요? 제가 두 모델의 메인 디자인을 그렸습니다. 유학의 효과가 확실했던 거죠. (웃음) 고집하던 방식을 벗어나 어떻게 하면 차가 더 매력적으로 보일지, 어떤 질감으로 표현해야 의도가 더 잘 전달될지 끊임없이 연구했어요. 그러다 보니 저 자신도 디자인이 확연히 발전하는 걸 느꼈고요.

| Re:cap |

재능으로도 노력으로도 일이 풀리지 않을 때가 있다. 그럴 때 필요한 건 고정된 시선을 바꿔보는 일이다. 유학을 계기로 그는 '어떻게 잘 그릴까'에서 '누구를 위해 그릴까'로 관점을 옮겼다. 공급자의 자리에서 벗어나 소비자의 경험을 바라보기 시작한 것이다. 디자이너로서의 진짜 성장은 바로 이 전환에서부터였다.

달라진 시선이 금세 성과로 이어졌네요. 불과 서른다섯에 현대차 외장 디자인 팀장으로 승진하십니다. 사내 최연소 팀장이었다고요.

대단한 영광이었지만 마냥 들뜨진 않았어요. 오히려 걱정이 더 컸죠. 그때 인생 처음으로 '책임'이란 걸 피부에 와닿게 느껐거든요. 일개 팀원일 땐 그저 제 디자인이 채택되기만 하면 그만이잖아요. 그러나 팀장이 그럴 순 없죠. 자신뿐만 아니라 팀 디자인이 상부에 인정받고, 나아가 그 디자인이 시장에서 사랑받도록 책임져야 하는 자리니까요. 원래 디자인은 제게 늘 설레기만 한 작업이었는데, 이때부턴 무거운 책임도 느껴야 하는 일이 됐습니다.

IMF 여파로 법정 관리에 놓인 기아차를 현대차가 인수한 뒤, 위기의 기아차를 구한 효자 상품 중 하나가 2004년 출시된 '국민 경차' 모닝이었죠. 바로 그 모닝의 외장 디자인을 총괄하셨다고요. 팀장으로서 그 책임의 무게를 실감한 프로젝트가 아니었을까 합니다.

절치부심의 각오로 임한 프로젝트였어요. 앞서 아토스로 경차를 한번 해봤잖아요? 고백건대 저한텐 성에 안 차는 모델이었어요. 국내 최초 '톨보이' 콘셉트로 천장을 높여 키가 껑충하게 디자인한 나름 도전적인 모델이었는데, 적어도 제 눈엔 썩 멋져 보이지 않더군요. 그래서 이를 갈던 참에 맡게 된 프로젝트가 모닝이었죠. 당시만 해도 합병 초기라 기아가 여전히 힘든 상황이었거든요. 특히 인력난이 심했고 그건 디자인도 마찬가지라 저희가 기아 프로젝트도 지원하게 된 거예요. 개인으로서든 팀장으로서든 반드시 잘 해내야만 하는 일이었습니다.

당시 마티즈라는 강력한 경쟁자가 있었죠. 디자인 측면의 극복 전략이 있었나요?

경차는 디자이너한테 굉장히 까다로운 프로젝트예요. 일단 돈을 많이 못 들여요. 가격이 저렴해야 하니까 부품 자재도 전부 싼값에 써야 하죠. 게다가 말씀대로 경쟁자는 부동의 최강자 마티즈였잖아요. 아토스가 쓴맛을 본 것도 다 마티즈 때문이었거든요. 기어코 마티즈를 잡아야 했습니다. 그래서 가장 주안점을 둔 게 뚜렷한 차별화였어요. 마티즈는 차가 작고 동글동글하니 귀여워요. 근데 경차를 탄다고 꼭 차가 작아 보이길 바라는 건 아니잖아요? 오히려 전 그 반대일 수 있다고 봤어요. 같은 경차라도 이왕 더 크고 듬직해 보이면, 더 많은 소비자한테 통할 수 있지 않을까 판단한 거죠.

그 전략이 맞아떨어졌군요. 모닝은 역대 기아 승용차 중 최다 판매 차종으로 지금껏 120만 대가 넘게 팔렸죠. 티코, 마티즈를 뛰어넘는 인기를 누리고 있습니다.

네, 결국 모닝이 마티즈를 이겼죠. 자동차 디자인을 하는 사람으로서 최고의 성취감을 느낀 순간이었습니다. 물론 대우자동차(마티즈 제조사)에겐 미안함이 크지만요. (웃음) 여하간 디자인이 너무 일방에 치우치면 소비자층이 좁아집니다. 호불호 없는 디자인이 주효했다고 봅니다.

당시 기아가 현대차에서 독립한 별도의 대규모 디자인 센터를 신설해요. 그때 직속상관이던 디자인 실장님이 그곳 센터장으로 발탁되셨고, 제게 함께 가보지 않겠냐는 제안을 주셨어요. 새로 오실 실장님과 합을 잘 맞출 수 있을지 내심 걱정하던 참이었는데, 절 믿고 데려가 주신다니 그저 감사했죠. 고민 없이 바로 승낙했습니다. 근데 제가 내장 디자인을 맡게 될지는 전혀 몰랐어요. 합류 전까지 일절 얘기를 안 해주셨거든요. 나중에 안 사실이지만 외장은 진작 팀 세팅이 완비돼 있었고, 애초부터 내장을 맡길 생각으로 절 데려가셨던 거예요.

처음엔 당연히 부담이 컸습니다. 외장이 건축이면 내장은 말 그대로 인테리어예요. 근데 그 구성이 좀 많습니까. 대시보드 · 도어 · 콘솔 · 시트 · 오디오 · 스위치, 이 밖에도 수두룩하죠. 그뿐인가요? 모든 디자인이 따로 놀지 않게 조화도 이뤄야죠. 어려워도 너무 어렵더라고요. 하지만, 새로운 일이란 게 언제까지나 괴롭기만 한 건 아니더군요. 나름의 묘미를 발견하면서 차츰 몰입하고 적응하게 됐어요. 내장 디자인은 시각적 아우라뿐 아니라, 공간의 소재, 기능을 움직이는 공학, 나아가 그 인테리어를 향유하는 인간의 성질까지 섬세히 살피고 이해할 수 있어야 해요.

그게 지평을 넓혀주고 또 다른 도전 욕구를 불러일으켰습니다.

외장 못지않게 중요하고 또 어려운 영역이 내장이군요. 내장 디자인 팀장으로선 어떤 미션에 주력하셨나요?

고객은 물론 내부 직원까지 하나같이 지적하던 불만이 '기아차는 어딘가 모르게 늘 낯설다'라는 점이었어요. 같은 회사 차라면 어떤 모델을 타든 유니크한 통일감이 있어야 하는데, 저흰 각자 따로 노는 느낌을 준 거예요. 그래서 보통은 외관상의 해법부터 찾으려 합니다. BMW의 키드니 그릴, MINI의 둥그런 램프처럼 바깥 형상의 아이덴티티를 구축하는 식으로요. 그러나 전 인테리어 측면의 해법도 있을 거라 봤어요. 그게 '조작계 통일화'였습니다. 당시 저희 모델들은 조작계가 제각각이었어요. 저마다 오디오 위치도 다르고 공조 버튼은 중구난방이었죠. 이걸 깨고 기아 인테리어에 일관성을 부여하는 게 제 나름의 미션이었습니다.

그 덕인지 이 무렵부터 '기아차 디자인의 아이덴티티가 뚜렷해졌다'라는 평이 많아요.

저희만의 노력 때문이라곤 할 수 없지만 기여가 컸다고는 자부할 수 있습니다. 그때 기아 내부 디자인 경쟁이 대단했거든요. 본사는 물론 해외 지사들과도 경합했죠. 그 경쟁을 물리치고 저희 팀 인테리어가 아주 많이 뽑혔어요. 당시 저희 각오는 비장했습니다. '불법만 아니면 어떤 수단과 방법도 좋다. 우리 디자인이 반드시 채택돼야 한다.' 디자인의 숙명이 그래요. 아무리 좋은 디자인도 경쟁에서 살아남지 못하면 의미가 없습니다. 그 디자인 하나에 담긴 팀원들의 몇 달 치 피땀이 모두 허사가 되는 거예요. 그런 피눈물을 흘릴 일이 많지 않아 다행이었습니다. 한 조직의 리더로서 그보다 자랑스럽고 뿌듯한 일은 없을 거예요.

| Re:cap |

리더가 되면서 그는 알았다. 디자인의 세계는 늘 설레지만은 않다는 것을, 때로는 냉정하고 냉혹하다는 것을. 그러나 역설적이게도, 압박의 무게가 커질수록 그의 성취도 함께 커져갔다. 비단 디자인만의 이야기일까. 어쩌면 성과의 한계란 책임의 무게와 비례하는지도 모른다.

2006년 기아차가 차세대 성장 전략으로 '디자인 경영'을 선포하고, 피터 슈라이어■를 CDO(최고 디자인 책임자)로 영입했죠. 이듬해 유럽으로 건너가 슈라이어를 직접 보좌하셨다고요.

■ 아우디·폭스바겐 디자인 총괄을 지낸 인물로 '세계 3대 자동차 디자이너' 중 한 사람으로 꼽힌다. 기아차 CDO로 부임한 뒤 K5, 스포티지R 등 국내외 히트작을 연이어 선보이며 침체된 기아차 디자인을 부활시켰다는 평가를 받았다.

현지 디자인 센터에서 6년여간 수석 코디네이터를 맡았어요. 슈라이어 사장님과 현지 디자이너들, 국내 경영·개발진에 이르기까지 최적의 디자인이 도출되고 제품에 잘 반영될 수 있도록, 모두를 매끄럽게 조율하고 과정을 컨트롤하는 역할이었죠. 말로만 나열하니 쉬워 보이지만 제겐 굉장히 어렵고 벅찬 시기였습니다. 줄곧 해오던 디자인과는 결이 다른 역량을 요구받았으니까요. 하지만 단순히 멋스럽고 잘 팔리는 디자인을 넘어 영혼을 울리는 디자인이란 어떤 과정으로 탄생하는지, 생생히 목도할 수 있던 소중한 시간이기도 했습니다. 사장님은 굉장히 욕심이 많은 분이셨어요. 기아를 일으켜야 한다는 책임감도 아주 크셨고요. 그 때문인지 엄청 완강하셨습니다.

사실 디자인을 원안대로 제품에 구현하기란 힘들거든요. 예산 부족을 이유로 경영 윗선에서 가로막히거나, 기술적 뒷받침이 안 되는 경우도 잦죠. 웬만하면 적당히 타협하는데, 사장님은 결코 타협이 없었어요. 안 되는 이유를 아무리 말씀드려도 매번 답은 "I don't care"였죠. 알 바 아니니 알아서 해결하란 거예요. 참 젠틀하고 좋은 분인데 업에서만큼은 고집을 절대 안 꺾으시더군요. 양쪽에서 욕먹고 미칠 노릇이었죠. (웃음) 근데 신기하게도 뚝심으로 밀어붙이니 그 안 된다던 이유들이 차츰 풀리기도 하더라고요. 무작정 우겨서 됐단 게 아닙니다. 왜 이 디자인을 해야 하는지 저희 스스로 확고한 철학을 세워 설득하다 보면 상대도 거기 공명하는 거예요. 그러면 반대만 하던 때와 달리 훨씬 더 큰 노력을 들여 어떻게든 방법을 찾아내죠. 이렇게 각자의 치열한 고민을 결과에 녹여 낸 게 '디자인 기아'의 명성을 일군 저력이에요. 그 한복판에서 중심을 잡아준 게 사장님이셨고요. 그분을 통해 경험하고 배운 모든 게 큰 영감을 줬고 그걸 지금 써먹고 있습니다.

이후 한국으로 돌아와 기아차 인테리어를 총괄하는 내장 디자인 실장으로 영전하셨죠. 가장 중점을 두신 미션은 무엇이었나요?

당시는 '디자인 기아'의 저력이 본궤도에 오른 시점이었어요. 판매량에서 현대차를 턱밑까지 추격할 정도였죠. 그러나 걸림돌이 여전히 있었습니다. 그게 인테리어의 '칩 필링Cheap feeling'이었어요. 같은 소재를 써도 해외 유명 브랜드들은 고급져 보이는데, 우린 유독 값싸 보인다는 문제였죠. 비단 기아만의 문제가 아니라 그룹 전체가 겪던 고민이었는데, 이걸 꼭 해결하자는 게 스스로 잡은 미션이었습니다.

그 원인을 어떻게 진단하셨나요?

디자인은 쉽게 답이 나오는 영역이 아니잖아요. 고민에만 족히 수년은 쓴 것 같아요. 실무진과 온갖 고급 브랜드 차량을 닥치는 대로 들여다봤고, 저희 차들과 일일이 비교해 가며 분석 리포트도 많이 썼죠. 골몰에 골몰을 거듭하니 차츰 실마리가 보이더군요. 그런 말 있죠? '악마는 디테일에 있다.' 저희가 찾아낸 핵심 클루가 바로 완벽한 Fit & Finish였습니다. 디자인에선 곡률, 즉 휜 정도를 R(Radius, 반지름)로 표현해요. 이 R값이 단 1mm만 변해도 대번에 딱딱해지거나 확 부드러워지죠. 저희는 대시보드·스위치 등 크고 작은 장치부터 각 부품 간 파팅 라인(경계선)에 이르기까지 모든 곡률을 최적화했습니다. 전 구간에서 R값을 1mm 단위로 조정해 가면서 최적의 고급스러움을 찾았죠. 그리고 이 디테일한 작업들을 전부 표준화했어요. 기아 모든 차종에 공통으로 적용할 큰 체계를 만든 거예요.

하지만 순탄치만은 않았습니다. 제가 여태껏 주위에 자랑하는 게 바로 '커브드 디스플레이' 도입이에요. 지금은 보편화되고 있지만 그땐 도입한 회사가 아무 데도 없었어요. 기아가 국내 최초였죠. 이걸 도입하는 데도 우여곡절이 많았습니다. 개발부터가 보통 일이 아니었죠. 비용이 상당해 그룹 연구소에서도 개발을 꺼렸어요. 기껏 만들어놨는데 한두 차종에만 쓰이다 실패하면 손해가 막심하니까요. 그럼에도 물러설 생각은 추호도 없었습니다. 세련미의 정점을 찍는, 표준화의 마지막 단추란 확신이 있었거든요. 연구소의 높은 분을 찾아가 오히려 더 대범하게 질렀습니다. "족히 수십만 대엔 표준화해 쓸 겁니다. 믿고 꼭 개발해 주시죠." 목숨을 건 거예요. 디자이너들이 정말 그래요, 매번 목숨을 겁니다. 그 진심이 통했는지 결국 끝끝내 설득해 냈고, 결과는 대성공이었어요. K8을 시작으로 스포티지 5세대, EV6까지 전부 반영됐고 나중엔 현대차도 뒤따라왔거든요. 이제 기아나 현대차 모두 칩 필링은 옛말이 됐고, 도리어 세련되고 하이테크한 느낌이 강하죠. 그 전범을 세우는 데 일조해 영광이고 자랑스럽습니다. 저보다 나은 실력으로 더 멋지게 발전시켜 나가고 있는 기아 후배들에겐 그저 고마울 따름이고요.

| Re:cap |

일의 환경이 늘 유리할 수는 없다. 때로는 불리한 현실을 하나씩 돌파해야 한다. 그 순간을 가르는 건 결국 리더십이다. 리더십은 때로 고집처럼 보이고, 완강함으로 읽히기도 한다. 그러나 진짜 리더십은 독단이 아니다. 자신을 끝없이 점검하고, "목숨을 걸었다"라고 말할 만큼의 진심으로 책임을 떠안는 태도다. 그렇게 다져진 리더십 아래서의 고집은 억지 복종을 강요하는 힘이 아니라, 사람들을 설득하고 스스로 움직이게 하는 힘이 된다. 강압이 아닌 헌신으로 앞장서는 진심만이 비로소 리더십의 공명을 낳고, 팀도 자연스레 한 방향으로 달릴 수 있다. 그와 슈라이어가 '디자인 기아'로의 장벽을 하나씩 허물 수 있던 이유도 바로 여기에 있었다.

인테리어만 15년을 했더라고요. 내장 측면에서 제가 기여할 건 다 했다고 봤어요. 자리를 지키기보단 후배한테 물려주는 게 맞다 싶었죠. 실제로 지금 저보다 더 잘하고 있습니다. (웃음) 커리어 차원의 판단도 솔직히 말씀드리면, 기아에선 더 성장하기 어렵겠단 생각도 들었어요. 인테리어뿐 아니라 더 큰 그림을 그려보고 싶었거든요. 시기도 잘 맞아떨어졌어요. 때마침 쌍용차에서 디자인 전체를 총괄해 달라는 제안을 주셨거든요. 물론 왜 그런 험지를 가느냐며 말리는 분들도 많았죠. 그러나 수없이 되짚어 봐도 저는 도전에 훨씬 끌렸어요. 제가 잘해서 한 회사가 되살아날 수 있다면 그게 디자이너로서 최고의 보람이잖아요? 실패하는 한이 있더라도 일단 도전해 보고 싶었어요. 근데 입사하고 보니 회사가 정말 어렵긴 어렵더군요. (웃음)

그 흐름을 단숨에 바꿔 낸 게 2022년 출시된 중형 SUV 토레스입니다. 사전 계약만 6만 대에 이를 만큼 '대박'을 친 모델이었죠. 그 프로젝트를 진두지휘하셨습니다.

토레스는 초긴급 프로젝트였어요. 입사 전부터 "빨리 와서 신차를 만들라. 한시가 급하다"라며 독촉이 심했죠. 신차 만들

때 디자인 최종 승인까지 족히 1년은 걸리는데 토레스는 5개월 만에 끝냈어요. 그만큼 긴박하고 절박하게 만든 차였죠. 그러면서도 반드시 성공해야 했고요. 이 때문에 근본에서부터 고민했습니다. '어느새 쌍용차는 시장에서 외면받고 있다. 대체 왜?', '상대는 현대차와 기아, 한국을 넘어 세계 최강급 브랜드들이다. 어떻게 맞서야 하나?' 긴 고민 끝에 결론을 내렸습니다. '똑같이 가면 백전백패다. 우린 비전부터 다르게 간다.'

'Powered by Toughness', 쌍용차에 제시한 새로운 디자인 철학이었어요. 직역하면 '강인함에 의해 추진되는(디자인)'인데, 쉽게 말해 강인해 보이는 디자인을 담겠다는 의미예요. 그때만 해도 쌍용차와는 거리가 먼 얘기였습니다. 기존 성공을 답습하거나 트렌드 따라가기에만 급급했거든요. 몇 해 전부터 시장에선 CUV가 강세예요. SUV에 세단이나 쿠페를 믹스한 차종인데, 거칠고 투박한 SUV와 달리 날렵하고 세련됩니다. 현대 코나, 기아 스포티지, 도요타 라브4 등 너 나 할 것 없이 CUV에 주력하고 있죠. 쌍용차도 예외는 아니었지만 실적은 좋지 않았죠. 오히려 쌍용차 고유 컬러만 퇴색해 버렸어요. 지금도 추억의 '국민 명차'로 다섯 손가락 안에 꼽히는 모델이 우리에게 두 개나 있거든요. 코란도와 무쏘. 전자는 강인한 지프차를 연상시키는 정통 SUV고, 후자는 획기적인 고급 SUV였죠. 강인하면서도 고급스러운 SUV가 우리의 차별적 헤리티지였던 거예요. 잃어버린 이 유산만 잘 되찾아 와도 승산이 충분할 거라 판단했습니다. 바로 이 전략을 가장 먼저 담아내고 실현한 차가 토레스였어요.

그 전략이 적중했습니다. 쌍용차는 토레스 출시 첫해 기업 회생 절차를 종결하고, 그 이듬해 16년 만에 연간 흑자 전환에도 성공했어요. 업계 안팎에선 '토레스가 위기의 쌍용차를 구했다'라는 평이 나오는데, 소회가 어떠신가요?

자동차 디자이너는 순수 미술을 하는 사람이 아니에요. 아무리 노력해도 팔리지 않으면 의미가 없죠. 시장만이 모든 걸 말해줄 뿐입니다. 더구나 전 조직 전체를 책임지는 디자이너잖아요. 판단이 틀렸을 때 혼자만 욕먹고 집에 가면 해결될 문제가 아닌 거예요. 회사에 몸담은 수천 명, 식솔까지 수만 명, 협력사 직원들과 그 가족, 나아가 주주들까지 생각하면 짊어져야 할 책임이 얼마나 큰가요. 이뿐만 아니라 저희는 현대차나 기아처럼 아주 큰 회사도 아니에요. 그래서 매 프로젝트에 신중에 신중을 기해야 하고 반드시 잘해야만 합니다. 이런 압박감 속에 탄생한 게 바로 토레스였고, 보란 듯 성공해 뿌듯할 따름이에요. 제 인생을 통틀어 가장 보람 있고 감격스러운 일입니다.

2023년 KGM의 전무로 승진하셨어요. 토레스 성공의 공로를 인정받은 특별 인사였다고요.

감개무량입니다. 절 믿어 주고 전폭적으로 지원해 준 회사에 감사할 뿐이에요. 책임이 더 막중해졌지만 계속 굴하지 않고 힘닿는 데까지 최선을 다할 겁니다. KGM을 '국민 SUV 브랜드'로 만드는 게 남은 꿈이에요. 남녀노소 누구든 SUV를 사려 할 때 가장 먼저 저희를 떠올리게 하고 싶어요. 물론 디자인의 힘만으로 되는 일은 아니겠죠. 성능, 가격 등 모든 요소가 잘 맞물려야 합니다. 아직 우리 힘이 부족한 것도 사실이고요. 그러나 포기는 없을 겁니다. 어느덧 디자이너로 살아온 지 35년이 다 되어갑니다. 인생의 정점이 가까워져 오고 있죠. 디자이너로서의 마지막을 잘 마무리하고 싶습니다. 그게 한 자동차 기업의 디자인을 책임지는 사람으로서 응당 완수해야 할 책무이기도 하고요. 제가 존재하는 마지막 순간까지 우리 KGM이 멋진 SUV 브랜드로 굳건히 자리매김하도록 최선을 다할 겁니다.

30년 넘게 한길을 걸어오신 이야기를 듣다 보니 그 무게가 남다르게 느껴지네요. 긴 세월 다양한 과제를 마주하고 때론 리더로서 그 성과도 책임져야 하는 프로란, 어떤 미덕을 지닌 존재여야 할까요? 본인이 생각하시는 프로의 정의를 듣고 싶습니다.

디자이너를 겉멋 든 직업이라 흔히들 생각하죠. 속으론 뜨끔한 디자이너들도 있을 거예요. 그러나 한 산업에 복무하는 직업인으로서의 디자이너라면 절대 그래선 안 됩니다. 일단 양산에 들어가 금형을 파기 시작하면 그땐 루비콘강을 건넌 겁니다. 판단 미스로 디자인을 고치고 금형을 새로 만들면 그 자체로 날아가는 돈만 수십억 원이에요. 그뿐인가요. 디자인 하나 때문에 시장 반응이 안 좋고 매출이 떨어지면 그땐 손해가 이루 말할 수 없죠. 이러니 어떻게 겉멋이 들 수 있나요? 디자인은 매일 매 순간 끊임없이 성찰하고 최고를 향해 조금씩이라도 나아가야 하는 아주 고통스러운 작업입니다.

비단 디자이너에게만 해당하는 말은 아닐 거예요. 결국 모든 직무에서 프로란 겉멋 부리지 않고 묵묵히 책임을 다하는 사람이에요. 대다수가 커리어를 시작할 땐 화려한 일면만 보기 마련이죠. 하지만 일을 해나가다 보면 알 거예요. 큰 성취 뒤엔 그보다 더 큰 책임이 따른다는 걸요. 겉멋에 취해 돌덩이 같은 책임감을 진지하게 받아들이지 않는다면 언젠가는 주저앉고 포기할지 모릅니다. 그러나 그 책임을 당당히 받아 들고 맞선다면 어느새 더 성장하고 강해져 있는 자신을 발견할 거예요. 그러니 용기를 내 각자의 과제에 우직하게 맞서봅시다. 프로라 자부하는 우리 모두에겐, 누구도 꺾지 못할 '강인함'이 디자인돼 있으니 괜찮을 겁니다.

인터뷰 도중 그가 잠시 디자인 센터 내 전시장을 안내했다. 신차들을 바라보며 그는 연신 말했다. "멋있죠? 우리 식구들 먹여 살릴 자랑스러운 자식들이에요." 목소리엔 애정이 담뿍 실려 있었다. 한 대의 차량에 얼마나 많은 동료의 땀과 열정이 스며 있고, 얼마나 큰 책임과 미래가 걸려 있는지, 누구보다 잘 알고 있었기 때문이리라. 겉멋에 취해선 안 된다는 말은 모두에게 통한다. 남부럽지 않은 직장, 화려한 직함, 높은 연봉에 우리는 종종 '취한다'. 그러나 그에 부합하는 진짜 책임 앞에 서면, 결국 그 무게에 짓눌리곤 한다. 그래서 요즘 많은 이가 승진을 망설이고 리더 자리를 꺼리기도 한다. 하지만 그 책임감을 온전히 감당하는 일은 성장의 통과의례이자, 타고난 역량을 넘어 기적 같은 성과를 이끄는 가장 강한 원천이기도 하다. 오롯이 책임질 줄 아는 사람만이 관성과 조직 논리를 넘어, 숱한 위기를 뚫고 대성공까지 팀을 이끈다. 그게 프로의 리더십이다. 치열한 경쟁과 숱한 고비를 지나온 35년 베테랑 디자이너가, 화려한 재능도 비상한 영감도 아닌 '무거운 책임'을 자신의 저력이라 꼽는 이유다.

업

초판 1쇄 발행 2026년 02월 25일

지은이 리멤버
펴낸이 김상현

콘텐츠사업본부장 유재선
출판팀장 전수현 **책임편집** 전수현 윤정기 **편집** 심재헌 이경미
디자인 김예리 권성민
마케팅팀 엄재욱 이영섭 남소현 최문실 배성경
미디어사업팀 김예은 정선영 정영원 정수아
경영지원 이관행 김준하 안지선 김지우 장사랑

펴낸곳 (주)필름
등록번호 제2019-000002호 **등록일자** 2019년 01월 08일
주소 서울시 영등포구 영등포로 150, 생각공장 당산 A1409
전화 070-4141-8210 **팩스** 070-7614-8226
이메일 book@feelmgroup.com

필름출판사 '우리의 이야기는 영화다'

우리는 작가의 문체와 색을 온전하게 담아낼 수 있는 방법을 고민하며 책을 펴내고 있습니다.
스쳐가는 일상을 기록하는 당신의 시선 그리고 시선 속 삶의 풍경을 책에 상영하고 싶습니다.

홈페이지 feelmgroup.com **인스타그램** instagram.com/feelmbook

ISBN 979-11-93262-98-6 (03190)